Zauberkräfte: Segen oder Fluch?

Anthologie

Zauberkräfte: Segen oder Fluch?

Anthologie

Die Namen sind frei erfunden.
Evtl. Namensgleichheiten sind zufällig.

www.net-verlag.de
Erste Auflage 2013

Covergestaltung: Maria Weise
Korrektur und Layout: Jessica Lobe
Auswahl der Geschichten:
Lysann Rößler & Leserteam

printed in Hungary
ISBN 978-3-944284-23-1

Zauberkräfte: Segen oder Fluch?

Wäre es nicht schön, Zauberkräfte zu besitzen? Doch diejenigen, die es betrifft, sind nicht immer glücklich mit ihrer Begabung. Oftmals stellt sich ihnen die Frage: Ist es Segen oder Fluch?

Wir wünschen allen Lesern
einige unterhaltsame Stunden!
Ihr net-Verlag-Team

Inhaltsverzeichnis

Stephan Obermayr

Der verhasste Herzog

Yanika hasste es, hungrig zu sein. Eigentlich, korrigierte sie sich, hasste sie nicht den Hunger an sich, sondern den Umstand, nichts zu essen zu haben. Ihr Magen knurrte schon seit Sonnenaufgang, und dem Sonnenstand nach war es bald Mittag. Schon zum dritten Mal kramte sie in ihrem Beutel. Leer. Was hatte sie erwartet? Dass er sich von alleine gefüllt hatte? Die wenigen Vorräte, die sie bei ihrem überstürzten Aufbruch hatte mitnehmen können, hatte sie schon längst aufgebraucht.

Der Pfad, dem sie folgte, verlief neben einem Fluss. Das Rauschen des Wassers hatte lange gebraucht, um sie zu beruhigen. Am Ufer wuchsen dichte Gräser, die ihr im Sommer bis zur Hüfte reichen würden. Jetzt, im März, waren sie noch niedrig und wirkten verkümmert. Die Bäume, die den Weg säumten, trugen noch keine Blätter und zeigten auch noch keine Knospen. Sie schienen auf die Wärme eines sonnigen Frühlingstages zu warten. Im Moment zogen aber noch dichte Wolken über den Himmel, und Yanika hoffte, dass Regen ausbleiben würde. Weit und breit sah sie keinen Unterschlupf, der Schutz vor einem Unwetter bot. Zu allem Überdruss blies ihr ein eisiger Wind ins Gesicht.

In der Ferne sah sie einen Steg. Ein gutes Zeichen, denn es bedeutete, dass Menschen in der Gegend lebten. Andererseits waren andere Menschen gefährlich. Nicht alle. Nur jene, vor denen sie auf der Flucht war.

Vorsichtig betrat sie den Holzsteg, der genau dort errichtet worden war, wo das Gewässer eine Bucht bildete.

Das Holz knarrte unter ihren Füßen. Wäre es wärmer gewesen, hätte sie ihre Stiefel ausgezogen und ihre Füße im Wasser baumeln lassen. Sie fröstelte angesichts der Kälte. Stattdessen legte sie sich mit dem Bauch flach auf das Holz und schöpfte mit den Händen, die sie zu einem

Kelch formte, Wasser zu ihrem Mund. Gierig trank sie das kalte Wasser, das ihre Kehle hinunterlief und ihr Frösteln verstärkte sich. Sie wog ab. Durst gegen Kälte – und entschied sich fürs Trinken.

Als sie genug hatte, betrachtete sie ihr Spiegelbild auf der ruhigen Wasseroberfläche. Die roten Haare hatten ihr einige Probleme bereitet. Sie wusch sich noch ihr Gesicht, dann stand sie auf.

Sie bemerkte die Fußspuren, die vom Steg zu einem Hügel führten. Sie folgte ihnen. Auf der Anhöhe bestätigte sich ihre Vermutung. Ein Bauernhof stand dort, geschützt zwischen mehreren Obstbäumen. Der Bauer hatte vermutlich den Steg angelegt und nutzte ihn zum Fischen.

Sie ging auf das kleine Gehöft zu – ganz langsam. Sie wollte niemanden erschrecken.

Das Haus befand sich in einem guten Zustand, und das Strohdach offenbarte keine einzige undichte Stelle. Holzscheite waren an einer Seite der Hausmauer aufgerichtet, und auf einer Wäscheleine wehte feuchte Kleidung im Wind. Das Haus war also bewohnt.

Einige Gänse begrüßten sie schnatternd, und die Schafe blökten. Die Bewohner hatten wohl keinen Hund. Gut.

»Hallo?«, rief Yanika.

Hinter einem Fenster sah sie das Gesicht einer Frau mit blonden Haaren. Gleichzeitig öffnete ein Mann die schwere, knarrende Holztür. Sie schätze ihn auf etwa dreißig Jahre, vielleicht war er auch jünger, und die Müdigkeit in seinen Augen ließ ihn älter wirken. Mit einem ausgeschlafenen Ausdruck im Gesicht hätte er mit seinem dichten, schwarzen Haar einen sehr jugendlichen Eindruck gemacht. Der Bart, den er trug, stand ihm nicht, fand Yanika.

»Ja?«, fragte er. Er schien in der Besucherin keine Gefahr zu sehen. Ihr Blick fiel auf das Jagdmesser, das in seinem Gürtel steckte.

»Ich bin auf Wanderschaft«, erklärte Yanika. Das traf

es zwar nicht ganz, hörte sich aber harmloser an als die Wahrheit. Hätte sie ihm offenbart, dass sie auf der Flucht war, hätte er womöglich gleich die Tür vor ihrer Nase zugeknallt.

»Ich möchte Euch etwas Essen abkaufen«, sagte Yanika.

Etwas im Blick des Mannes änderte sich. Diesen Ausdruck hatte sie schon manchmal gesehen. Auf dem Marktplatz ihres Heimatdorfes, wenn ein Geschäftsmann eine Gelegenheit witterte.

»Hast du Geld?«, schnauzte er.

Yanika nickte und holte einen Beutel heraus, in dem Münzen klimperten.

»Das Brot kostet zwei Denare.«

»Ich möchte nur einen Laib.«

»Der genannte Preis entspricht einem Laib.« Der Mann verschränkte die Arme vor seiner Brust.

»Das ist Wucher!«, beschwerte sich Yanika. Vermutlich wusste er, dass sie Hunger hatte, und weil die nächste Stadt noch weit entfernt war, setzte er den Preis willkürlich fest.

»Dann hau ab!«, sagte er ihr ins Gesicht. Seine Augen funkelten.

Im Haus begann ein Kleinkind zu weinen.

»Was ist los?«, rief eine weibliche Stimme.

»Nichts«, rief der Bauer ins Haus.

»Vielleicht können wir ja verhandeln«, begann Yanika. »Ich bin bereit, einen Denar für einen Laib Brot zu bezahlen. Das ist das Doppelte des üblichen Preises.« Zur Bestätigung holte sie eine Münze hervor.

»Zwei Denare«, beharrte der Mann.

Eine Frau tauchte hinter ihm auf. Mit ihren goldenen Haaren wirkte sie wie ein Engel. Yanika beneidete sie um ihr Haar. Auf dem Arm wippte sie ein Kind, das vielleicht einen Monat alt war. Neben der Mutter stand noch ein Kind um die sechs Jahre. Sie fühlte sich unwohl, als alle sie anstarrten.

»Ein Denar«, sagte sie schließlich. Sicher, sie hatte Hunger und würde sich übers Ohr hauen lassen, aber sie war nicht bereit das Vierfache zu bezahlen! Spätestens nach einem Tagesmarsch würde sie das nächste Dorf oder die nächste Stadt erreichen. So lange würde sie noch durchhalten.

»Zwei Denare«, wiederholte der Mann.

Yanika drehte sich um und verließ den Hof.

»Warten Sie«, rief die Frau ihr nach.

Yanika wandte sich wieder um.

Der Mann machte einen zornigen Eindruck, sagte aber nichts.

»Ein Denar ist genug«, sagte die Frau, deren Stimme – passend zu ihrem Haar – sanft wie ein Engel klang. »Kommen Sie herein«, lud die Bäuerin sie ein. Das Baby auf dem Arm öffnete seine Augen, blickte die Fremde kurz an und schloss seine Lider wieder, um weiterzuschlafen.

Yanika betrat die Holzhütte. Hinter ihr schloss der Mann die Tür. Feuer brannte an der Kochstelle. Eine weitere Tür führte in einen anderen Raum, vermutlich die Schlafstellen. Sie setzte sich an den Esstisch und bedankte sich. Sie holte ihren Geldbeutel hervor, suchte einen Denar und legte ihn auf die Tischplatte. Hastig nahm der Bauer das Geldstück, während seine Frau ihr einen Laib Brot hinstellte. Dazu servierte sie ihr ein Glas Milch.

»Was machst du da?«, fragte der Bauer aufgeregt. »Sie hat nur für das Brot bezahlt.«

»Sie hat mehr als genug bezahlt«, antwortete die Frau.

Yanika nahm das Glas und trank, bevor er es sich anders überlegen konnte.

»Ich heiße übrigens Godhilde«, stellte die Frau sich vor. »Das ist mein Mann Temolas, und das ist Gerhardt.«

Der Junge blickte sie mit großen Augen an. Vermutlich bekamen sie in dieser Abgeschiedenheit nur selten Besuch.

»Das ist unsere Jüngste, Markinde.«

Sie stellte das Glas wieder ab. Die Milch auf ihren Lippen leckte sie mit der Zunge ab, bevor sie sich vorstellte. »Ich bin Yanika.«

»Seid Ihr ganz allein unterwegs?«, fragte Godhilde.

»Ja.« Die knappe Antwort musste genügen. Sie würde der Familie nicht anvertrauen, warum sie unterwegs war oder wohin. Letzteres wusste sie selbst nicht. Nur weg von dem Dorf, in dem sie gelebt hatte. Es war erstaunlich, wie leicht es einem fiel, jenen Ort zu verlassen, an dem man sein gesamtes Leben verbracht hatte, wenn sein Leben davon abhing. Nur weil einige Dorfbewohner sie für eine böse Hexe hielten. Die verdammten roten Haare!

»Seid Ihr in Schwierigkeiten?«, hakte Godhilde nach, die genau wusste, dass eine Frau einen guten Grund haben musste, um sich allein auf Wanderschaft zu begeben.

Yanika setzte ein Lächeln auf und schüttelte den Kopf. Sie musste das Thema wechseln. Oder die Milch austrinken, das Brot nehmen und gehen. Sie wusste ohnehin nicht, ob sie diesen Leuten trauen durfte. Der Frau schon, aber der Mann würde sie für ein Glas Wasser verraten. Andererseits pfiff draußen ein eisiger Wind, während es hier am Feuer angenehm warm war. Als hätte Godhilde ihre Gedanken erraten, nahm sie mit ihrer freien Hand – mit der anderen hielt sie noch immer das Baby – ein Scheit Holz vom Stapel und warf es ins Feuer.

»Warum dieser Wucherpreis?«, fragte Yanika.

»Ihr müsst Temolas entschuldigen«, sagte Godhilde. »Er meint es nicht böse. Es nur so, dass wir die Steuern nicht bezahlen können.«

»Herzog Boroand«, fuhr Temolas fort. »Er verlangt eine Unsumme an Steuern, die wir uns nicht leisten können. Dieser Denar«, er hielt das Geldstück, das Yanika ihm gegeben hatte, hoch, »macht das Kraut nicht fett!«

Yanika schluckte. Sie erwartete, dass er ihr das Geldstück vor die Füße warf. Stattdessen steckte er es ein.

»Was passiert, wenn Ihr die Steuern nicht bezahlen könnt?«, fragte Yanika.

Alle blickten einander an. »Wir wissen es nicht«, sagte Godhilde. »Vielleicht nehmen sie uns die Tiere. Oder mein Mann muss für den Herzog arbeiten. Und allein kann ich die Kinder nicht ernähren.«

Draußen ertönte plötzlich ein Geräusch. Gerhardt lief zur Tür und öffnete sie einen Spalt. Der Galopp von Pferden drang herein.

»Reiter!«, schrie der Junge, rannte wieder herein und bezog hinter dem Rock seiner Mutter Stellung.

Temolas blickte ebenfalls nach draußen.

»Es sind die Reiter des Herzogs«, stellte er fest.

Yanika blickte ihm über die Schultern. Fünf Reiter kamen den Hügel herab. Sie überlegte. Um zu entkommen, war es zu spät. Die einzige Chance, um noch ungesehen fliehen zu können, war die Hintertür. Aber sie ließ diese Familie nur ungern im Stich. Also traf sie eine Entscheidung.

»Ich kann euch helfen«, bot sie sich an.

»Du?«, fragte Temolas. »Willst du uns etwa Geld leihen und unsere Steuern bezahlen?«, höhnte er.

Das könnte sie tatsächlich tun, aber wenn der Herzog wusste, dass sie Geld besaßen, würden die Steuereintreiber das nächste Mal eine noch höhere Abgabe festsetzen. Und wenn sie kämpften und die Angreifer in die Flucht schlugen, würden sie mit Verstärkung wiederkommen. Sie brauchte einen Plan, der ihr aber nicht in den nächsten Sekunden einfallen würde. Also musste sie Zeit gewinnen.

»Bleibt im Haus!«, ordnete Yanika an und trank die Milch aus. »Ich erledige das.« Sie schob sich an Temolas vorbei, der seiner Frau einen verblüfften Blick zuwarf.

Yanika schritt durch die Tür. Draußen ging sie in die Knie und hob von einem Beet, in dem die Hausfrau wohl Gemüse pflanzte, etwas Erde auf. Sie fühlte sich kalt und feucht in ihrer Faust an. Während sie einige Worte murmelte, deren Bedeutung nur Eingeweihte kannten, hielten die Reiter an. Vier stiegen von ihren schnaubenden Pferden ab, während der fünfte im Sattel sitzen blieb. Der Anführer, vermutete sie, der sich seine Finger nicht schmutzig machen wollte.

Die vier Bewaffneten, deren Schwerter aber noch in ihren Scheiden ruhten, kamen auf sie zu. Sie öffnete ihre Hand und blies die Erde den Männern entgegen. Den Kämpfern, die zuvor noch entschlossen gewirkt hatten, stand mit einem Mal ein verwirrter Ausdruck im Gesicht.

»Was wollt ihr?«, fragte Yanika herausfordernd.

»Wir …«, stammelte einer der vier. »Wir sind hier, um Steuern einzutreiben.«

»Die Steuern wurden bereits bezahlt«, sagte sie.

»Gut«, sagte der Mann wie in Trance. Sie drehten sich um und stiegen wieder auf ihre Pferde.

»Was ist los?«, fragte der Anführer, der das Geschehen bisher nur beobachtet hatte. Die Männer reagierten nicht auf seine Frage. Ihr Geist schien weit entfernt. Der Befehlshaber stieg vom Pferd, zog sein Schwert und kam auf Yanika zu.

»Was hast du mit meinen Männern gemacht?«

»Nichts«, sagte Yanika und stellte sich so unschuldig wie ein zehnjähriges Mädchen, das soeben einen Streich gespielt hatte.

»Bezahlt eure Abgaben, und ich lass dich am Leben«, drohte er und richtete die Spitze seines Schwertes auf Yanikas Brust.

Sie blinzelte und im selben Moment schleuderte ihn eine unsichtbare Macht einige Meter durch die Luft und gegen den nächsten Baum. Benommen blieb er liegen. Das Schwert glitt ihm aus der Hand.

»Magie«, hörte Yanika die Männer flüstern. Sie schienen wieder zu sich zu kommen.

»Finstere Mächte.«

»Hier geht es nicht mit rechten Dingen zu.«

Die Pferde begannen nervös zu wiehern.

»Verschwinden wir von hier!«, schlug einer der Männer vor und übernahm das Kommando. Sie ritten davon.

Yanika blickte ihnen nach. Als sie hinter dem Hügel verschwanden und sie sich sicher war, dass sie vorerst nicht zurückkehren würden, ging sie auf den Bewusstlosen zu. Vor seinem Körper blieb sie stehen und hob das Schwert, das schwerer war, als es aussah. Sie betrachtete den am Boden Liegenden. Mit seinen kurzen, schwarzen Haaren und den dunklen Augen wirkte er attraktiv. Der Mann stöhnte, ballte seine Hände zu Fäusten und öffnete seine Augen.

»Tötest du mich jetzt?«, fragte er.

»Nein«, sagte sie schlicht.

Sein Körper entspannte sich.

Sie wusste, dass ihr Sieg nur vorübergehend war. Der Herzog würde sich damit nicht zufriedengeben. Er würde einen weiteren Trupp schicken, diesmal noch zahlreicher. Sie brauchte einen Plan, der den Herzog für immer davon abhielt, die Bewohner des Landes auszubeuten. Dazu musste sie aber zuerst mehr über diesen Herzog in Erfahrung bringen.

»Erzähl mir von Herzog Boroand!«

»Und dann? Tötest du mich dann?«

»Was habt ihr Männer nur alle mit Blutvergießen?«

»Was willst du wissen?«

»Hm«, machte Yanika und dachte nach. »Würdest du ihn verraten?«

»Ja.«

»Mit deiner Loyalität ist es nicht weit her«, stellte sie fest.

»Loyalität!« Er spuckte, und der Speichel landete vor Yanikas Stiefelspitze.

»Er ist ein böser Mensch«, erklärte er. »Er hält meine Tochter gefangen.«

Aha, dachte Yanika, daher weht also der Wind.

Mittlerweile hatte die Familie ihr Haus verlassen, und sie postierte sich hinter Yanika.

Nur das Baby fehlte. Vermutlich hatte die Mutter es vorsichtshalber in seine Wiege gelegt. Die Übrigen blickten auf den Mann hinab. Die Situation musste ihm peinlich sein.

Also beendete Yanika sie und reichte dem Besiegten die Hand. Zögernd ergriff er sie und stand auf.

»Wie heißt deine Tochter?«, fragte Yanika.

»Irisa.«

»Wie alt ist sie?«

»Sie ist zehn.«

»Warum befreist du sie nicht? Du scheinst mir ein mutiger Mann zu sein.« Der Herzog musste etwas gegen ihn in der Hand haben, mutmaßte Yanika.

»Ich weiß nicht, wo er sie versteckt hält. Er ist der Einzige, der ihren Aufenthaltsort kennt.«

»Und deine Frau?«, fragte Yanika.

»Sie ist tot. Bei Irisas Geburt gestorben.«

Yanika nickte. Sie gab ihm sein Schwert zurück. Er zögerte, bevor er es nahm.

»Wie heißt du?«, wollte Yanika wissen.

»Jorgen.«

»Ich bin Yanika.«

»Bist du eine Hexe?«, fragte Gerhardt. Der Junge starrte sie mit offenem Mund an.

Sie zog die Bezeichnung Zauberin vor.

Aber sie nahm dem Jungen die Bemerkung nicht übel, sondern lächelte nur, während sie sich eine Antwort zurechtlegte.

»Und was willst du werden, wenn du groß bist?«

Yanika ging direkt auf die Wache zu, die am Tor stand und einen gelangweilten Eindruck machte. Das Schloss wirkte auf einen Besucher nicht besonders einladend. Es als hässlich zu bezeichnen, wäre übertrieben gewesen, aber es zählte auch nicht zu den schönsten Schlössern. Nicht, dass Yanika schon viele gesehen hätte. Mit den verkümmerten drei Türmen wirkte es unvollständig, passte aber zu einem geizigen Herzog.

Vereinzelt marschierten hinter den Zinnen einige Wachen auf und ab. In der Frau, die sich näherte, sahen sie anscheinend keine Gefahr. Was für ein Irrtum.

»Was wollt Ihr?«, schnauzte die Wache Yanika an.

Sie zog ihre Kapuze zurück, hinter der sie ihr Gesicht verbarg. Nicht jeder musste gleich ihre roten Haare bemerken. Das führte schnell zu Missverständnissen. Die Wache bemerkte sofort ihre Schönheit und setzte ein Lächeln auf.

»Was kann ich für Euch tun?«, fragte er, diesmal freundlich und zuvorkommend. »Eine Frau ganz allein unterwegs? Braucht Ihr Hilfe?«

Yanika murmelte etwas.

»Natürlich gewähre ich Euch Einlass«, sagte die Wache geistesabwesend und machte einen Schritt zur Seite.

Yanika bedankte sich und ging an ihm vorbei. In einigen Minuten würde der arme Kerl sich nicht mehr an sie erinnern können.

Der Innenhof wirkte karg und leer. Nur ein mickriger Brunnen stand in der Mitte des Platzes. Ein Knabe schleppte einen schweren Wassereimer über den Hof und beachtete die Besucherin nicht. Er beeilte sich. Kein Wunder. Ein eisiger Wind pfiff durch die Gemäuer.

»Junge!«, rief sie ihm zu.

Erschrocken drehte er sich zu ihr um. Wasser schwappte über den Rand des Eimers.

»Wo finde ich den Herzog?«, fragte sie.

»Herzog Boroand?«, vergewisserte er sich, als wohnten hier noch mehr Adelige.

»Ja. Oder gibt es einen Zweiten?«

»Nein.« Der Knabe lächelte.

»Also, wo finde ich ihn?«, fragte Yanika genervt.

»Um diese Zeit ist bald Abendessen. Im Speisezimmer.«

»Wo finde ich das?«

Er zeigte auf eine Tür. »Dort geht es zur Küche. Das Speisezimmer liegt dahinter.«

Sie bedankte sich beim Knaben und ging zu jener Tür,

auf die der Jüngling gezeigt hatte. Sie öffnete sie und sah sich um. In der Küche war niemand zu sehen. Ein Geruch von gebratenem Fleisch – vermischt mit dem Duft verschiedener Kräuter – stieg ihr in die Nase. Ein Topf mit kochendem Wasser hing über einer offenen Feuerstelle. Der Koch würde nicht weit sein. Also beeilte sie sich, schloss die Tür hinter sich und ging auf die Tür am anderen Ende zu. Dahinter befand sich, wie der Junge gesagt hatte, das Esszimmer. Nur wenig Licht drang durch das einzige Fenster. Ein großer Esstisch füllte den ansonsten leeren Raum aus. Ein Dutzend Stühle stand um den Tisch. Nur einer war besetzt. Ein Mann saß am Kopfende und starrte sie an. Vor ihm stand ein Teller. Die Gabel mit einem Bissen Fleisch, die er gerade zum Mund führte, ließ er sinken. Sie lächelte ihn an.

Er kaute rasch, schluckte hinunter und fragte: »Wer seid Ihr?«

»Herzog Boroand?«, erwiderte sie. Sie musterte den Mann. Er trug eine rote Kopfbedeckung, eine Mischung aus Kappe und Bischofsmütze. Sie verdeckte seine langen, grauen Haare nur ungenügend. Sein ungepflegtes Äußeres ließ ihn um zehn Jahre älter erscheinen als er war. Jorgen hatte ihr erzählt, dass er noch keine fünfzig war.

»Was willst du, Mädchen?«, fragte er und schob sich einen Gabelbissen in den Mund. Er schien keine Bedrohung in ihr zu sehen.

»Es geht um Jorgen. Genauer gesagt um Irisa, seine Tochter.«

Boroad lachte und hätte sich beinahe verschluckt.

»Wo ist sie?«

»In Sicherheit.« Boroad lachte.

»Ich werde sie mitnehmen.«

Boroad wischte sich mit einer fleckigen Serviette die Lippen ab. »Ich könnte die Wachen rufen«, sagte er. »Sie werfen dich in den Kerker, Mädchen.«

Yanika konnte sich vorstellen, wie sehr er das genießen würde.

»Hat Jorgen auch erwähnt, warum ich ihm seine Tochter genommen habe?«

Yanika wartete interessiert. Der Herzog würde ihr gleich seine Version der Geschichte erzählen.

»Irisa sollte meine Tochter sein. Er hat mit meiner Frau geschlafen. Sie hat es mir bei der Geburt, kurz vor ihrem Tod, gebeichtet. Sie wisse nicht, ob es meine Tochter wäre. Nun, zuerst habe ich dieser Geschichte keine Beachtung geschenkt. Ich habe es verdrängt, aber als das Kind älter wurde, erkannte ich, dass es seinem wahren Vater – Jorgen – immer ähnlicher sah. Ihre Augen, ihre Nase. Ich habe Jorgen gesagt, er sei der Vater. Er wollte das Kind mitnehmen. Er hat mir meine Frau genommen, also behalte ich seine Tochter.«

Boroad machte eine Pause. Er griff nach einem Trinkbecher und trank einen Schluck. »Nun«, setzte er fort. »Willst du Irisa noch immer mitnehmen?«

»Ja«, sagte sie. Jorgen hatte ihr zwar die näheren Umstände verschwiegen, weil es ihm wohl peinlich gewesen war. Ihr stand es nicht zu, sich ein Urteil zu bilden. Trotz allem war es seine Tochter. Außerdem machte Boroad nicht den Eindruck eines Vaters, der sich rührend um seinen Nachwuchs kümmerte.

Yanika bereitete sich darauf vor, einen Zauber anzuwenden, damit Boroad ihr Irisas Versteck verriet. Aber sie sollte sich täuschen.

»Du kannst sie mitnehmen«, gab Boroad nach. Er wirkte plötzlich noch älter und deprimiert.

Yanika starrte ihn überrascht an.

»Ich habe mich immer um Irisa gekümmert, als wäre sie meine eigene Tochter. Aber sie kommt in ein Alter, in dem sie sich nicht mehr einsperren lässt. Sie schreit und beschimpft mich, wenn ich ihren Raum betrete. Ich habe die Lust daran verloren, Jorgen seine Tochter wegzunehmen. Die Bürde der Erziehung wiegt nun größer als die Freude über Jorgens Leid. Auch ich werde alt. Aber«, fügte er hinzu, »ich habe eine Bedingung.«

Also doch, dachte Yanika.
»Du kannst Irisia mitnehmen, wenn du mich küsst.«
Yanika schluckte.

Am vereinbarten Treffpunkt, am Erlenhain, an dem ein kleiner Bach plätscherte, unterdrückte Yanika die Tränen, als Jorgen seine Tochter in den Arm nahm. Boroad hatte recht gehabt. Irisa sah Jorgen sehr ähnlich.

»Und er hat sie einfach so gehen lassen?«, staunte Jorgen.

»Nun, nicht ganz«, antwortete Yanika. »Er hat einen kleinen Wunsch geäußert.«

»Was wollte er?«, fragte Jorgen.

»Einen Kuss.«

»Du hast ihn geküsst?«, fragte Irisa. »Den hässlichen alten Dickwanst?«

»Natürlich nicht!«, wehrte Yanika ab. Selbst wenn sie ihn geküsst hätte, würde sie es jetzt nicht zugeben. »Ich musste einen kleinen Zauber anwenden.«

»Einen Zauber?«, hakte Irisa nach. Sie war neugierig. Sehr neugierig. Schon auf dem Weg hierher hatte sie unzählige Fragen über ihren Vater gestellt. Kein Wunder, dass sie voller Wissensdurst war, nachdem Boroad sie die letzten Jahre über weggesperrt hatte. Für ihr leibliches Wohl und ihre Erziehung mochte er sich ausreichend gesorgt haben, aber ein Kind brauchte auch Freiheit und Zuneigung.

»Was bedeutet das? Was hast du mit ihm gemacht?«, fragte Irisa.

»Er hat mit einem Schwein geknutscht, das er für mich gehalten hat. Mittlerweile müsste der Zauber nachgelassen und er seinen Irrtum bemerket haben.«

Der Wind wehte vom Schloss einen lauten Schrei herüber.

Andrea Lutz

Die geheimnisvolle Klopapierrolle

Wer von euch in der Mitte des 20. Jahrhunderts das Licht der Welt erblickt hat, kennt es sicher noch: das Häkelmützchen für Klopapierrollen, gerne auf der Hutablage des Autos zur Schau gestellt. Es gab diese Mützen in allen Farben, uni und geringelt, gerne auch Ton in Ton, dunkles Rosa mit pastellrosa Häkelspitze am Rand. Ich weiß noch genau, wann meine Klopapiermütze nebst passender Papierrolle das erste Mal in meiner Familie auftauchte. Und ich erinnere mich, dass mein Vater sich geweigert hat, damit durch die Gegend zu fahren …

Ein großer Zirkus gab ein Gastspiel in unserer Stadt. Logisch, dass mein Vater, der selbst Artist war, vorbeischaute. Ich war damals so um die zehn Jahre alt, und ich durfte mit. Wir besuchten einige Akrobaten und den alten Zauberkünstler *Graham the Wizard.* Mein Vater kannte die Kollegen von gemeinsamen Engagements. Es wurde ein fröhliches Beisammensein, zu dem sich die Artisten und wir nach der Vorstellung im Sattelgang trafen. Graham trug noch sein Bühnenkostüm. Er zauberte für mich Lutscher aus dem Ärmel, einen Blumenstrauß aus dem Nichts und eine blau-rot-weiß geringelte Toilettenpapiermütze samt Inhalt aus einer zuvor leeren Kiste.

Wow! Ich durfte diese im wahrsten Sinne des Wortes zauberhaften Geschenke behalten. Die Lutscher waren schnell gelutscht, die Blumen brachte ich meiner Mutter mit. Blieb noch die Klopapiermütze. Na ja, wie schon geschrieben, mein Vater wollte das Ding nicht im Auto haben, aber ich wollte es behalten. Deshalb stand es lange Zeit auf meinem Schrank im Kinderzimmer, und irgendwann war es verschwunden.

Als ich viele Jahre später den Hausstand meiner Eltern auflöste, landeten einige Kisten und Koffer bei mir. Irgendwann wollte ich den Inhalt sichten und aussortieren. Und hätte ich nicht im letzten Monat eine »Tabula rasa« in meinem Keller veranstaltet, wäre das geringelte Dings wohl nie wieder zum Vorschein gekommen. Nostalgisch angehaucht (wie ich nun mal bin), nahm ich die Rolle nebst ihrer Ummantelung zu den Dingen, die ich aufheben wollte. So landete das 60er-Jahre-Klopapiermützchen in meinem Auto, zunächst auf dem Beifahrersitz.

»Hatschi ... jetzt reicht's aber«, ich musste mindestens fünf Mal hintereinander niesen, und dann war da auch noch dieser Knallkopf, der mit seinem Angeber-Auto viel zu dicht hinter mir fuhr. Ständig versuchte er zu überholen. Ich fummelte mit der rechten Hand die Klopapierrolle unter ihrer Bedeckung hervor, riss ein Blatt ab und putzte mir die Nase. Im selben Moment überholte der Typ.

»So ein Idiot!«, schimpfte ich vor mich hin, »hier ist Innenstadt, der hat mindestens siebzig Sachen drauf. Ich wünschte, hier stünde ein Blitzer!«

Kaum gesagt, sah ich es auch schon blitzen.

»Geschieht ihm recht«, dachte ich, machte mir aber weiter keine Gedanken. Zu Hause angekommen, fuhr ich in die Garage, lud meine Einkäufe aus und hob die Klo-Rolle auf, sie war in den Fußraum gekullert. *Wisch* stand darauf geschrieben.

Wie passend, dachte ich, zog das Mützchen wieder drüber und legte sie auf den Beifahrersitz.

An einem der nächsten Tage passierte dann Folgendes: Ich stand mit meinem Auto vor einem Kreisverkehr. Dort stand ich sehr oft, mein Heimweg führte dort entlang. Ich wartete darauf, endlich einfädeln zu können, was sich als nicht leicht erwies, da die Aus- und Einfahrten dicht beieinander lagen und die wenigsten Autofahrer einen Blinker setzten. Ja, ich behaupte sogar, je größer das Auto, desto weniger Ausstattung. Wird da etwa speziell am Blinker gespart? Oder ist der Protzautofahrer zu vornehm, einen Blinker zu bedienen? Da ich die Dritte in der

Reihe war, putzte ich unterdessen meine Brille. Ich wusste: Das mit dem Einfädeln konnte dauern.

Ich wünsche, dass man ohne zu blinken nicht ausfahren kann, dachte ich und knüllte das Stück Klopapier, welches als Brillenputztuch herhalten musste, zusammen.

Gute zehn Minuten später hatte sich hinter mir eine ellenlange Schlange gebildet, und es ging und ging nicht vorwärts, weil ständig mindestens sechs Autos im Kringel fuhren. Eine gewisse Ähnlichkeit mit einem Kinderkarussell war nicht zu verleugnen. Ich widerstand der Versuchung, ihnen freundlich zu winken, die Situation war einfach zu komisch. Endlich eine Lücke, rasch fuhr ich in den Kreisverkehr ein, blinkte und fuhr an meiner gewohnten Ausfahrt wieder raus. Im Rückspiegel sah ich, dass der Fahrer hinter mir ziemlich ratlos schaute und weiter im Kreis fuhr.

»Ach du lieber Schreck, das gibt es doch gar nicht!«, murmelte ich vor mich hin. Sollte das mein Wunsch bewirkt haben? Ich fuhr rechts ran, stieg aus und sah mir das Kreisverkehr-Desaster an. Tatsächlich, nur wer blinkte, konnte ausfahren. Für alle anderen ging es weiter rund herum, ob sie wollten oder nicht.

Ob ich diesen Zustand ändern konnte? Es kam auf einen Versuch an! Ich griff mir das zerknüllte Stück Papier, strich es glatt und sagte: »Ich wünsche mir, dass alle Fahrer blinken und ausfahren.«

Nichts passierte. Ich riss ein neues Blatt ab und wiederholte meinen Wunsch. Und auf einmal verließen die Autos ordentlich blinkend den Kreisel. Ich sah meinen »Wunschzettel« genauer an. Es handelte sich um ein leicht gelbliches, weiches Papier, auf dem das Wort *wish* stand, nicht das deutsche *wisch* für wischen, wie ich zuerst annahm, weil ich ein *c* gelesen hatte, wo keines stand, nein, das englische *wish* für Wünschen. Sollte der alte Zauberkünstler …?

Quatsch, das war sicher nur Zufall, ein sehr passender zwar, aber trotzdem, es konnte nicht sein. Mit diesem

Gedanken beruhigte ich mich selbst, stieg wieder ein und fuhr nach Hause.

Dort angekommen nahm ich das Klopapier mit in die Wohnung und sah es mir mal genauer an. Das »Mützchen« in den Farben des Union Jack gehalten, das Papier selbst sah aus wie aufgewickeltes Bütten, aber das kam sicher vom Alter. Der Schriftzug *wish* stand auf jedem einzelnen Blatt (es waren genau zweihundertsieben) und wirkte wie von Hand geschrieben. Im Inneren der Mütze klebte ein Zettel. Ich löste ihn vorsichtig ab, faltete ihn auf und las folgende, in altmodischer Schrift geschriebenen Worte: *Wish only what is right, only what you cannot do.*

Ich darf also nur richtige Wünsche …, was sind richtige Wünsche? Und nur Dinge, die ich selbst nicht tun kann? Wer entscheidet das? Etwa das Toilettenpapier? Wie sagte doch meine Oma immer: »Es geschehen seltsame Dinge zwischen Himmel und Erde …«

Aber damit meinte Oma etwas ganz anderes. Und hier ging es ja auch nicht um Himmel und Erde, sondern um ein wunscherfüllendes Klopapier.

Wen könnte ich fragen? Dazu fiel mir kein Mensch in meinem Bekanntenkreis ein. Was blieb mir also anderes übrig, als selbst zu testen. Ich hatte zweihundertsieben Blatt, dann müssten ja auch zweihundertsieben Wünsche möglich sein. Eine gewaltige Menge, bisher hatte ich in diversen Geschichten immer nur von drei Wünschen gelesen, es sei denn, der Wunsch-Erfüller war ein Dschinn, da ging schon mehr!

Nun denn, ich begann mit Test Nummer eins. Ich deckte den Tisch zum Mittagessen, riss ein Blatt ab, legte es vor mich auf den Küchentisch und sagte: »Ich wünsche mir eine Portion Lasagne und einen frischen, grünen Salat!«

Erwartungsvoll blickte ich meinen Essplatz an, aber nichts passierte, weder erschien Lasagne auf meinem Teller, noch flatterte auch nur ein einziges Salatblatt in meine Schüssel. Das war wohl nichts. Kein Tischleindeck-dich. Vielleicht war der Wunsch zu speziell? Also nochmal das Ganze: »Ich wünsche mir ein leckeres Mittagessen!«

Wieder nichts. Oh Mist, jetzt hatte ich schon zwei Blätter verbraucht, ohne dass ein Wunsch erfüllt wurde. Ich las noch mal den Zettel, der im Hut geklebt hatte: *Wish only what is right, only what you cannot do.*

Wörtlich genommen hieß das für mich, ich darf nichts wünschen, was ich selbst tun kann, beziehungsweise zu dem ich selbst in der Lage bin. Und ich darf nichts Böses wünschen. O.k. – selbstverständlich bin ich in der Lage, eine Lasagne zu bereiten und Salat anzumachen, ist ja auch keine große Kunst.

Also machte ich mich erst mal ans Mittagessen. Das hieß in diesem Falle ans Einkaufen, denn ich hatte weder Salat noch Füllmaterial für die Lasagne im Haus. Einkaufen und kochen war schnell erledigt. Nach dem Essen noch ein Tässchen Kaffee, dann *denkt* es sich schon viel besser!

In den nächsten Tagen und Wochen habe ich dank meines *Wunschtoilettenpapieres* festgestellt, wie viel ich, zwar manches Mal mit Mühe, selbst kann. Ich wusste vorher wirklich nicht, welche unentdeckten Talente in mir schlummern. Wenn ich im Begriff war, mir etwas wünschen zu wollen, überlegte ich zuerst, warum ich dafür einen *Wunschzettel* vergeuden sollte und ob der Wunsch sich nicht auch auf anderem Wege erfüllen ließ. Meistens funktionierte es, ich hatte immer noch zweihunderteins Blatt. Super!

Diese zweihunderteins Blatt mitsamt meinem Union-Jack-Mützchen nahm ich wieder mit in mein Auto. Der Grund? Ich ärgerte mich immer wieder über manche Autofahrer, die anscheinend meinen, sie seien die Größten, und die Straße gehöre ihnen. Ich weiß schon, dass sich darüber aufregen und schimpfen nichts bringt, aber nun war ich ja in der Lage, meinem Ärger durch sofort eingeleitete Maßnahmen Nachdruck zu verleihen. Deshalb und nur deshalb legte ich die *Wunschtoilettenpapier-Rolle* wieder auf den Beifahrersitz, das Mützchen stellte ich als Bedeckung für eine normale Rolle Klopapier, die nur dem Zweck dienen sollte, für den sie gemacht war, gut sichtbar auf meine Hutablage. Und falls jemand von euch sich in letzter Zeit gewundert hat, warum sein Auto über einhundertdreißig km/h nicht hinauskommt, besonders dann, wenn einhundertdreißig km/h vorgeschrieben sind, so liegt das nicht unbedingt am Auto. Auch nicht funktionierende Lichthupen, abrupte Bremsmanöver, die trotzdem sanft ausklingen, und zu dichtes Auffahren, welches einfach nicht gelingen will, fallen in diese Rubrik. Nicht zu verachten ist, dass man zum Beispiel auf zweispurigen Autobahnen Lastkraftwagen am Überholen hindern kann, was bei einem Überholverbot für Lkws mit einem Blatt lässig funktioniert. Ich möchte fast behaupten, es ist wirksamer als ein polizeilicher Strafzettel.

Schade, dass ich die Gesichter der betroffenen Fahrer während des Klopapiereinsatzes nicht fotografieren kann (das wäre ja wie Handy am Steuer und geht gar nicht)! Ich kann euch sagen, kürzlich benötigte ich für den zweihundertsiebzig Kilometer langen Weg nach München auf der A8 sechs Blatt Klopapier!

Wenn ihr also auf eurem Weg einem Auto begegnet, auf dessen Hutablage ein Häkelmützchen für Klopapierrollen in Blau-weiß-rot steht, dann wisst ihr jetzt auch, was Sache ist. Meine zauberhafte Klopapierrolle trägt einiges zur Verkehrssicherheit bei. Welch ein Segen!

Übrigens, ich habe immer noch einhundertvierundsechzig Blatt!

Diana Busch

Das Vermächtnis

Es war ein schwüler Sommertag, und Naomi Whyte befand sich gerade auf dem Weg zum Anwalt ihrer Großtante. Vor einer Woche hatte sie einen Brief bekommen, in dem stand, dass sie gestorben sei und Naomi als einzige noch lebende Verwandte als Erbin eingesetzt war.

Also hatte sie sich in ein Flugzeug gesetzt und auf den weiten Weg von Los Angeles nach England gemacht. Den ganzen Flug über hatte sie sich gefragt, was ihre Großtante ihr wohl vererbt hatte. Sie kannte sie eigentlich gar nicht und hatte sie auch nie getroffen. Ihre Eltern redeten auch nicht gerne von ihr. Sie meinten, sie wäre das schwarze Schaf der Familie und ein wenig seltsam.

Auf dem Londoner Heathrow Flughafen angekommen nahm sie sich gleich ein Taxi nach Sighton, wo das Haus ihrer Großtante stand und auch ihr Anwalt seine Kanzlei hatte. Die drei Stunden andauernde Fahrt nutzte sie, sich etwas umzusehen. Sie war noch nie in England gewesen. Eigentlich hatte sie immer gedacht, hier würde es ständig regnen, aber kaum eine Wolke durchzog das strahlende Blau des Himmels.

Das Taxi setzte sie vor dem Anwaltsbüro in der Market Street ab.

Im Vorzimmer saß eine gut gekleidete Dame, die sie herzlich begrüßte und meinte, dass sie schon erwartet werde.

»Setzen Sie sich!« Benjamin Smythe deutete mit seiner rechten Hand auf einen Stuhl.

Naomi nahm Platz und sah sich in dem Raum um. Jede Menge Bücher und Papier stapelten sich auf dem Schreibtisch und in den Regalen. Alles sah etwas gelblich aus, ausgezehrt vom Sonnenlicht und bedeckt von Staub. Ihr Gegenüber war klein mit einer Nickelbrille auf seiner knolligen Nase. Eine große Glatze zierte seinen Kopf, und seine Ohren schienen viel zu groß zu sein. Er griff nach einem Stapel Papier zu seiner Rechten.

»Ihrer Großtante gehört hier in Sighton ein Haus. Sie möchte, dass Sie es bekommen.«

»Ihr Haus?« Damit hatte Naomi nicht gerechnet. Was sollte sie damit? Ihr Zuhause war in Los Angeles. Vielleicht kann man es ja verkaufen. Eine Immobilie im Ausland war das Letzte, was sie haben wollte. Sie müsste die ganze Zeit danach sehen oder jemanden dafür bezahlen, aber dafür fehlte ihr das Geld.

»Gibt es denn niemanden, mit dem meine Großtante befreundet oder zusammen war, dem es vielleicht etwas bedeutet? Wissen Sie, ich komme aus Los Angeles und möchte ungern da weg.«

»Nein, tut mir leid, nicht dass ich wüsste. Und selbst wenn, Sie sind die eingetragene Berechtigte im Testament ihrer Großtante.«

»Nun gut, dann werde ich das Erbe antreten.« Und werde sehen, ob es zu verkaufen ist, dachte sie bei sich.

»Die Nacht ist schwarz!«

»Was meinten Sie gerade?«, fragte Naomi irritiert.

»Sie müssen hier noch unterschreiben, dass Sie das Haus von Frances Hodgson übernehmen werden.«

Dieser blöde Jetlag. Sie war wohl einfach ein wenig übermüdet, ihr Verstand hatte ihr wohl gerade einen Streich gespielt. Sie steckte den ihr gereichten Schlüssel in die Tasche und ließ sich den Weg zu dem Haus erklären.

Dann verließ sie die Kanzlei. Nachdenklich schlenderte sie langsam die verlassene Straße entlang.

Es war spät geworden, die meisten waren daheim beim Abendessen.

Als sie an einer alten, gebeugten Frau in einem schwarzen Kleid vorbeikam, hörte sie auf einmal die Worte: »Sieh dich vor! Dunkel ist es, die Zeit ist bald reif!«

Sie drehte sich um, doch da war niemand mehr.

»Verdammt!«, fluchte sie leise. »Es wird Zeit, dass du ins Bett kommst.«

Sie beschleunigte ihren Schritt und eilte in die von Mr. Smythe angegebene Richtung.

Das Haus ihrer Großtante war groß, aus dunklem Holz und etwas außerhalb der Stadt. Sie musste ziemlich weit laufen, um es zu erreichen, und die nächsten Nachbarn waren ein ganzes Stück weit weg. Ein kleiner Zaun umgrenzte das Grundstück, zu dem ein großer Garten gehörte, der sich um das Haus zog. Dahlien, Gladiolen und Lilien streckten ihre Köpfe in den Himmel. Sieht wirklich gemütlich aus, dachte Naomi bei sich. Sie kramte den Schlüssel aus ihrer Tasche und ging auf die Haustüre zu. Der Schlüssel ging nicht gleich ins Schloss, und die Türe quietschte, als sie aufgestoßen wurde. Drinnen war es dunkel, die Vorhänge waren zugezogen. Naomi ging zum nächsten Fenster und zog sie auf.

Ihrem Blick enthüllte sich ein großes Wohnzimmer mit alten, viktorianischen Möbeln und einem Kamin. Plötzlich hörte sie ein Geräusch. Als sie sich umdrehte, stand eine kleine, schwarze Katze vor ihr. Mit einem Satz war sie auch schon auf ihrem Arm gelandet. Hatte Mr. Smythe nicht etwas von einer Katze erwähnt, die ihrer Großtante gehörte? Sie schaute auf das Amulett, das um ihren Hals hing. Die eine Seite war leer, auf der anderen stand nur ein Wort: *Sivan.* Was für ein eigenartiger Name für eine Katze.

Mit der Katze auf dem Arm ging sie in die Küche auf der Suche nach etwas zum Essen und Wasser. Als Sivan versorgt war, führte sie ihren Erkundungsgang fort.

Langsam stieg sie die Stufen zum ersten Stock hoch. Dort gab es drei Türen. Sie versuchte die erste. Mist! Verschlossen. Bei der zweiten hatte sie schon mehr Glück. Sie öffnete die Tür und blickte hinein. Hier befand sich das Badezimmer. Sie ging weiter und öffnete die nächste Türe. Auch diese ließ sich ohne Mühe öffnen. Dies muss das Schlafzimmer von Großtante Frances gewesen sein.

An der Wand rechts von ihr stand ein großes Bett. Gegenüber der Tür befand sich das Fenster, das ebenfalls von schweren Vorhängen verdeckt war. Auf der linken Seite standen ein Schminktisch und eine Kommode. Plötzlich fiel ihr Blick auf einen Gegenstand auf dem elfenbeinfarbenen Schminktisch. Dort stand eine kleine Holzschatulle. Vorsichtig ging sie darauf zu und nahm sie hoch. Sie war handgearbeitet, das war eindeutig zu sehen. Feine Verzierungen waren in das Holz geschnitzt.

Naomi versuchte, sie zu öffnen. Doch nichts rührte sich. Ein metallenes Schloss war vorne angebracht und verwehrte ihr den Blick ins Innere. Das Licht des viel zu großen Deckenleuchters spiegelte sich darin. Sie schaute sich um, auf der Suche nach einem Schlüssel. Aber da war nichts. Schade, schmunzelte sie, ich hätte zu gerne gewusst, was da drin ist. Bei diesem Gedanken stellte sie die Schatulle wieder auf den Schminktisch zurück.

Sie verließ das Zimmer, um ihre Koffer zu holen. Sie wollte die Nacht im Haus ihrer Großtante verbringen. So konnte sie sich das Geld für das Hotel sparen. Außerdem war sie zu müde, um noch einmal in die Stadt zurückzulaufen.

Wieder oben angekommen ging sie gleich ins Bad, um sich für die Nacht fertigzumachen. Plötzlich hörte sie ein lautes Scheppern. Erschrocken rannte sie aus dem Bad und sah, wie Sivan leise schnurrend auf dem Bett lag und schlief. Sie wollte sich gerade wieder umdrehen, als ihr Blick auf den Schminktisch fiel und die darauf befindliche Holzschatulle. Sie war offen. Das kann doch gar nicht sein, sie war fest verschlossen gewesen! Sie hatte mehrmals versucht, sie zu öffnen.

Neugierig ging sie darauf zu. Im Inneren befand sich eine silberne Kette mit einem blutroten Stein als Anhänger. Fasziniert starrte Naomi auf das Schmuckstück. Es sah sehr alt und sehr wertvoll aus.

Langsam näherte sich ihre Hand und wollte gerade nach der feinen Kette greifen, als sie ein Läuten erschreckte. Jemand war an der Tür. Naomi schloss den Deckel der Schatulle und eilte hinunter. Es war die Nachbarin. Sie stellte sich als Meredith Baxter vor. Sie wollte sich erkundigen, ob Naomi alles habe oder noch etwas bräuchte. Mehrmals bekundete sie ihr Beileid und meinte, ihre Großtante wäre eine sehr nette Frau gewesen. Immer hilfsbereit und freundlich. Naomi bedankte sich und versicherte, dass sie alles habe, was sie brauchte, dass sie sich aber gerne melde, falls es doch einmal nötig sei. Miss Baxter erwähnte noch, dass ihr Haus fünfhundert Meter weiter weg sei und sie jederzeit gerne vorbei kommen könne.

Nachdem sie die Türe geschlossen hatte, ging Naomi rasch nach oben. Auf dem Schminktisch stand die von ihr so eilig geschlossene Holzschatulle. Als sie jedoch versuchte, sie zu öffnen, rührte sich nichts. Verdammtes Mist-Ding! Vorher warst du doch offen. Frustriert stellte sie die Schatulle zurück, löschte das Licht und legte sich schlafen.

Sie verbrachte eine ruhige Nacht und war frisch und munter, als sie morgens erwachte. Da der Kühlschrank bis auf etwas Katzenfutter leer war, beschloss sie, im Städtchen zu frühstücken. Sie hatte ein paar Tage Urlaub genommen, da sie dachte, die ganze Vererbungssache dauere länger. Also wollte sie die Gelegenheit nutzen und etwas über den Wohnort ihrer Großtante und die Leute, die dort lebten, zu erfahren. Vielleicht hatte ja jemand ihre Großtante gut gekannt und konnte ihr etwas über sie erzählen.

Nachdem sie Sivan das Frühstück hingestellt hatte, wollte sie gerade das Haus verlassen, als ihr einfiel, dass sie die Papiere für das Haus oben liegen gelassen hatte. Sie wollte noch bei einem Makler vorbeischauen, der das Haus für sie verkaufen sollte.

Die Papiere lagen auf dem Nachttisch. Naomi griff danach und steckte sie in die Tasche. Gerade als sie sich umdrehen wollte, um den Raum wieder zu verlassen, streifte ihr Blick die kleine Holzschatulle. Der Deckel war geöffnet. Was zum …? Gestern war sie doch fest verschlossen! Bestimmt klemmte das Ding einfach, und als sie vorhin die Schlafzimmertüre zugeschlagen hatte, musste die Schatulle aufgesprungen sein.

Langsam ging sie darauf zu. Das Silber der Kette funkelte im hereinströmenden Sonnenlicht. Naomi nahm das Schmuckstück heraus und betrachtete es nachdenklich. Ich glaube, das werde ich behalten. Vorsichtig öffnete sie den Verschluss und legte sich die Kette um den Hals. Interessiert betrachtete sie ihr Bild in dem großen Spiegel über dem Schminktisch.

Auf einmal meinte sie, ein Aufblitzen in dem großen Stein gesehen zu haben. Das war bestimmt nur die Sonne, dachte sie bei sich. Eilig drehte sie sich um und verließ das Haus in Richtung Stadt.

Es war ein schöner, sonniger Tag und jede Menge geschäftig aussehende Menschen waren in dem kleinen Städtchen unterwegs. In einem Wirtshaus mit Garten setzte sie sich hin und bestellte sich Brötchen mit Wurst und Käse und einen schwarzen Kaffee.

»Eine schöne Kette haben Sie da«, meinte die Bedienung, die ihre Bestellung aufnahm.

»Danke. Sie gehörte meiner Großtante.«

»Ach, Sie sind die Großnichte von Frances Hodgson? Das tut mir wirklich leid, das mit ihrer Großtante. Sie war immer sehr höflich und hat oft hier gegessen. Haben Sie etwa ihr Haus geerbt? Ein schönes Haus ist das. Mein Mann sagt immer, das ist noch gute, alte Baukunst. So etwas gibt es heute gar nicht mehr. Heutzutage wird nicht mehr so gebaut. Mein Mann versteht etwas von solchen Dingen, müssen Sie wissen.«

»Ah, ja«, meinte Naomi und lächelte, hoffend, dass dieses Gespräch bald beendet sei und sie ihr Essen bekam. So langsam hatte sie ziemlich großen Hunger. Ihre letzte Mahlzeit hatte sie im Flugzeug eingenommen, und das war schon ziemlich lange her.

»Sie haben also meine Großtante gekannt?«, fragte sie, als die Bedienung endlich mit ihrem Essen kam.

»Ja, aber nicht sehr gut. Sie war sehr verschlossen und redete nicht gerne über sich selbst. Aber nett war sie trotzdem.«

»Wissen Sie zufällig, ob sie einen Freund hatte oder eine gute Freundin, jemand, der mir mehr über sie erzählen könnte?«

»Nein, tut mir leid. Soweit ich weiß, hatte sie niemanden.«

»Vielen Dank.« Langsam trank Naomi von dem heißen Kaffee. Das tut gut, dachte sie entspannt. Nachdem sie gegessen hatte, bezahlte sie und erkundigte sich noch, ob es einen Makler in Sighton gab.

»Ja, Mr. Cartwright. Er hat sein Büro hier in der Unity Road. Sie müssen jetzt einfach die Straße hier nach unten gehen und dann kommt es auf der rechten Straßenseite. Sie können es gar nicht verfehlen.«

Naomi bedankte sich und ging in die angewiesene Richtung. Unterwegs machte sie noch Halt an einem kleinen Krämerladen, um für sich und Sivan etwas zu essen zu kaufen. Sie hatte noch nicht entschieden, ob sie die Katze behalten und mit nach Los Angeles nehmen wollte oder nicht.

»Wirklich außergewöhnlich, Ihre Kette«, meinte die Verkäuferin, die gerade das Katzenfutter in eine Tüte packte.

»Danke. Meine Großtante hat sie mir hinterlassen.«

»Ach, Ihnen gehört jetzt das Haus in der Mason Lane? Mein herzlichstes Beileid wegen Ihrer Großtante! Sie war wirklich immer sehr zuvorkommend.«

»Kannten Sie meine Großtante näher?«

»Nein, tut mir leid. Sie erzählte nie irgendwelche persönlichen Dinge von sich.«

Naomi bedankte sich, wünschte einen schönen Tag und verließ den Laden.

Ein paar Minuten später betrat sie das Büro von William Cartwright. Er war ein Mann mittleren Alters mit blonden Haaren und blauen Augen, der sie um einen halben Kopf überragte.

»Guten Tag«, begann Naomi. »Ich bin Naomi Whyte und habe das Haus meiner Großtante Frances Hodgson geerbt. Da ich allerdings in Los Angeles wohne, würde ich es gerne verkaufen. Können Sie mir da weiterhelfen?«

»Das Haus in der Mason Lane? Nun, hier in Sighton ein Haus zu verkaufen ist sehr schwer. Die Menschen, die hier wohnen, vererben ihre Häuser immer der nächsten Generation. Und von außerhalb kauft es Ihnen auch keiner ab. Niemand will freiwillig in so ein Nest ziehen. Es gibt gerade einmal fünftausend Seelen in diesem Städtchen. Wenn die Leute Sighton besser kennen würden, würden sie anders denken. Aber so ist es nun mal. Egal, zurück zum Thema. Wie gesagt, ein Haus zu verkaufen ist hier wirklich schwer. Möchten Sie es nicht doch lieber behalten? Sie könnten hierher ziehen. Es ist wirklich sehr schön und wir haben alles, was wir brauchen. Einen Arzt, ein Hotel, einen Krämerladen, alles da.«

»Nein, wirklich nicht. Mein ganzes Leben habe ich in Los Angeles verbracht. Ich liebe diese Stadt. Könnten Sie es nicht vielleicht trotzdem versuchen?«

»Na gut, ich werde sehen, was ich tun kann. Kommen Sie doch morgen noch einmal vorbei, dann kann ich Ihnen sagen, was Sie ungefähr für das Grundstück verlangen können. Übrigens, Sie haben da eine wunderschöne Kette.«

»Ein Erbstück meiner Großtante.«

»Dachte ich es mir. Also dann, bis morgen.«

Naomi verabschiedete sich und ging hinaus.

Draußen entdeckte sie auf der gegenüberliegenden Straßenseite die alte Frau, an der sie gestern vorbei gekommen war. Sie trug das gleiche schwarze Kleid. Mit ihren tiefliegenden Augen schaute sie sie an.

»Düster wie die Nacht und doch ist es Tag. Nimm dich in Acht, so auch Unmögliches dir gelingen mag.«

»Wer sind Sie und was wollen Sie von mir?« Naomi versuchte, über die Straße zu kommen, doch ein vorbeifahrender Bus versperrte ihr den Weg. Als er wieder frei war, starrte sie auf den leeren Gehweg. Die alte Frau war verschwunden.

»Haben Sie gerade diese alte Frau gesehen?«, fragte sie einen vorbeigehenden Passanten.

Doch dieser verneinte.

Verwirrt machte sich Naomi auf den Heimweg.

Zu Hause begrüßte sie Sivan mit einem hungrigen Mauzen. Sofort ging Naomi in die Küche, um den Napf mit dem mitgebrachten Futter zu füllen. Anschließend machte sie sich selbst etwas zu essen. Den restlichen Tag verbrachte sie damit, sich im Haus weiter umzusehen. Außer dem Wohnzimmer und der Küche befand sich im Erdgeschoss noch eine Bibliothek. Hohe Bücherregale reichten bis an die Decke und bedeckten rechts und links die Wände. Nur die Seiten mit den Fenstern und der Tür waren frei. Naomi studierte die Titel der Bücher. Es waren Werke bester Literatur. Eine riesige Sammlung der größten Dichter und Denker.

Dann fiel ihr die Tür im ersten Stockwerk wieder ein. Sie eilte hinauf und versuchte abermals, sie zu öffnen. Doch wieder ließ sie sich nicht bewegen. Ich muss unbedingt einen Schlüsseldienst beauftragen, dachte sie. Ich kann das Haus unmöglich verkaufen, wenn die Türe sich nicht öffnen lässt. Sie nahm sich vor, dies morgen gleich in Angriff zu nehmen – direkt nach ihrem Besuch bei Mr. Cartwright.

Inzwischen war es spät geworden, und Naomi hatte sich immer noch nicht ganz von ihrem Jetlag erholt. Also beschloss sie, sich schlafen zu legen. Als sie aus dem Bad kam, sah sie, wie es sich Sivan gerade auf dem Bett gemütlich machte. Es störte sie nicht. Schließlich war das Bett groß genug, und der warme, weiche, leise schnurrende Körper gab ihr ein wohliges Gefühl. Sie schlüpfte unter die Decke und löschte das Licht auf ihrem Nachttisch. Mitten in der Nacht wurde sie von wilden Träumen geplagt. Sie war gerade auf dem Weg nach Hause. Nicht zu ihrem in Los Angeles, sondern zu dem Haus ihrer Großtante, hier in Sighton. Es war bereits dunkel, und sie wollte schleunigst heim. Die Bäume zeichneten sich schwach rechts und links von der Straße ab.

Plötzlich hörte sie, wie leise jemand ihren Namen rief.

»Naomi. Naomi Whyte. Komm her zu mir!«

»Wer ist da?«, fragte sie ängstlich. Doch niemand war zu sehen. Schnell ging sie weiter. Da hörte sie Schritte hinter sich. Sie blickte sich um. Die Straße war leer und verlassen.

Als sie sich umwandte, stand plötzlich eine Gestalt vor ihr. Sie war in einen schwarzen Umhang gekleidet, die tief ins Gesicht gezogene Kapuze ließ keinerlei Hinweise auf das Aussehen zu. Eine kalte, unheimliche Atmosphäre ging von der Gestalt aus. Sie rührte sich nicht. Dann hörte Naomi die Worte *Shara nos.*

Auf einmal fing das Amulett ihrer Großtante, das sie immer noch um den Hals hängen hatte, zu glühen an. Es wurde immer heißer. Das Licht, das es ausstrahlte, blendete sie grell in den Augen. Sie spürte den Schmerz auf ihrer Brust, der immer unerträglicher wurde. Sie schrie. Sie schrie immer lauter, während sie versuchte, das Amulett von ihrem Hals zu zerren. Aber es ging nicht. Der Stein bohrte sich immer tiefer in ihr Fleisch und verbrannte ihre Haut.

Laut schreiend wachte sie auf. Schweißgebadet machte sie das Licht der Nachttischlampe an und sah sich im Zimmer um. Sie griff an ihre Brust, wo der rote Stein an seiner Kette hing. Er war kalt und zeigte keinerlei Anzeichen eines Leuchtens. Auch ihre Brust war unversehrt. Was für ein Albtraum, dachte sie. Da sprang Sivan auf ihren Schoß.

»Na du. Habe ich dich erschreckt?« Naomi streichelte ihr über den Kopf. Ihr Blick fiel wieder auf den kleinen Anhänger um Sivans Hals. Sie meinte, auf beiden Seiten eine Schrift gesehen zu haben. Das kann doch aber nicht sein. Sie betrachtete die kleine Metallscheibe näher. Auf der einen Seite stand der Name. *Sivan.* Behutsam drehte sie die Scheibe um. Es waren deutlich Worte auf ihr zu sehen. *Shara nos* war in verschnörkelten Lettern dort eingraviert.

»Wie …? Aber das kann doch gar nicht sein.«

Ein Schauer lief Naomi über den Rücken. Sie packte die Katze und setzte sie vor die Schlafzimmertür. Danach ging sie zum Schminktisch, nahm die Kette ihrer Großtante ab und legte sie in die Holzschatulle. Sie versuchte vergeblich, wieder einzuschlafen. Erst kurz vor Morgengrauen, als die Müdigkeit sie übermannte, senkte sich ein bleierner Schlaf über sie.

Es war schon später Vormittag, als Naomi aufwachte. Ein leises Mauzen hatte sie geweckt. Als sie ihre Augen öffnete, blickte sie in die grünen Augen von Sivan.

»Wie kommst du denn hier rein? Ich hab dich doch gestern rausgeworfen.«

Irritiert setzte sie sich auf. Voller Grauen erinnerte sie sich an die letzte Nacht und ihren Albtraum. Ihr Blick fiel auf die Holzschatulle.

»Ich glaube, so langsam werde ich wahnsinnig.«

Der Deckel der Schatulle stand offen.

»Ich bin mir sicher, dass ich sie gestern geschlossen habe.«

Energisch stand sie auf, schloss den Deckel und packte die Schatulle in eine Schublade der Kommode neben dem Schminktisch.

»Wird Zeit, dass ich dieses Haus verkaufe und wieder zurück nach Los Angeles gehe. Die Katze werde ich mit verkaufen und auch die Schatulle mit der Kette.«

Sie eilte ins Bad, um sich fertigzumachen und schleunigst Mr. Cartwright zu treffen. Hoffentlich hatte er gute Neuigkeiten, dachte sie bei sich, während sie die Zähne putzte.

Sie legte gerade die Zahnbürste beiseite, da überfiel sie

ein eigenartiges Gefühl. Sie konnte es sich nicht erklären, aber irgendetwas zog sie Richtung Schlafzimmer. Sie starrte auf die Kommode. Es war, als wenn der Stein sie leise rufen würde.

Das ist Blödsinn. So etwas gibt es nicht.

Andererseits, dachte sie weiter, die Kette ist wirklich unglaublich schön. Schließlich war es nur ein Albtraum. Und die Worte, die sie vernommen hatte, und die auch auf Sivans Amulett standen, hatte sie bestimmt am Abend vorher gerade eben auf diesem Amulett unbewusst wahrgenommen.

Sie meinte damals zwar, dass nur eine Seite graviert war, aber so sicher war sie sich inzwischen nicht mehr. Der Flug war ziemlich lang, sie hatte den ganzen Tag wenig gegessen und geschlafen.

Wahrscheinlich hatte sie es einfach nicht richtig wahrgenommen.

Mit diesem letzten Gedanken ging sie auf die Kommode zu und holte die Holzschatulle hervor. Der Deckel ließ sich ohne Probleme öffnen und gab ihr seinen Inhalt ohne Zögern preis. Seltsam vertraut kam ihr der Stein vor. Wie ein alter Freund, den man schon lange nicht mehr gesehen hatte, mit dem man sich aber unterhielt, als wäre er nie fort gewesen.

Fast andächtig umfasste sie den kleinen Verschluss, öffnete ihn und legte die Kette um ihren Hals. Eine wohlige Wärme durchströmte ihren Körper, beginnend an ihrer Brust, wo der Stein sich beinahe vorsichtig an ihre Haut schmiegte. Glücklich über ihren Entschluss ging sie los, um sich wie verabredet mit dem Makler zu treffen. Eine halbe Stunde später stand sie in seinem Büro.

»Ich habe mich mit Mr. Griffith, dem örtlichen Gutachter, unterhalten«, begann er. »Wir müssen uns das Haus natürlich noch genauer ansehen, vor allem von innen, aber wenn es soweit in Ordnung ist und keine größeren Reparaturen anfallen, könnten wir es für eine Millionen Pfund, das sind umgerechnet Anderthalbmillionen

Dollar, verkaufen. Ich war so frei, es für Sie umzurechnen.«

»Anderthalbmillionen Dollar.« Naomi wurde schwindelig. Mit so viel Geld hatte sie nicht gerechnet.

»Bedenken Sie aber, dass ich Ihnen schon sagte, dass es schwer ist, hier ein Haus zu verkaufen. Ich kann Ihnen also nichts versprechen, aber ich werde es versuchen.«

»Haben Sie vielen Dank.«

»Ich werde Ihnen dann noch Bescheid geben, wann wir Sie zwecks einer Hausbegehung besuchen werden.«

»Einverstanden.« Naomi reichte ihm die Hand und wandte sich zum Gehen.

»Die Stunde ist nah und blutrot das Herz.«

»Was meinen Sie damit?« Sie drehte sich um.

»Womit?«, fragte Mr. Cartwright etwas irritiert.

»Mit dem, was Sie gerade gesagt haben.«

»Ich habe nichts gesagt.«

»Aber Sie sagten doch gerade *Die Stunde ist nah und blutrot das Herz.* Ich habe es genau gehört.« Naomi schrie die Worte fast heraus.

»Sie müssen entschuldigen, aber das klingt doch wirklich etwas seltsam. So etwas würde ich nie sagen. Wieso sollte ich auch?«

Er hatte recht.

Wieso sollte er so etwas sagen? Langsam fing sie an, an ihrem Verstand zu zweifeln. Leise und mit verwirrtem Blick, der schon fast dem Wahnsinn glich, stolperte sie in Richtung Tür.

»Fehlt Ihnen auch nichts? Geht es Ihnen gut? Sie sehen auf einmal so blass aus.«

Seine Worte schienen von weit herzukommen. Sie vernahm sie kaum. Draußen angelangt irrte sie stundenlang umher. Zuerst in der Stadt, dann trieb es sie hinaus aufs Land. Schließlich befand sie sich auf dem Weg zum Haus ihrer Großtante. Es war inzwischen spät geworden. Dunkelheit umfing sie, die Bäume zu beiden Seiten fast verschluckend.

Das kam ihr doch bekannt vor. Aber ja, genau so hatte es in ihrem Traum ausgesehen. Panik umfasste eiskalt ihr Herz. Ganz ruhig! Das muss ein Zufall sein, versuchte sie sich zu beruhigen. Nachts sieht doch alles gleich aus. Doch da war sie auf einmal.

Diese Stimme, die nach ihr rief. »Naomi. Naomi Whyte.«

Jetzt wurde es aber wirklich unheimlich. Sie versuchte, sich die Ohren zuzuhalten, aber die Stimme schien aus ihrem Inneren nach ihr zu rufen.

»Naomi.« Immer wieder.

Dann hörte sie die Schritte. Nein, bitte, dachte sie flehend, das kann doch gar nicht sein. Tränen standen ihr in den Augen. Ein Schrei lag auf ihren Lippen, doch er wollte sich nicht lösen. Sie konnte nicht anders, sie musste sich umdrehen. Die Schritte waren verstummt, und die dunkle Straße lag in tiefer Stille. Sie wagte kaum zu atmen. Ihre Fäuste verkrampften sich. Wenn alles so war, wie in ihrem Traum, dann würde, wenn sie sich jetzt umdrehte, jene schwarze Gestalt in dem großen Umhang vor ihr stehen. Aber sie war darauf gefasst. Wild entschlossen, sich zu wehren und nicht kampflos aufzugeben, drehte sie sich um. Umso mehr erstaunte es sie, dass da niemand war. Sie drehte sich nochmals um, immer und immer wieder. Doch nichts passierte. Sie stand allein da. Allein in großer Stille. Nicht einmal das Säuseln der Blätter war zu hören. In diese Stille hinein wurde abermals ihr Name gerufen.

»Jetzt reicht es!« Die Worte platzten geradezu aus ihr heraus. Irgendjemand erlaubte sich wohl einen schlechten Scherz mit ihr.

Sie folgte der Stimme, die sie vom Weg ab nach rechts in den Wald führte. Lange Zeit irrte sie zwischen den dichtstehenden Bäumen umher, kaum die Hand vor Augen sehend. Äste streiften ihr Gesicht und zerkratzen ihr die Wangen. Sie achtete nicht darauf. Nach einer für Naomi endlos langen Zeit tat sich vor ihr eine große

Lichtung auf. Ein großer Stein, einem Altar gleich, prangte in seiner Mitte. Der volle Mond sandte hell sein Licht darauf.

Langsam ging Naomi darauf zu. Als sie gerade den Stein erreicht hatte, hörte sie ein Knacksen hinter sich. Sie drehte sich um und erblickte eine große, hagere Gestalt mit langen weißen Haaren und glühenden Augen. Sie hob ihre knorrigen Hände und richtete sie auf sie.

»Stirb!«, schrie sie, und ein greller Lichtstrahl entströmte ihren Fingerspitzen. Die Wucht dieses Strahls schleuderte sie zu Boden. Was war das, und wieso will dieses Wesen mich umbringen?

Naomi hatte kaum Zeit nachzudenken. Ihr Angreifer hob erneut seine Finger in ihre Richtung, bereit für einen weiteren Angriff. Sie flüchtete sich hinter den Stein. Was passiert hier? Was soll ich nur tun? Kann mir denn keiner helfen? Getrieben von einem starken Überlebenswillen fasste sie sich ein Herz und lief in Richtung Wald. Die Lichtung verlassen, pochte es in ihr, Schutz im Wald suchen. Doch da passierte es. Ein kleiner Stein, bedeckt von Gras, beendete ihren Fluchtversuch. Sie stolperte und stürzte. Naomi drehte sich um. Schon stand die seltsame Kreatur über ihr. Die leeren Augen glühten und starrten sie an. Kein Leben war in ihnen zu erkennen. Was konnte sie tun, wie konnte sie aus dieser Situation entkommen?

Shara nos. Die Worte brannten sich in ihren Geist. Shara nos. Immer lauter. Shara nos. Shara nos. Shara nos. Schließlich folgte sie diesem Impuls und schrie die Worte dem über ihr stehenden Wesen entgegen.

»Shara nos.«

Auf einmal fing der blutrote Stein um ihren Hals an zu leuchten. Wie in meinem Traum, konnte sie noch denken. Was hatte sie getan? Gleich würde sie sterben. Dann entwich dem Stein ein greller, roter Lichtstrahl. Ängstlich bedeckte sie ihre Augen, in Erwartung ihres baldigen Todes. Aber sie verspürte keinen Schmerz. Der Stein glühte, doch sie fühlte nichts. Verwundert starrte sie in die Richtung des Strahls. Er führte genau zu dem seltsamen Wesen, das laut schreiend anfing, sich zu winden. Naomi kroch ein Stück zurück, den Strahl der Kette noch immer auf den Angreifer gerichtet. Mit einem lauten Knall explodierte das Wesen und ließ kein einziges Körnchen zurück. Der Stein hörte im selben Moment auf zu glühen.

»Was ist hier gerade passiert?« Sie stand auf und ging langsam auf die Stelle zu, an der kurz zuvor noch die Gestalt des hageren Wesens gestanden hatte. Nichts deutete darauf hin, dass es hier gewesen war. Ein Glühen lenkte ihren Blick auf den kleinen Stein, der sie zu Fall gebracht hatte. Was kommt denn jetzt noch? Energisch schritt sie auf den Stein zu, um zu sehen, was die Ursache für das Glühen war.

Als sie näher kam, sah sie, dass auf dem Stein ein Zettel lag. Schwarze Tinte, die sich über Pergament zog:

Du hast deine Sache gut gemacht, meine Kleine. Entschuldige, dass es auf diese Weise geschehen musste. Aber wie sonst hätte ich dir unser Vermächtnis, unser Erbe, näher bringen können. Seit Generationen beherrscht unsere Familie die Kunst der Hexerei. Auch du bist eine Hexe und hast dich als wahrhaft würdig erwiesen. Als Zeichen deiner Initiation gebe ich dir den Namen Sivan. Der Stein um deinen Hals wird dich beschützen. Erinnerst du dich an die verschlossene Tür in meinem Haus? Sie wird nun offen sein, und alle unsere Geheimnisse werden für dich zugänglich sein. Hüte unser Andenken gut und gebe es an deine Nachkommen weiter, so wie ich es getan habe. In Liebe, deine Großtante Frances.

Naomi konnte nicht glauben, was sie da gelesen hatte.

»Eine Hexe«, flüsterte sie. Ihr Blick fiel auf den Rand der Lichtung. Dort, vor den Bäumen, stand jene schwarze Gestalt aus ihrem Traum. Sie spürte, dass es sich um ihre Großtante handelte. Dann war sie verschwunden. Naomi legte den Kopf in den Nacken und betrachtete den vollen Mond am schwarzen Firmament.

Jasmin Loose

Der Traum vom Fliegen

Der Fall des Thomas McAndrew war der seltsamste, der mir in meiner Laufbahn als Pflegerin in diversen psychiatrischen Anstalten untergekommen war. Dabei gehörten Absurditäten, aber auch schwere Schicksale quasi zum Berufsalttag in einer solchen Einrichtung. Doch jener Thomas McAndrew lässt mich selbst heute, so viele Jahre später, nicht los. Wenn ich manchmal nachts in meinem Bett liege und die Gedanken durch einen Wald von Erinnerungen schweifen, sehe ich sein jugendliches Gesicht vor meinen Augen und erinnere mich an jene sonderbare Begebenheit im Frühsommer 1921.

Kurz nach dem Tode meines Vaters hatte ich, ohne zu wissen, was die Arbeit in einer Nervenheilanstalt überhaupt bedeutete, die Stelle als Pflegerin angetreten. Meine Naivität, die sicherlich meiner Jugend geschuldet war, hatte nach zwei Jahren im Beruf bereits stark gelitten, war ich doch Tag für Tag mit dem seelischen Leiden von Menschen umgeben, die am Abgrund standen. Kurzum, ich war mittlerweile ziemlich gegen die schlimmsten Wechselfälle des Lebens abgehärtet. Bis er kam. Thomas McAndrew, ein junger Mann, der kaum achtzehn Jahre alt sein konnte, wurde von seiner Mutter in unsere Anstalt gebracht. Sie war eine hochgewachsene, mondäne Frau, und neben ihr wirkte der kleine bleiche Junge armselig. Sie gingen in das Büro des Leiters unserer Anstalt und am nächsten Tag bezog Thomas eine unserer Kammern. Diese lag auf meinem Korridor, und da man mir versichert hatte, er sei ungefährlich, gab ich meiner Neugier nach und begann, wann immer ich in seiner Nähe war, ein Gespräch mit ihm. Der junge Mann war mir sympathisch, außerdem hatte ich Mitleid mit ihm. Meiner Erfahrung nach war es beinahe unmöglich, aus einer psychiatrischen Anstalt entlassen zu werden, wenn man einmal in ihr gefangen war. Aber nicht nur seine Persönlichkeit interessierte mich, sondern vor allem seine Erkrankung. Er habe Halluzinationen, hatte man mir erzählt. Mehr brauchte eine Hilfspflegeschwester nicht zu wissen. Doch ich wollte mehr erfahren. Und so sprach ich ihn eines Tages darauf an, als ich gemeinsam mit Schwester Vera die Aufsicht im Obstgarten führte. Dieser kleine Garten war für die Kranken angelegt worden. In der Natur sollten sie sich von ihren Leiden leichter befreien und ihre Seele erfrischen können. Auch ich mochte diesen Flecken der Anstalt am liebsten. Vor allem im Frühling, wenn alle Bäume in voller Blüte standen und die ersten warmen Sonnenstrahlen die Erde erwärmten. Er war eine willkommene Abwechslung von den grauen Wänden des Hauptbaus.

Thomas McAndrew saß auf einer Bank inmitten der knorrigen Bäume und schaute in die Wolken. Er saß immer dort. Jeden Tag kam er nach dem Mittagessen hier herunter, setzte sich auf die Bank und hing seinen Gedanken nach. Gedanken, die wohl nichts mit der Realität zu tun hatten. Ich setzte mich neben ihn, ließ aber einen gewissen Abstand zwischen uns und beobachtete ihn eine Weile. Er nahm mich gar nicht wahr, auch nicht, als ich mich räusperte.

»Hallo, Thomas«, sagte ich schließlich, und der Junge erwachte aus seiner Starre. Verwirrt sah er mich an.

»Hallo«, antwortete er stumpf und wandte den Blick wieder dem Himmel zu.

»Heute ist es wirklich schön draußen, meinst du nicht?«, machte ich den ersten Annäherungsversuch. Er nickte bloß, ohne mich erneut anzusehen.

»Ich sitze auch gerne in der Sonne und träume vor mich hin. Niemals sonst kann man seine Gedanken so schön schweifen lassen.«

Thomas reagierte nicht.

»Ich denke dann oft an meine Mutter und meinen

Bruder, die ich nur selten besuchen kann. Sie wohnen einfach zu weit entfernt.« Ich sah ihn an. »Denkst du auch manchmal an deine Familie?«

»Nicht so oft«, antwortete er.

»Und an was denkst du, wenn du in den Himmel blickst?« Wieder wanderten seine Augen zu mir. Offenbar prüfte er, ob er mir trauen konnte.

»Ich träume davon, fliegen zu können«, hauchte er.

»Oh ja, diesen Wunsch kenne ich. Einfach davonfliegen und all das hinter mir lassen.«

»Und doch tust du es nicht«, stellte Thomas fest. »Und doch tue ich es nicht. Ich nicht, weil ich nicht kann, du aus bloßer Gewohnheit nicht.«

»Warum kannst du es nicht?«

Er lachte leise und freudlos. »Ich bin verrückt.«

»Die meisten hier sind nicht verrückt, in der Regel lediglich ein wenig verwirrt«, erklärte ich ihm.

»Glaube mir, ich bin verrückt.« Er lächelte mich an. »Soll ich es dir beweisen?«

Mir war bei dem Gedanken nicht ganz wohl zumute, doch meine Neugierde bezwang meine Angst, und so nickte ich.

Der seltsame Junge sah mich prüfend an, nahm dann meine Hand und schloss die Augen. Ich war verwirrt. Ganz ruhig saß er neben mir, sein Gesicht hochkonzentriert, meine Hand in seiner. Als er die Augen wieder öffnete, waren kleine weiße Flügel aus seinem Rücken gewachsen. Ich musste ein zweites Mal hinsehen, um sicherzustellen, dass ich nicht träumte.

Wie konnte das möglich sein? Er stand auf und hielt noch immer meine Hand. Die von kleinen Federn bedeckten Flügel flatterten aufgeregt, als könnten sie es kaum erwarten loszufliegen.

»Was passiert hier?«, fragte ich ängstlich.

Thomas lächelte mich verträumt an. »Wir erfüllen uns einen Traum«, flüsterte er. »Wir fliegen davon.«

Auch aus meinem Rücken wuchsen Flügel, ich spürte

ganz deutlich, wie sie flatterten und mich davontragen wollten.

»Wohin?«, fragte ich, meine Stimme vor Anspannung zitternd.

»Bis ans Ende der Welt«, raunte er mir zu, und plötzlich begannen seine Flügel, heftiger zu schlagen, und mit einem kräftigen Satz stieß er sich von der Erde ab. Meine Flügel taten es den seinen gleich, ohne dass ich es ihnen befohlen hatte. Hand in Hand schwebten wir, stiegen immer höher, ließen den Obstgarten und die Klinik unter uns zurück. Die Häuser der Stadt wurden zu Spielsteinen und die Menschen zu Ameisen. Unsere Flügel schlugen kräftig im frischen Wind, der uns um die Nasen pfiff. Die Sonne erwärmte unsere Haut, und völlig schwerelos glitten wir am Himmel entlang. Das Gefühl von Freiheit und absoluter Leichtigkeit umgab mein Herz. Ich hätte überall hinfliegen können, in fremde Städte und Länder, an exotische Küsten und sogar bis ans Ende der Welt. Nichts schien für mich unerreichbar. Nichts war unmöglich. Thomas hatte die Augen geschlossen und schwebte neben mir dahin. Sein junges Gesicht war vollkommen entspannt, jedwede Scheu und aller Kummer, den die Welt da unten ihm zugefügt hatte, waren von ihm gefallen.

Unter uns tat sich das blaue Meer auf. Weißer Schaum umspielte die Küste Englands, wann immer eine Welle auf sie traf. Kleine Spielzeugboote glitten auf der glitzernden Oberfläche des Meeres dahin. Hin und wieder stießen sie graue Dampfwolken aus.

»Es ist so wunderschön.« Meine Stimme klang weit entfernt.

Thomas hatte die Augen geöffnet und blickte hinab auf die See. Englands Küste hatten wir hinter uns gelassen, unter uns war nichts als Wasser.

»In der Tat«, hauchte er verträumt. Der Wind fuhr durch sein Haar und ließ es tanzen. Er war wunderschön.

»Lass meine Hand los!«, forderte Thomas mich plötzlich auf.

»Warum?«, fragte ich.

»Tu es einfach! Vertrau mir!«

Irritiert folgte ich seiner Anweisung. Doch als meine Finger sich von seinen lösten, spürte ich voll Schreck, wie die Flügel sich in meinen Körper zurückzogen. Nichts hielt mich mehr in der Luft. Zu spät versuchte ich Thomas' Hand wiederzufinden, doch er war bereits außerhalb meiner Reichweite. Sanft lächelnd flog er weiter, während ich in die Tiefe stürzte. Mein Herz schlug mir bis zum Hals, die Luft rauschte in meinen Ohren und ich bereitete mich auf den Aufschlag vor. Mit fest zusammengekniffen Augen fiel ich durch Nichts. Ich vernahm lediglich den Bruchteil einer Sekunde das Rauschen des Meeres, ehe ich durch dessen Oberfläche brechen würde. Ich ballte die Hände zu Fäusten, hielt die Luft an und wartete auf den Schmerz. Nichts geschah. Verwirrt öffnete ich die Augen. Neben mir auf der Bank im Obstgarten saß Thomas McAndrew und schenkte mir ein Lächeln. Seine Haare waren weder vom Wind zerzaust, noch ragten Flügel aus seinem Rücken. Ich brauchte eine Sekunde, bis ich mich wieder gefangen hatte. Meine Hände waren noch immer zu Fäusten geballt.

»Was war das gerade?«, fragte ich und versuchte, meinen Atem unter Kontrolle zu bringen.

»Eine …« – er sah aus, als suchte er nach dem richtigen Wort – »Halluzination.«

»Hast du das gemacht? Mit deinen Gedanken?« Meine Stimme bebte vor Aufregung.

»Aber, Schwester, so etwas gibt es doch gar nicht«, sagte Thomas und stand auf. »Seien Sie vorsichtig!« Sein Blick lag auf Schwester Vera, die mit einer Patientin Blumen pflückte. »Sprechen Sie nicht zu laut über das eben Geschehene. Man könnte Sie für verrückt halten.«

Mit diesen Worten ging Thomas und ließ mich auf der Bank sitzen mit all meinen wirren Gedanken, unbeantworteten Fragen und dem noch immer unerfüllten Traum, einfach davonzufliegen.

Kathleen Strobach

Diamant

Er schlug mit der Faust auf den Tisch, stützte dann die Arme auf und legte verzweifelt den Kopf auf seine blassen Hände. Sein Gesicht war nass, und sein halblanges, dunkles Haar hing ihm ins Gesicht. Er schloss die Augen und erinnerte sich daran, wie alles angefangen hatte, damals, lange vor dieser Zeit.

Wie viele Epochen, Kriege, Erfindungen und Menschen hatte er an sich vorbeiziehen sehen? Alles lief unaufhörlich weiter, nur er blieb, wie er war. Er blieb das verfluchte Etwas, das sie aus ihm gemacht hatte. Er öffnete die Augen und sah es noch fast wie damals vor sich, zu der Zeit, als noch Könige regierten und arme Bauern ihre Felder bestellten. Er war damals reich. Er gehörte zum Königshaus, doch legte er nie Wert auf diesen Reichtum. Es kam die Zeit, zu der er heiraten sollte, und es gab viele, die seine Hand begehrten. Eine aber kämpfte besonders um ihn und sie kämpft mit ihm noch heute, Tag für Tag und Jahr für Jahr.

»Bin ich dir nicht schön und teuer genug mit all meinen Diamanten?!«, hatte sie ihn gefragt.

»Die wahre Schönheit liegt in einem Menschen und hängt nicht an ihm! Sie funkelt mehr als tausend Diamanten!«, hatte er ihr kühn entgegnet und sie abgewiesen. Doch dafür sollte er büßen. Damals dachte er nimmer daran, dass es ihn alles kosten würde, wenn er auch nur einmal eine andere Frau ansah oder beim Anblick von etwas an eine andere Schönheit dachte. Doch nun, nach all den Jahrhunderten, die er in seinem fünfundzwanzigjährigen Körper verweilen musste, wusste er, dass er sich damals mit einer hohen Macht angelegt hatte, von deren Existenz er nicht einmal wusste.

Wütend schlug er noch einmal die Faust auf den Tisch. Dann überkam ihn wieder die Verzweiflung. All die Jahre hatte er einen Vertrauten an seiner Seite, der ihm durch alle Zeiten half, ohne dass er selbst sich unter die Menschen mischen musste. Immer wieder hat ein Nachfahre der Familie, der er damals das Leben rettete, ihm den Beistand gegeben, durch den allein er im heutigen Jahrhundert überleben konnte. Doch nun gab es keine Nachfahren mehr. Bastian war von ihm gegangen, und ratlos und machtlos hörte er nun das fürchterliche Lachen, das ihm seit dem Vorfall damals verfolgte. Ihr Lachen.

Er hatte keine andere Wahl. Wenn er könnte, würde er sterben, um die Menschen zu schützen. Doch sie ließ ihn nicht gehen. Kein Weg brachte seinen Körper zum Sterben oder gar zum Altern. Er war gefangen. Wenn er nicht aufgeben wollte, gab es für ihn nur eine Chance: Er musste jemanden finden, der seinen Laden weiter betrieb und seine Figuren verkaufte, ohne dass er selbst ans Tageslicht musste. Er brauchte Geld, um sich in diesem Jahrhundert ernähren und am Leben halten zu können. Es war nicht mehr wie früher auf den Feldern. Bastian hatte ihn für einen großen Zauberer gehalten. Er war sein Bewunderer und lieber Neider, doch für ihn selbst war es der größte Fluch, der ihm auferlegt wurde.

Maria schaute ins Schaufenster und beäugte neugierig die glitzernden Figuren in der Auslage. Kurz prüfte sie ihr Aussehen in der Scheibe. Sie fühlte sich wie ein anderer Mensch in der ungewohnten Kleidung. Normalerweise trug sie keine Kostüme, aber sie brauchte einen Job, und für diese Stelle suchte man noch immer. Wochenlang stand die Annonce in der Zeitung. Sie wunderte sich darüber. Zumindest von außen machte das Geschäft einen ordentlichen und gepflegten Eindruck. Es lag in einer belebten Einkaufsstraße, und der Besitzer Francesco Barlessa Cantiano machte auf dem Foto in der Zeitung in seinem Anzug einen seriösen Eindruck. Sie hoffte, dass sie diesen Mann davon überzeugen konnte, ihr die Stelle zu überlassen, aber mit seinen über fünfzig Jahren Geschäftserfahrung würde er sicher sofort merken, dass sie vom Verkauf nicht viel verstand.

Die Ladentür schloss sich hinter ihr mit einem Klingeln. Der Laden war leer. Langsam sah sie sich um und starrte die vielen Vitrinen an, die bunte Diamantfiguren enthielten. Blumen, vor allem glitzernde Blumen sah sie, die wirkten, als wären sie gerade aufgeblüht und mit Diamanten überzogen worden. Er beobachtete sie durch einen geöffneten Spalt der Seitentür, die rechts zunächst in einen kleinen Vorraum und dann in seinen Wohnbereich führte. Sie ist schön, dachte er und schmunzelte, als sie sich eine Strähne ihres lockigen Haares hinter das Ohr steckte, als diese sich aus der Klammer gelöst hatte, die ihr Haar hoch zusammenhielt.

Sie räusperte sich und rief: »Hallo?«

»Sie haben den Job!«, dröhnte eine Stimme.

Sie erschrak und drehte sich um, doch sie sah niemanden. Sie konnte nicht sagen, aus welcher Richtung die Stimme kam.

»Ich hab den Job?«, fragte sie kühn. »Ich hab mich doch noch nicht einmal vorgestellt!«

»Wollen Sie den Job oder nicht?«, entgegnete die Stimme trotzig, und Maria war sich nun sicher, dass diese Stimme aus der Sprechanlage oben an der Decke kam. Der schwarze Kasten, der dort über ihrem Kopf hing, schnarrte. »Also?«, sagte die Stimme noch einmal.

Ihr fröstelte es. Diese Stimme klang so warm und sanft und – jung! Diese Stimme konnte unmöglich dem alten Mann gehören, dessen Bild in der Zeitung abgebildet war.

»Ich würde gerne den Ladeninhaber sprechen!«, sagte sie frech.

»Der bin ich!«

»Warum kommen Sie dann nicht heraus?«

»Nehmen Sie den Job oder gehen Sie wieder!«, sagte die Stimme gereizt. Maria überlegte. Die Situation war grotesk. Hier stimmte etwas nicht. Aber sie brauchte dringend Geld, wenn sie ihre Wohnung weiter halten wollte.

»Okay! Ich nehme den Job!«, rief sie spontan.

»Gut! Seien Sie morgen um zehn hier!«

»Soll ich etwas mitbringen?«, fragte Maria, und ihr Blick wanderte noch einmal durch den Laden. Wo verbarg sich diese Person? Sie erhielt keine Antwort. Einen Moment lang wartete sie noch, doch da das Knistern des Deckenkastens aufgehört hatte, nahm sie an, dass sie auch keine Antwort mehr zu erwarten hatte. »Ich bring dann meine Papiere mit!«, rief sie und ging kopfschüttelnd hinaus.

Er sah ihr hinterher und wünschte, er hätte sie nicht so schäbig behandeln müssen. Aber sie durfte ihn nun einmal nicht zu Gesicht bekommen.

Maria hatte lange gebraucht, um einzuschlafen, und dementsprechend sah sie heute Morgen auch etwas zerfleddert aus. Sie hatte stundenlang darüber nachgedacht, was in diesem Laden vor sich ging. Warum diese Geheimnistuerei? Was war mit dem Besitzer? War er tot? Hatte jemand seinen Platz eingenommen? Sie bekam eine Gänsehaut. Lauerte in dem Laden sogar eine Gefahr für sie? Warum zeigte sich dieser Mann nicht, der sich das Recht herausnahm, sie einfach so ohne Worte einzustellen? Diese sanfte Stimme hatte sie sogar in ihren Träumen verfolgt, hatte nach ihr gerufen und gerufen und sie konnte nicht antworten. Sie verdrängte all das Kopfzerbrechen und rückte ihre vornehme Kleidung zurecht. Sie hatte keine Ahnung, wie man diese Kostbarkeiten im Laden verkaufen sollte, aber er, wer immer er war, würde es ihr schon zeigen und dann musste er hervorkommen. Vielleicht ist er einfach nur der Sohn des Geschäftsinhabers, der schüchtern ist, dachte sie selbstsicher und nickte sich im Spiegel wohlwollend zu. Sie war bereit für ihren ersten Arbeitstag.

Wieder stand sie in einem leeren Laden.

Er hatte sie schon erwartet. Er hatte von ihr geträumt. Es war ein schöner Traum mit einem bösen Ende. Sie konnte nicht seine Vertraute werden. Sie war eine Frau! Es würde nie wieder einen Vertrauten geben. Er war mit sich selbst allein. Er beobachtete, wie sie gereizt den Arm in die Hüfte stemmte und entnervt rief: »Hallo?« Er hatte erwartet, dass sie so reagieren würde, wenn sie ihn wieder nicht vorfand. Sicher würde sie auch wieder kündigen, wie all die anderen vor ihr. Sie wartete und beugte sich über eine der flachen Vitrinen. Die Blumenfiguren darin leuchteten grün. Es mussten Diamanten sein. Dann fiel ihr Blick auf einen großen, verschnörkelten Spiegel, dessen Rand auch aus Diamanten bestand.

»Das ist mein wertvollstes Stück«, dröhnte die Stimme aus den Lautsprechern, und sofort fröstelte sie wieder.

»Sie haben also wieder vor, nur über die Sprechanlage mit mir zu kommunizieren?«, rief sie verärgert und hatte überhaupt kein Schamgefühl ihrem Chef gegenüber. Sie wusste, dass sie dort nicht mit dem Chef sprach. Diese Stimme klang viel zu jung. Vielleicht war diese Person gerade mal zwanzig. »Sind Sie sein Neffe oder sein Sohn?«, fragte sie.

»Ich bin der Inhaber!«

Sie wurde böse und fühlte sich auf den Arm genommen. »Sicher! Und ich bin die Königin von England!«

Er schmunzelte und lugte nun ein Stück weiter durch den Türspalt. »Sie sehen aber gar nicht so aus! Wissen Sie, ich habe damals viele Königinnen gekannt!« Er scherzte mit ihr, obwohl er die Wahrheit sprach, die sie aber nicht kannte.

Sie drehte sich, und ihr Rücken war ihm zugewandt. Ihre Augen suchten den Laden ab, doch sie konnte weder hinter dem Tresen, noch hinter den höheren Vitrinen, jemanden sehen. »Sie beobachten mich und amüsieren sich, ja?! Ich kann gerne wieder gehen!«, provozierte sie ihn.

»Nein! Bitte bleib, Maria!«, schrie er sofort und schlug energisch gegen die Tür. Maria horchte auf und eilte auf die die Tür zu. Sofort stemmte er sich von innen dagegen. Maria versuchte, sie aufzustoßen.

»Was ist das für ein Versteckspiel?!«, fragte sie. »Kommen Sie raus oder ich rufe die Polizei!«

»Das ist mein Laden!«, sagte er trocken. Seine Stimme klang plötzlich traurig. »Es war ein Fehler, dass ich geglaubt habe, jemand könnte hier mein Geschäft für mich weiter betreiben.«

»Ach, hör doch auf!« Jetzt wurde Maria richtig wütend. »Dein Geschäft! Wenn du wirklich der Inhaber wärst, würdest du hier nicht so eine Show abziehen!« Sie drückte die Türklinke herunter, doch er hielt sie von innen fest umklammert. »Wenn du wirklich der Inhaber bist …«, sagte sie trotzig, »… warum kommst du dann nicht einfach heraus?«

Er zögerte. Diese selbstsichere Frau faszinierte ihn. Sie ging geradeaus auf das Unbekannte zu. »Ich habe eine Lichtallergie«, sprudelte es plötzlich aus ihm heraus. Sofort klatschte er sich auf den Kopf. Wie blöd musste das geklungen haben? Warum war ihm nichts Besseres eingefallen?

Maria lachte. »Dämlicheres habe ich ja noch nie gehört!« Sie beugte sich und versuchte durch das Schlüsselloch zu schauen. Sie grinste. »Bei dir drinnen brennt doch Licht!«, sagte sie siegessicher.

Er schreckte zurück, und sofort bemerkte er, woher sie dies wissen konnte. Prompt drückte er seinen Arm fest gegen das Schlüsselloch. Die Situation in der er gerade war, hatte er so nun wirklich nicht vorhergesehen. Plötzlich war da wieder dieses hämische Lachen. Es war ganz leise an seinem Ohr. Es war fast ein gehauchtes Lachen.

»Und, welche Erklärung hast du nun?« Sie stand

breitbeinig vor der Tür. Sie hatte keine Angst. Sie sollte die Polizei anrufen und diesen albernen Betrüger entlarven. Wahrscheinlich steckte der wirkliche Ladeninhaber irgendwo an einen Stuhl angebunden im Hinterraum. Sie fühlte sich wie eine Heldin, da antwortete er: »Ich habe eine Allergie gegen Tageslicht, nicht gegen künstliches Licht.« Jetzt fühlte er sich ihr überlegen.

»Gut!«, sagte sie keck und kramte in ihrer Handtasche. Verwundert hörte er, wie sie einen Reißverschluss aufzog. »Ich hole jetzt mein Handy heraus, und dann machst du ein Foto von dir!«

Er erschrak, doch dann fasste er sich wieder. Diese Frau war einzigartig! Er schmunzelte wieder: »Dafür müsste ich ja die Tür öffnen, und dann würde das Licht von draußen hereinfallen!«

»Dann tritt doch einen Schritt zurück von der Tür!«

»Das geht nicht«, sagte er nun düster.

Plötzlich hatte sie ein merkwürdiges Gefühl. Diese Antwort hatte so traurig geklungen. Sie fragte sich tatsächlich gerade, ob die Person dort hinter der Tür die Wahrheit sagte.

»Reich halt nur deine Hand heraus und nimm das Handy! Deine Hand wird schon nicht abfallen!«

Er grinste in sich hinein. Diese Frau war tapfer. Er wünschte, er hätte sie damals zu einer anderen Zeit kennen gelernt, als er noch normal war. »Nein! Ich würde schwere Brandwunden kriegen!«, konterte er.

»Davon habe ich ja noch nie gehört!«, lachte sie. »Mir reicht das alberne Spiel! Ich rufe jetzt die Polizei!«, rief sie energisch und trat von der Tür zurück.

Er lauschte. Doch was er hörte, war plötzlich nur wieder das bitterliche Lachen, das für ihn schon zur Gewohnheit geworden war. »Bitte!«, sagte er leise.

Sie hielt kurz inne, als dieses sanfte Flehen ihr wieder eine Gänsehaut verschaffte. Wie er wohl aussieht?, fragte sie sich. Doch dann tippte sie entschlossen eine Nummer in ihr Telefon und drückte die Lautsprechertaste. Er hörte mit. Er hörte das Klingeln am anderen Ende und erschrak. »Polizeistation ...«, meldete sich eine Stimme, und sofort riss er mit geschlossenen Augen die Tür auf und zog sie zu sich hinein.

Das Telefon fiel auf den Boden, und der Polizeibeamte blieb ohne Antwort.

Sie schrie wild und schlug um sich und erschrak, als sie ihn sah. Sie hatte sich nicht geirrt. Er war nicht der Mann von dem Zeitungsinserat. Er war so alt wie sie, schlank, groß gewachsen, blass. Er hielt sie fest umklammert. Sein Griff schmerzte. Sie beruhigte sich langsam und starrte ihn an. Er war so blass, schön, warm.

Er spürte auch ihre Wärme, eine nie gekannte Wärme, die ihn plötzlich weinen ließ.

Kurz fehlten ihr die Worte, dann kam ihre Selbstsicherheit zurück: »Warum schaust du mich nicht an? Bin ich so hässlich? Mach die Augen auf!«, fauchte sie ihn an.

Doch er blieb regungslos stehen und genoss nur weiter ihre liebliche Wärme und all die Energie, die aus ihr strömte. Dann bemerkte sie seine Tränen und zuckte zusammen. Sie schaute ihn verwundert an. Was ist hier los?, dachte sie und fragte sich, wo der tatsächliche Inhaber war. »Wo ist der, dem der Laden wirklich gehört?«

»Er gehört mir!«, flüsterte er.

Sie wurde wieder wütend und schaute an ihm herunter. Seine Hände hatten tiefe Narben wie die, die von scharfen Krallen herrührten. »Ich bin Francesco Barlessa Cantiano.«

Sie lachte wieder und versuchte, sich von ihm zu lösen. Es gelang ihr nicht. »Würdest du mich bitte loslassen?!«, schrie sie ihn an, doch eigentlich empfand sie seine Nähe sogar als angenehm.

»Und dann läufst du zur Polizei?«, fragte er. »Weißt du, ich wünschte, sie würden mich holen kommen und wegsperren!«

Sie erschrak und bekam plötzlich doch Angst, die jedoch sofort wieder wich, als nun seine Tränen heftiger die Wangen hinunterliefen. Nun hörte auch sie das hämische Lachen. Sie erschrak und schrie auf: »Was ist das?« Verzweifelt zappelte sie in seinen Armen.

»Sie wird dir nichts tun!«, flüsterte er.

»Sie?« Das Lachen wurde lauter.

»Du riechst gut«, sagte er.

»Fällt dir jetzt nichts anderes ein?!«, schrie sie panisch.

Das Lachen wurde energischer, und ängstlich presste sie sich an ihn. »Was ist das?« Sie wusste, dass diese Stimme diesmal nicht aus der Sprechanlage kam. Es war, als sause das Lachen wie ein Wind um sie herum.

»Bitte, Maria, ich kann es nicht mehr aushalten! Bitte dreh dich herum!«, flehte er sie auf einmal an.

Verwundert löste sie sich von ihm und er ließ sie frei, griff dann aber sofort wieder nach ihrer Hand. »Bitte dreh dich um, ich kann nicht länger die Augen geschlossen halten!«

Das Lachen war verstummt.

Sie verdrängte, was sie gerade gehört hatte.

»Dann mach es halt nicht! Mach die Augen doch auf!«, schrie sie.

Er drehte sie herum, setzte sich und zog sie zu sich hinunter auf den Boden. Er legte seinen Arm wieder um sie und griff nun wieder fest zu.

»Ich laufe nicht weg!«, keifte sie ihn an. Er war fremd für sie und trotzdem fühlte sie sich bei ihm sicher. Das Lachen, dieser Wind … In ihrem Kopf drehte sich alles. Ein Gefühl fast vollkommener Gleichgültigkeit legte sich um sie, und sie genoss nur seine Wärme und seinen süßen Duft, ein Duft wie nach Blumen.

»Du willst wissen, wer ich wirklich bin?!«, sagte er laut.

Sie nickte.

»Ich bin Francesco Barlessa Cantiano.« Sie wollte sich erbost erheben.

»Hör mir zu!«, forderte er sie böse auf. »Hör mir bitte zu bis zum Ende!«

Sie klammerte sich an seinen Arm, und wieder dachte sie kurz, dass diese Situation grotesk war, zu grotesk um real zu sein.

Aber es war real.

Sie roch und fühlte ihn.

»Ich bin Francesco, und dies ist meine Geschichte …«, sagte er. »Ich wurde geboren, als es noch keine Straßen gab, noch keine Häuser, nur Hütten, Schlösser und Burgen, lange vor deiner Zeit. Ich wurde als ganz normaler Mensch geboren und lebte als dieser bis zu meinem fünfundzwanzigsten Lebensjahr. Dann sollte ich heiraten. Mein Vater, der König, wollte es so.«

Sie schnaubte und stöhnte genervt auf.

»Hör mir zu, bitte! Es kamen viele Frauen, um meine Hand anzuhalten. Aber keine konnte mein Herz gewinnen. Ich war nie verliebt. Ich wünschte mir eine Gefährtin an meiner Seite, die mein Herz erwecken und mich bezaubern könnte. Dann kam diese Frau.«

Das Lachen setzte wieder ein, und Maria fuhr zusammen. Dann verstummte die Stimme wieder.

»Genau von ihr spreche ich. Ich habe diese Frau damals zurückgewiesen, und sie hat mir einen Fluch auferlegt. Denn jedes Mal, wenn ich eine Frau ansehe oder beim Anblick eines Gegenstandes an eine Frau denke, wird diese oder dieser zu Diamanten.« Er flüsterte nur: »Ich hatte ihr gesagt, die wahre Schönheit ist in einem Menschen und funkelt schöner als Diamanten.«

Maria lachte, doch er legte ihr die Hand auf den Mund. Sie war so warm, und sie lauschte weiter seiner sanften Stimme und seinem Märchen.

»Wirklich, glaube mir! Es ist ein Fluch! Ich habe diese Frau verschmäht, und sie nahm mir die Chance, je glücklich zu werden. Über die Jahrhunderte hinweg hatte ich Beistand. Ich hatte immer einen Vertrauten an meiner Seite, aber heute, in deiner Zeit, wird es immer schwieriger, im Hinterhalt zu leben. In deiner Welt braucht man zwingend Geld für seinen Lebensunterhalt.«

Maria räusperte sich und unterdrückte ihr Lachen. »Du willst mir also erzählen, dass du schon Jahrhunderte fünfundzwanzig Jahre alt bist, und alles, was dich auch nur an Frauen erinnert, zu Diamanten wird und alles wegen der Eifersucht und der Rache einer Frau?« Sie versuchte die Fassung zu behalten im Angesicht dieser bizarren Situation und fantasievollen Geschichte. Sicher war Maria in irgendeiner Show und dieses Lachen war ein schöner Soundeffekt aus einem Radio.

»Du glaubst mir nicht«, sagte er verärgert. »Ich habe mich nie offenbart, nur meinen Vertrauten.«

Maria drehte sich um, da sie dachte, dass nun die Stelle gekommen war, an der sie herzhaft lachen sollte. Wer auch immer dieses Schauspiel für sie arrangiert hatte, sie dankte ihm. Dieser Typ war süß, er hatte Humor, und er roch gut. Doch als sie sich nun umdrehte und ihn ansah, wich ihr Lächeln rasch. Denn aus seinen geschlossenen Augen rannen wieder heftige Tränen. »Das ist keine Geschichte?«, fragte sie vorsichtig.

»Schau zur Tür und gib mir den Ring, den du trägst!«

Sie wirkte irritiert, zog ihn dann aber von ihrem Finger ab und legte ihn in seine geöffnete Hand. Er öffnete die Augen und starrte an die leere Wand des kargen, kleinen Raumes, in dem nur ein Tisch stand. Sie versank in seinen Augen. Sie waren tiefschwarz, als könnte die ganze Nacht darin versinken und doch strahlten sie eine Wärme aus, die sie fest daran hängen ließ, bis er seinen Arm und den Ring erhob. Fasziniert und zugleich schockiert schaute sie auf das Schauspiel, das sich ihr bot. Der Ring verwandelte sich vor ihr. Er war nun umgeben von kleinen, funkelnden Diamanten. Sprachlos starrte sie ihn an, und er schloss wieder die Augen, zu groß war die Gefahr, dass er sie doch versehentlich ansehen könnte. Er hielt seine geöffnete Hand vor sie, und nur zögerlich nahm Maria ihren Ring wieder entgegen.

»Man kann damit viel Geld verdienen«, seufzte er. »Segen und Fluch zugleich!«

Maria konnte sich nicht rühren. Jedes seiner Worte wurde noch einmal in ihrem Kopf abgespielt. Stimmte es? Es musste stimmen! Sie starrte auf den Ring.

»Verstehst du mich?«, fragte er.

Ihr Kopf brannte heiß, und dann kam wieder das Lachen. Maria trotzte diesem hämischen Bösen. Sie drehte sein Gesicht zu sich, und ihr Zeigefinger fuhr den Tränen entlang über seine Wange. Er zuckte zurück und zitterte. »Ich bin also Francesco …«

»Aber hast du nie versucht, den Fluch zu brechen?« Maria fühlte sich, als würde sie träumen, hörte sie doch von Dingen, die sie für unmöglich hielt.

»Sicher. Aber wie? Ich habe so oft versucht, mein einsames Leben zu beenden. Aber ich sterbe einfach nicht.«

Maria horchte erschrocken auf. »Du hast schöne Augen«, sagte sie dann und ignorierte das Lachen um sie herum.

»Hast du gerade nichts anderes im Kopf?«, scherzte er, obwohl ihm nicht nach Scherzen war. Das Lachen ging in ein wütendes Zischen über. »Immer wenn ich leide oder wenn ich nur ein bisschen Glück empfinde, oder großes, so wie jetzt, ist sie da. Sie sieht und hört uns.«

»Was ist sie? Eine Hexe?«, fragte Maria erbost und schaute auf den zerbrechlichen, blassen Mann, der sie in seinen Bann zog.

»Ich weiß nicht, was sie ist. Ich weiß nur, was sie aus mir gemacht hat.«

»Aber hast du nie versucht, ihren Zauber gegen sie zu verwenden? Sie ist doch auch eine Frau, wenn du sie ansiehst …«

Er legte wieder die Hand auf ihr Gesicht und ertastete ihren Mund. Mit dem Finger fuhr er darüber. »Oh, wenn ich dies könnte! Sie ist nicht dumm. Sie schützt sich vor meinem Blick, wendet mir nie ihr Angesicht zu.«

»Wann zeigt sie sich dir? Würde sie sich zeigen, wenn ich dich küsse?«

Francescos Herz setzte kurz aus. Er runzelte die Stirn.

»Ich denke schon, dass es sie rasend machen würde«, gab er unsicher zurück.

Maria schoss hoch und zog ihn mit sich zurück in den Verkaufsraum und stoppte direkt vor dem teuersten Stück. Er riss die Augen auf und starrte auf ihren Rücken.

»Was hast du vor?« Er war nervös. Ihm war heiß. Das fordernde Zischen war ihnen gefolgt, wurde lauter und kam nun auch aus den Lautsprechern.

Es erfüllte den ganzen Laden.

»Ich denke, sie spürt es schon«, sagte Maria. Sie wusste, was sie tat. Das Zischen schien nun aus den Lautsprechern herauszubrechen.

»Ich weiß nicht, was du vorhast, aber ich wünschte, ich hätte dich vor ihr kennengelernt«, sagte Francesco.

»Halt die Augen geschlossen!«, flüsterte Maria. Dann küsste sie ihn leidenschaftlich. Plötzlich stand sie da, tauchte hinter ihm auf: eine schöne, blonde und schlanke, aber so kaltherzige Frau! Die Frau, deren Eifersucht den Raum erfüllte.

»Öffne die Augen und schau direkt in den Spiegel!«, schrie Maria schnell. Er tat es, und dann sah er sie, und sie sah ihn. Die Frau seines Fluches … er sah ihr durch den Spiegel direkt in die Augen. Sie kreischte und schrie laut auf. Ein qualvoller Schrei. Und plötzlich begann es: Die Frau des Bösen erstarrte, und langsam setzten sich Diamanten auf ihrer Oberfläche ab, bis ihre schlanke Figur nur noch als schwache Silhouette erkennbar war.

Es war vorbei.

Francesco weinte. Er fühlte, dass er das erste Mal wieder frei atmen konnte. Er strahlte, und das erste Mal sah er in Marias Augen. Sie waren so schön!

Und dieses Mal weinte er aus Freude und Glück, während Maria nun nichts mehr für unmöglich hielt. Sprachlos starrte sie auf die menschengroße Diamantfigur. Sie hielt Francescos Arm fest umklammert.

Norbert J. Wiegelmann

Blind Date

Lieber Leser, derjenige, dessen Geschichte Sie im Begriff sind zu lesen, bin nicht ich. Bei dem Ich-Erzähler der folgenden Erzählung handelt es sich um einen guten Freund von mir, der mir seine schier unglaublichen Erlebnisse anvertraut hat, bevor er für unbestimmte Zeit untergetaucht ist. Weshalb, werden Sie verstehen, sobald Sie die Geschichte kennen.

Mit einem flauen Gefühl in der Magengegend betrat ich das Café, in dem ich mich mit meiner Internetbekanntschaft verabredet hatte. Auch wenn ich mir einzureden versuchte, diese Art des Kennenlernens sei heutzutage nichts Besonderes, trug das nicht wirklich zu meiner Beruhigung bei. Zum einen bin ich von eher schüchterner Natur, so dass ein Treffen mit einer Frau für mich immer etwas Aufregendes an sich hat. In diesem Fall kamen erschwerend meine Skrupel hinzu, ob es nicht doch ein Armutszeugnis sei, den Weg eines Blind Dates gewählt zu haben. Sah das nicht – bei allem Gerede von der großen Beanspruchung eines Freiberuflers – danach aus, als wäre ich nicht in der Lage, eine Frau auf *normalem* Weg kennenzulernen? Oder dass es mir nur um ein schnelles, unverbindliches Abenteuer ging? Andererseits war ich nicht der Einzige in diesem Spiel, meine Internetbekannte befand sich in derselben Situation. Das überzeugte mich schließlich, ohne mir jedoch meine Nervosität zu nehmen.

Das Café war ein gut besuchtes Ausflugslokal etwas außerhalb der Stadt. Dementsprechend sah ich mich zunächst ein wenig hilflos um, bis mein Blick auf einen kleinen Zweiertisch in einer Nische fiel, an dem eine rothaarige Frau saß, die in einem Buch blätterte. Das musste sie sein. Ich steuerte mit weichen Knien auf den Tisch zu und fragte: »Ist hier noch zufällig ein Platz frei?« Sofort ärgerte ich mich über diesen linkischen Satz. Sollte ich mich nicht geirrt haben und die Frau tatsächlich Ilona sein, war es natürlich alles andere als ein Zufall, dass der zweite Platz an dem Tischchen noch frei war.

Die Frau schaute auf und lächelte mich freundlich an. »Wenn du Klaus mit einer Vorliebe für Schokolade bist, dann nimm bitte Platz!«

Ich setzte mich der Frau gegenüber. Fast im selben Moment stand der Kellner an unserem Tisch.

»Wenn der Herr auch da ist, kann ich Ihnen jetzt etwas bringen?«

Bei Kaffee und Kuchen kamen wir ins Gespräch. So richtig vorstellen brauchten wir uns nicht mehr, das hatten wir bereits im Chat erledigt. Das Entscheidende unserer leibhaftigen Begegnung war die persönliche Wirkung auf den jeweils anderen. Konnte der erste Eindruck dem Bild, das wir uns aufgrund unserer ausgetauschten Informationen voneinander gemacht hatten, standhalten? Oder wurde bereits in diesen Minuten klar, dass die Wirklichkeit hinter den Erwartungen zurückblieb?

Ich muss gestehen, dass ich von dieser attraktiven Frau überwältigt war. Sie hatte mich total verzaubert. Und so fiel es mir überhaupt nicht schwer, locker zu plaudern und zu scherzen. Ich glaube, sie hatte diese beinah magische Faszination, die sie auf mich ausübte, gleich erkannt.

Als wir das Café verließen, umspielte ein siegesgewisses Lächeln ihre Lippen. Ohne jegliche Umschweife fragte sie mich, ob wir einen kleinen Spaziergang machen und danach zu ihr gehen sollten.

Komischerweise wunderte ich mich nicht über dieses Tempo. Ganz im Gegenteil, mit ihrem Vorschlag war sie mir lediglich zuvorgekommen, sie zu mir einzuladen. Ich wollte dieser Frau so nah wie möglich sein – und das tunlichst bald. »Mir will scheinen, als hätten wir per Internet die richtige Wahl getroffen«, bemerkte ich etwas hölzern.

Sie lächelte nur vieldeutig und verheißungsvoll.

Nachdem wir ihre Wohnung, ein sehr geschmackvoll

eingerichtetes Appartement, betreten hatten, führte mich Ilona ins Wohnzimmer, wies auf die lederne Sitzgarnitur und forderte mich auf, mich zu setzen.

»Was möchtest du trinken?«, fragte sie. »Whisky, Cognac, Wein, Sekt oder Bier? Alles im Angebot.«

Ich entschied mich für den Whisky, während sie Rotwein trank.

»Ich mach uns nachher eine Kleinigkeit zu essen, aber im Moment habe ich noch keinen Hunger«, stellte sie fest und kuschelte sich auf dem Sofa neben mich. »Empfindest du auch diese Vertrautheit, als ob wir uns schon lange kennen?«

Ich nickte zustimmend und sog den feinen Duft ihres Parfüms ein.

Dem weiteren Gang der Dinge blickte ich hoffnungsvoll entgegen. Wir unterhielten uns angeregt. War es der Alkohol, war es Ilonas ungezwungene Art, die mich mutig werden ließ? Jedenfalls sagte ich schließlich zu ihr: »Eigentlich bräuchte ich gar keine Kleinigkeit zu essen. Mir würde es völlig ausreichen, dich vernaschen zu dürfen.«

Da ich, wie ich bereits erwähnt habe, ein eher schüchterner Mensch bin, war ich über meinen Vorstoß selbst erstaunt.

Ilona lachte. »Aber, aber, Kläuschen, da tun sich ja wahre Abgründe auf.« Sie blickte mich halb belustigt, halb herausfordernd an. »Soll das heißen, du willst mich vögeln, mein Vögelchen?«

Ich gestehe, dass ich ihre Wortwahl befremdlich fand. Sowohl die Verniedlichung meines Namens als auch das Wortspiel am Ende des Satzes.

Ilona sprang auf und streckte ihren Arm nach mir aus.

»Komm, mein Vögelchen!«, rief sie neckend.

In ihren Augen bemerkte ich ein merkwürdiges Flimmern. War es der Ausdruck ihrer eigenen Erregung? Ich streckte ebenfalls meine Arme nach ihr aus, vielmehr versuchte ich es – aber ich konnte ihren Körper nicht erreichen. Mir war, als hätte ich keine Arme mehr, allenfalls Armstummel.

Ilona lachte seltsam. »Schlag nicht so mit den Flügeln, mein Vögelchen!«

An dieser Stelle hörte der Spaß für mich allmählich auf.

»Was soll das ständige Gerede von *mein Vögelchen*?«, wollte ich verärgert sagen, brachte aber nur ein krächzendes Stammeln heraus. Was war passiert? Warum konnte ich nicht mehr sprechen?

Unwillkürlich zuckte ich zurück, als Ilona nach mir griff, doch schon hatte sie mich mit beiden Händen gepackt und trug mich zu einem … Vogelkäfig. Sie öffnete die Klappe und setzte mich hinein. Statt mit ihr im Bett zu landen, befand ich mich plötzlich in einem Käfig. Wie passte ich da überhaupt rein?, fragte ich mich.

Im Käfig hing ein kleiner Spiegel. Ich blickte hinein und sah – einen Vogel, etwa von der Größe einer Dohle.

Ilona stand vor dem Käfig und sah mich verzückt an. »Er hat wieder funktioniert, mein Zauber. Ich fass es nicht!« Sie schien sich maßlos zu freuen. »Als ich dich heute Nachmittag in das Café kommen sah, habe ich gleich gedacht, bei dir könnte es klappen.«

»Hast du mir etwas in den Whisky getan?«, wollte ich wissen, aber aus meinem Schnabel gelangte nichts als ein heiseres, unverständliches Krächzen.

Voll Bitterkeit fiel mir ein, wie verzaubert ich von Anfang an von dieser Frau gewesen war. Dass dieser Zauber mich jedoch in einen Vogel verwandeln würde, hätte ich mir nie träumen lassen.

»Jetzt werden wir doch noch eine Kleinigkeit essen«, sagte Ilona, »wenn auch Unterschiedliches. Ich werde mir Lachs auf Nudeln machen, während du dich mit Körnern zufriedengeben musst.«

Sie schüttete aus einer Packung Vogelfutter in den Käfig und schob außerdem noch ein Schälchen mit Wasser hinein.

»Das muss fürs Erste reichen«, stellte sie klar und bereitete für sich die angekündigte Mahlzeit zu. Während des Essens trank sie Rotwein. Danach löschte sie das Licht und ging ins Schlafzimmer.

»Du musst leider draußen bleiben. Du wirst sicherlich verstehen, dass ich mich von einem Vogel nicht vernaschen lassen will.« Fast bedauernd lächelte sie mir zu.

Ich blieb allein zurück, flatterte verzweifelt an den Käfigstäben hoch, bis ich einsah, dass es sinnlos war. Resignierend ergab ich mich vorläufig in mein Schicksal, pickte ein paar Körner und trank einige Schlucke Wasser, was mir aber sehr schwer fiel. Dann kauerte ich mich in eine Ecke des Käfigs und schlief ein.

Als ich am nächsten Morgen wach wurde, hatte Ilona bereits die Wohnung verlassen. So hockte ich den ganzen Tag trübsinnig in meinem Käfig und wartete auf ihre Rückkehr, in der Hoffnung, wieder zurückverwandelt zu werden. Doch als sie nachmittags endlich kam, würdigte sie mich zunächst nur eines flüchtigen Blicks. Ich wollte ihr sagen, dass es nun wirklich reiche, sie habe ihren Spaß gehabt. Aber ich konnte mich ihr nicht verständlich machen. Mein Krächzen hatte mit menschlicher Sprache keinerlei Ähnlichkeit.

Erst im Laufe des Abends, als sie mir frisches Futter und Wasser brachte, redete Ilona mit mir. Sie erzählte, dass sie bereits mehrere Männer in Tiere verwandelt hätte. Das erste Mal sei es völlig zufällig und unbeabsichtigt gewesen. »Der Typ aus dem Park war ein widerlicher Kerl. Er hat mir sofort an die Wäsche gewollt. Als er anfing, mich zu begrabschen, habe ich voller Abscheu gedacht: *Alter Lustmolch!* Und statt des Kerls saß plötzlich ein Molch neben mir auf der Bank.« Danach habe sie ihre neu entdeckte Zauberkraft bewusst ausprobiert. »Ich habe herausgefunden, dass die Verwandlung dann funktioniert, wenn ein Mann zum ersten Mal richtig scharf auf mich ist. Diesen Moment gilt es abzupassen.«

Anschließend erfuhr ich, und dies trug nicht zu meinem Wohlbefinden bei, dass keiner der Männer seine Verwandlung lange überlebt hatte.

»Der Lustmolch lag Sekunden später tot am Boden. Wahrscheinlich hat er vor lauter Aufregung und Geilheit einen Herzinfarkt erlitten. Einen anderen hatte ich in eine Spinne verwandelt. Vor der habe ich mich in meiner Wohnung aber so geekelt, dass ich sie zertreten habe. Ein Mann, den ich in einen Regenwurm verwandelt hatte, ist kurz darauf von einer Drossel gefressen worden.«

Bedauern über diese Todesfälle hörte ich aus ihrer Stimme nicht heraus. Ich spürte, wie sich unter meinen Federn eine Gänsehaut bildete.

Ich war der erste Mann, den sie in einen Vogel verwandelt hatte.

»Mal sehen, was sich mit dir alles machen lässt«, plapperte Ilona unbekümmert. »Es wäre jedenfalls schade um dich. Du bist der einzige meiner Internetbekanntschaften, der mir auf Anhieb sympathisch gewesen ist.«

Und als hätte sie meine Gedanken erraten, fügte sie hinzu: »Zurückverwandeln kann ich dich zwar nicht, das möchte ich auch gar nicht. Aber vielleicht kann ich dir ja mit der Zeit Sprechen beibringen. Dann könnten wir uns zumindest unterhalten. Und wenn du ein braves Vögelchen bist, lass ich dich auch durch meine Wohnung fliegen.«

Und tatsächlich versuchte sie in der Folgezeit, mir einige Wörter beizubringen. Diese waren mir natürlich ohnehin bekannt, aber ich lernte, sie auszusprechen. Über jedes Wort, welches mir für Ilona verständlich aus dem Schnabel kam, freute ich mich unbändig.

Eines Tages öffnete sie die Käfigtür, hielt mir ihre Hand hin, und ich hüpfte darauf.

»Jetzt mach mal deine ersten Flugübungen, mein Vögelchen!«

Klaus oder Kläuschen hatte sie mich seit meiner Verwandlung nie mehr genannt.

Vor lauter Aufregung darüber, nach so langer Zeit den Käfig verlassen zu können, beschmutzte ich den Tisch, über den mich Ilona gerade hielt.

Sie kreischte: »Alter Dreckspatz, wenn das so weitergeht, setze ich dich sofort wieder in den Käfig zurück!«

Aus Angst, sie würde diese Drohung wahrmachen, wäre mir beinahe noch ein Missgeschick passiert; ich konnte es im letzten Moment verhindern. Dann probierte ich unbeholfen zu fliegen. Da ich überhaupt kein Gefühl für meine Flügel hatte, gelang das höchst unvollkommen. Ständig stieß Ilona spitze Schreie aus, weil sie dachte, ich würde mich verletzen. Zumindest so viel Empathie brachte sie also auf. Nach wenigen Minuten beendete sie das Trauerspiel und setzte mich in den Käfig zurück. Vor Anstrengung am ganzen Leib zitternd, dabei über das bescheidene Resultat meiner ersten Flugversuche völlig deprimiert, schlief ich bald ein.

Mit der Zeit machte ich allerdings bei meinen Flugstunden deutliche Fortschritte. Immer besser gelang es mir, meine Flügel synchron zu bewegen und sie im richtigen Winkel vom Körper abzuspreizen. Kurze Zeit später schon konnte ich recht sicher durch Ilonas Wohnung fliegen. Selbst das Schlafzimmer war nicht tabu, weil ich mittlerweile absolut stubenrein war. Ilona war ganz angetan.

»So ein Haustier ist doch etwas Wunderbares«, strahlte sie.

Dieser Satz, obgleich nett gemeint, schlug wie eine Bombe bei mir ein.

Genau, du bist ein Haustier, dachte ich. Das Haustier dieser Frau, mit der du dich zu ganz anderen Zwecken getroffen hast vor … vor wie langer Zeit eigentlich? Vor Tagen, gar Wochen?

Mir war das Zeitgefühl fast gänzlich abhandengekommen. Wie lange lebte ich schon hier? Und welche Lebenserwartung hatte ich als Vogel überhaupt? Fragen über Fragen, auf die ich keine Antworten fand. Um Antworten ging es mir im Grunde auch nicht. Entscheidend war vielmehr, wieder in meine frühere Daseinsform zurückzukehren. Ich wollte nicht Zeit meines Lebens ein Vogel bleiben, wie kurz oder lang ein solches Vogelleben auch immer sein mochte. Erst recht wollte ich kein Haustier sein. So entschloss ich mich, nach Fluchtmöglichkeiten Ausschau zu halten.

Dies war jedoch kein leichtes Unterfangen, denn bei meinen häuslichen Ausflügen waren die Fenster stets geschlossen. Bis auf eine Ausnahme. Und diese Chance ergriff ich sofort. Ich flog aus dem halb geöffneten Küchenfenster hinaus. Ilona schrie irgendeinen Fluch hinter mir her, aber ich schwebte unbeirrt weiter. Das Flugtraining war immerhin so effektiv gewesen, dass ich ohne Ermüdungserscheinungen eine ganze Weile in der Luft bleiben konnte. Als ich gerade einen Fluss passierte, sackte ich ohne Vorwarnung plötzlich tiefer und tiefer, schlug klatschend auf dem Wasser auf und sank unter. Nachdem ich mich an die Oberfläche gekämpft hatte, bemerkte ich, dass ich Schwimmbewegungen machte. Nicht mit Flügeln, sondern mit Armen und Beinen. Ich schloss für einen Moment die Augen und berührte meinen Kopf. Meine Hand fasste nicht an einen Vogelschnabel, sondern griff in ein menschliches Gesicht. »Ich bin wieder ein Mensch!«, rief ich, halb lachend, halb weinend, schwamm ans Ufer und stieg aus dem Wasser.

»Wie bekloppt muss man sein, um mit voller Montur in den Fluss zu springen?«, sagte im Vorübergehen eine Frau zu ihrem Begleiter.

Der zuckte die Schultern. »Bekloppte gibt es überall. Was die machen, sollte man besser nicht hinterfragen.«

Mir waren diese Leute und ihre Ansichten völlig gleichgültig. Ich stand überglücklich mit triefender Kleidung am Uferrand und hätte vor Freude den erstbesten Baum umarmen können: Ich war wieder Mensch. Nur das zählte. Wahrscheinlich hatte die Zauberkraft Ilonas mit jedem Meter, den ich mich von ihr entfernt hatte, nachgelassen, bis sie schließlich abrupt geendet hatte. Und ich hatte das Glück gehabt, gerade zu diesem Zeitpunkt den Fluss überquert zu haben. Sonst wäre meine Landung wohl äußerst problematisch geworden. Allerdings hatte ich keine Lust, mir über *Wenn und Aber* Gedanken zu machen. Noch etwas wackelig auf den Beinen, sah ich zu, auf dem schnellsten Weg nach Hause zu kommen.

Soweit der Bericht meines Freundes. Da ich ihn für einen integren und glaubwürdigen Menschen halte, habe ich keinen Anlass, an dem Wahrheitsgehalt der Geschichte zu zweifeln, auch wenn sie überaus fantastisch anmutet. Sollten Sie noch etwas wissen wollen, müssen Sie sich an mich wenden. Ich werde Ihre Fragen an meinen Freund weiterleiten. Er selbst muss sich erst einmal von seinem Abenteuer erholen. Und das in absoluter Ruhe und Anonymität. Dafür sollten Sie Verständnis aufbringen.

Indihex

Einen Hexenstab für Roxy

»Hokus Pokus Hexenkessel, setze dich in deinen Sessel, hör dir die Geschichte an, wie's den Hexen gehen kann.«

Wisst ihr eigentlich, wie Hexen geboren werden? Nein? Ich will es euch verraten, aber sagt es keinem weiter. Also, man stelle einen großen Hexenkessel auf, und da hinein kommen:

7 Eimer Moorwasser
3 Brennnesselwurzeln
eine Handvoll Fingerhut
5 Agavenblätter
6 Arnikablüten
3 Stücke Faulbaum-Rinde
1 Bund Goldrutenkraut
6 Spinnenbeine
1 getrocknete Echse
1 Drachenschuppe
und 1 gesundes, lebendiges Kleingetier
Alle Zutaten gut kochen, einmal reingespuckt, fertig.

Vor langer Zeit, ich glaube, es waren gerade fünfhundert Jahre vergangen, kam in der Walpurgisnacht auf dem Hexenhügel mit viel Ungeschick eine kleine Hexe auf die Welt.

Eine stürmische Nacht brach an, und in der Walpurgisnacht war der große Kessel schon aufgestellt, denn heute sollte wieder eine Hexe geboren werden. Dazu brauchte die Oberhexe Feodora sieben Eimer Moorwasser, einige Kräuter und Kleingetier. Das Kleingetier und die Kräuter hatte sie schon da, nur das Moorwasser musste noch geholt werden. So beauftragte sie Hortense, weitere sechs Hexen mit sich zu nehmen, um das Moorwasser so schnell wie möglich zu bringen. Ihr glaubt, das wäre einfach? Oh nein, denn diese Hexen besaßen noch keine Hexenbesen. Sie hatten nur die Hexenbücher und die Zauberstäbe, aber alles konnten sie damit auch nicht machen, einiges mussten sie noch selber besorgen.

Hortense war eine erfahrene Hexe und kannte sich im Moor aus. Es war sehr gefährlich in den Sümpfen. Sogar vor Hexen machte der Sumpf nicht halt. Hortense rief die Hexen auf, die sie begleiten sollen.

»Hexe Richarda, komm und nimm deinen Hexenkessel mi! Blanka und Hedda, wo seid ihr? Valentina und Klothilde, hurtig, hurtig, macht euch auf! Wo treibt sich Fides herum? Ich sehe sie nicht.«

»Ich bin hier«, sagte sie verärgert, denn sie war gar nicht begeistert davon, in die Sümpfe mitzugehen.

»Was machst du für ein Gesicht? Du solltest mehr Begeisterung zeigen. Eine Hexe wird heute das Licht der Welt erblicken«, sagte Hortense Ahnenstolz und gab Fides einen Stoß, so dass diese beinahe hinfiel. Grade noch konnte sie sich bei Blanka festhalten.

»Die ist wieder gut drauf, nun kann sie uns wieder kommandieren«, sagte Blanka leise.

Fides kam ein Lacher heraus.

Sie marschierten in den Wald und nach einer Weile kamen sie an den Sumpf. Nun war Vorsicht geboten. Alle hörten nun auf Hortense, keine wollte einen verkehrten Schritt machen. Als sie an der tiefsten Stelle waren, tauchte eine nach der anderen ihren Kessel in das Moor, welcher sich mit Sumpfwasser füllte. Dann ließen sie den Kessel mit Zauberkraft schweben, damit kein Tropfen verloren ging.

Gleich darauf stampften sie wieder hinter Hortense her. Plötzlich stolperte Valentina über eine Wurzel und fiel hin. Zu dumm, dass Fides nicht aufpasste, denn sie flog über Valentina und landete im Sumpf, und der verschlang sie gleich mit großem Hunger. Es ging ganz schnell. Valentina stieß noch einen grellen Schrei aus, dass den anderen Hexen die Haare zu Berge standen. Sie drehten sich um und sahen nur noch, wie Fides' Hand und der Kessel mit Moorwasser verschwanden. Alle schauten auf Valentina.

»Was? Ich kann nichts dafür. Ich bin gestolpert, und Fides purzelte über mich. Was sollte ich tun? Es ging so schnell.«

»Kommt mir nach! Es ist zu spät, wir müssen das Moorwasser zum Hexenhügel bringen. Seht mich nicht so an! Los! Aber hurtig, hurtig!« Das sagte Hortense immer, wenn sie aufgeregt war. Hurtig, was für ein Wort. Dabei betonte sie das R so sehr.

Alle sechs Hexen waren wie benommen. Sie erreichten mit Zauberkraft den Hexenhügel, ohne dass noch jemand zu Schaden kam. Dort stand schon ungeduldig Feodora.

»Was ist geschehen? Ihr seid so betrübt«, kam es von der Oberhexe, als sie nebenbei das Moorwasser in den großen Hexenkessel schüttete.

Hortense blickte zu Boden und druckste herum.

»Wir haben Fides verloren, sie ist tot. Das Moor hat sie geholt«, schoss es aus Klothildes Mundwerk. Sie konnte sich nicht zurückhalten. Es musste gesagt sein.

»Was … Fides … Wie konnte das geschehen?« Doch mehr Zeit hatte Feodora nicht, es eilte. So rief sie Walburga.

»Was willst du, Feodora?«, fragte die Waldhexe.

»Geh, hole so schnell du kannst den letzten Eimer Moorwasser, sonst kann dieses Jahr keine Hexe geboren werden! Es liegt nun an dir, ob wir heute noch eine Hexe bekommen oder nicht«, keifte Feodora sie an. Denn es war noch nie vorgekommen, dass eine Hexe in der Walpurgisnacht starb und die Zeit knapp wurde.

»Ich geh ja schon«, sagte Walburga brummig, und schon war sie verschwunden.

Nun müsst ihr wissen, dass die Waldhexe Walburga eine Sache nicht leiden kann: wenn man sie unter Druck setzt. Denn dann muss sie den Stress durch Sammeln wieder ausgleichen. So sammelte sie viele Kräuter, die sie auf dem Weg so fand und warf sie in ihren Kessel. Dann war sie auch schon am Moor. Sie füllte das Gefäß mit Sumpfwasser und wollte zurückgehen, als sie Fides' Zauberstab am Boden liegen sah. Walburga wusste, dass sie den Zauberstab nicht anrühren durfte, denn es war den Hexen streng verboten, den Hexenstab einer anderen Hexe bei sich zu tragen. Man erzählte sich grauenhafte Geschichten davon. Zum Beispiel, dass man seine Hexenkraft verlieren könnte oder dass man zu einem Menschen wurde. Doch es juckte ihr in den Fingern. Sie konnte ihn nicht liegen lassen. So zauberte sie ihn in den schwebenden Kessel und dachte: Wenn ich zu Hause bin, werde ich meine Kräuter und den Zauberstab wieder herausholen. Auf ihrem Heimweg sah sie noch einige Kräuter und Rinden. All diese herrlichen Sachen wanderten in ihren Kessel. Nun musste sie sich aber sputen.

Walburga kam abgehetzt am Hexenhügel an, denn sie wollte nicht schuld sein, das es heuer kein neues Hexlein gab. Als sie außer Atem ankam, wurde ihr gleich der Behälter aus der Schwebe gerissen und sofort in den großen Kessel geschüttet. Die Oberhexe Feodora warf noch einige Kräuter und Kleingetier mit hinein und rührte kräftig um, als Hexe Walburga wimmerte: »Halt! Halt! Meine Sachen!«

»Was für Sachen?«, empörte sich Hortense.

»Na, meine Kräuter, die ich gesammelt habe«, schniefte Walburga und zählte ihre Kräuter auf, wobei es ihr schwer fiel, sich an alle zu erinnern.

»Aber da war doch noch was … noch eine Sache, was war denn das gleich noch?« Sie überlegte angestrengt, aber sie kam nicht darauf, denn man drängelte sie. »Ich hab es vergessen, ich hab's vergessen.«

»Was für eine Substanz hast du noch in deinem Kessel gehabt?«, fragte Feodora grollend.

»Ich komm nicht drauf, ich überlege schon die ganze Zeit, aber du kannst mich verhexen … ich weiß es einfach nicht mehr«, schnippte Walburga. Sie war ganz schön sauer, denn sie hatte eigentlich einen Dank für ihren Dienst erwartet.

»Wird schon nichts Großartiges drin gewesen sein«, sagte Hedda arrogant und blickte Walburga von oben bis unten an.

Da kochte es in der Waldhexe. Sie musste sich setzen und schaute schmollend aus der Ferne zu.

Jetzt warf die Oberhexe Feodora gerade die letzte Zutat dazu. Es war eine lebendige Kröte. Es gab einen Krach und in dem Kessel stand eine wunderschöne, niedliche Hexe. Sie hatte eine kleine Stupsnase, rotes, gekraustes Haar, eine glatte Haut, keine einzige Warze und große grüne Augen lächelten in die Runde.

Schlagartig schrien alle Hexen auf: »Teufel noch mal, was ist das für eine hässliche Missgeburt!«

In diesem Augenblick tauchte Hexenmeister Magnus auf. »Was ist geschehen? Man hört euch bis in mein Haus schreien?« Dabei schaute er in entsetzte Hexengesichter.

»Feodora hat Mist gebaut, sie hat eine grundhässliche Hexe entstehen lassen«, schoss es aus Klothilde, die wieder nicht ihren Mund halten konnte.

»Nein, das war Walburgas Schuld, sie hat einen verunreinigten Eimer Moorwasser gebracht«, zischte Hedda und gab der Waldhexe einen Fußtritt, sodass diese aufsprang mit einem lauten: »Aua, du blöder Rauwaggl!«

Der Rauch verschwand völlig, und vor dem Hexenmeister stand die junge, neue Hexe.

»Wie soll sie denn heißen?«, fragte er die umstehenden Hexen.

Es kam keine Antwort. Alle schauten die sonderbare neue Hexe an, die immerzu lächelte.

»Na, dann werde ich ihr einen Namen geben. Roxsana! So soll dein Name sein.« Magnus streichelte ihren krausen, roten Wuschelkopf und lächelte sie lieb an. »Aber Roxy würde dir besser stehen, nicht wahr?« Dann war er mit einem Lachen verschwunden.

Roxy, die junge Hexe, stieg aus dem Kessel und begrüßte alle Hexen recht lieb. Als sie bei Walburga stand und ihr die Hand reichte, fiel der Waldhexe das fehlende Ding wieder ein: Fides' Hexenstab! Doch das verriet Walburga niemandem. Denn was geschehen war, konnte keiner mehr rückgängig machen.

Der neue Morgen brachte nichts Gutes. Alle Hexen kamen zusammen und trafen sich auf dem Hexenberg. Doch sie kamen aus ihrem Staunen nicht heraus. Der Nockerberg, ihr Hexenberg, war so blitzsauber gefegt, dass es eine Sauerei war.

»Wer war das, wer war das? Wer hat unseren Nockerberg verunreinigt«, schrie Feodora. Sie war außer sich.

»Hi hi, das kann nur unsere Neue gewesen sein«, flüsterte Blanka.

Das wiederum hörte Klothilde und wollte es wieder ausplaudern, aber Richarda hielt ihr den Mund zu. Hedda sah das und war giftig. Sie konnte die Neue nicht leiden und sagte hochnäsig: »Das ist ganz gewiss die hässliche Missgeburt gewesen.«

»Holt mir Roxsana! Wo ist sie eigentlich?«, fragte die Oberhexe die umstehenden Hexen, die auch jetzt erst bemerkten, das Roxy nicht beim Hexentreffen war. Sofort begann eine Suche nach ihr.

Nach einer Weile hörte Walburga ein Singen und ging dem nach. Als sie am Häuschen von Hedda ankam, fielen ihr beinahe die Augen raus. Sie schüttelte den Kopf und lief so schnell sie konnte auf Roxsana zu.

»In drei Teufelsnamen, was machst du hier?«

»Ich putze, es sieht so schmuddelig alles aus. Es ist auch schon das letzte Haus. Bin gleich fertig«, sagt Roxy fröhlich.

»Was? Du hast noch mehr Hexenhäuser geputzt? Das geht doch nicht. Wie hast du das angestellt?«, fragte Walburga entsetzt und war gespannt auf ihre Antwort.

Roxsana sah sie nur lächelnd an und zuckte mit den Schultern und sagte nur: »Weiß nicht, es kommt einfach über mich und schon ist das Haus geputzt, ohne mich anzustrengen. Da ist doch nichts dabei. Das könnt ihr doch auch?«

»Nein, das können wir nicht«, sagte die Waldhexe fassungslos. Sie sah in die Runde, und dabei schüttelte sie sich vor Entsetzen. So sauber hatte sie noch nie ein Hexenhaus gesehen. Da fielen ihre Augen auf etwas Glänzendes. Mitten auf dem Tisch lag das Hexenbuch und der Hexenstab, poliert.

»Was um alle Teufel der Welt hast du mit dem Hexenstab und dem Buch gemacht? Warum glänzt und funkelt das so?« Dabei setzte sich Walburga auf einen Stuhl, denn nun war sie total geschafft. Keine Hexe darf Buch und Hexenstab einer anderen Hexe in die Hand nehmen, ohne dass ihr etwas Schreckliches passiert. Doch an Roxy war keine Veränderung zu sehen, außer, dass sie anders war als alle anderen Hexen.

»Alle Hexenbücher und alle Hexenstäbe waren so schmuddelig und dreckig. So habe ich sie poliert. Nun ist alles sauber, und ich bin fertig mit meiner Arbeit«, sagte Roxy ein wenig enttäuscht, weil sie mit dieser Reaktion nicht gerechnet hatte.

»Weißt du, was du angestellt hast? Du hast dir großen Ärger eingesammelt.« Dabei schüttelte Walburga immer wieder den Kopf. »Wie kannst du die Zauberstäbe und Bücher von den Hexen berühren, ohne dass dir was zustößt?«, fragte sie Roxy neugierig.

»Wieso? Da ist doch nichts dabei.« Sie nahm den polierten Zauberstab vom Tisch und es geschah – nichts. Walburga wurde neugierig und dachte sich: Hat man uns eine Flunkerei aufgebunden mit den Hexenbüchern und Zauberstäben? Sie ging auf Roxy zu und wollte den Hexenstab in die Hand nehmen. Sie war nur noch einen Zentimeter von Heddas Hexenstab entfernt, da bekam sie einen leichten Schlag auf die Fingerspitzen.

»Aua, das tat weh!«, schrie Walburga. Plötzlich fiel es ihr wie Schuppen von den Augen: Sie dachte wieder an Fides' Zauberstab, der bei Roxys Geburt mitgekocht wurde. Der war ihr doch damals nicht mehr eingefallen. Natürlich wollte sie auch jetzt nichts sagen, denn sonst säße sie in Teufels Küche, und das wollte sie nicht. Am besten still sein, abwarten, was kommt.

»Roxy, komm! Alle suchen dich schon. Wir müssen zum Nockerberg. Die werden Augen machen, wenn alle nach Hause kommen. Huch, in deiner Haut möchte ich nicht stecken.« Sie packte Roxsana am Arm und ging mit ihr zum Hexenberg.

Auf dem Nockerberg waren alle beschäftigt, die schöne Unordnung wieder herzustellen. Als sie die Waldhexe und Roxsana sahen, hielten alle inne.

»Was hast du angerichtet, Roxsana?«, schrie Feodora. »Wie kommst du nur auf den Gedanken, hier sauberzumachen? Ist ja krankhaft.« Sie ging auf und ab und war außer sich.

»Das ist nicht alles, meine Grässlichkeit«, schmeichelte Walburga ihr.

»Was denn noch?«

»Wenn ihr alle zu Hause seid, werdet ihr eine große Überraschung erleben. Sie hat bei allen saubergemacht.« Dabei kam der Walburga ein Lachen raus.

»Das findest du wohl witzig!«, kam es von Hedda herablassend.

»Nein. Gar nicht. Aber es kommt noch heftiger.« Dabei wurde Walburga trotzig. »Alle Hexenbücher und Hexenstäbe, welche zu Hause lagen, sind auch sauber poliert.«

Plötzlich tasteten und suchten alle Hexen in ihren Taschen. Es waren wenige, die ihren Zauberstab und das Hexenbuch bei sich hatten. Schnell liefen viele Hexen nach Hause. Jetzt stand nur noch eine kleine Hexenschar vor Roxy.

»Es ist zum Aus-der-Haut-fahren mit dir. Du kannst nichts, außer, alles in Unordnung zu bringen. Schau, dass du wegkommst! Allein dein Anblick ist ja nicht zu ertragen. Du wirst nie einen Zauberstab oder ein Hexenbuch besitzen, dafür werde ich schon sorgen. Wer weiß, was dann alles passieren könnte, das kann ich nicht verantworten«, schrie Feodora die kleine Hexe an.

Roxy ging traurig heim und weinte bitterlich.

Walburga hatte Mitleid und schlich ihr heimlich nach.

Aufgeregt kamen die anderen Hexen zurück und klagten ihr Leid. Keine konnte ihren Zauberstab mehr in die Hand nehmen, die Bücher ließen sich nicht mehr öffnen, immer bekamen sie einen Schlag auf die Finger.

Nun wurde ein Hexenrat zusammengerufen, und Hexenmeister Magnus war der Vorsitzende. So wurde beratschlagt, wie Roxy zu bestrafen wäre. Es wurde eine heftige Auseinandersetzung. Die einen wollten Roxy tot sehen, die anderen wollten sie verbannen. Doch immer wieder hatte Magnus etwas dagegen. So kamen sie nicht weiter. Die Einzige, die sich zurückhielt, war Feodora. Ihr wurde klar, dass es nicht so weitergehen konnte. Da gab es einen Schrei, und alle waren still.

»Ich bin der Meinung, Magnus, du hast einen Narren an Roxsana gefressen, die du ja Roxy nennst. Doch wie du willst, da du mit nichts einverstanden bist, bleibt sie ungeschoren. Aber keine Hexe wird sie mehr beachten und keine wird mit ihr mehr reden. Sie ist aus dem Hexenzirkel ausgeschlossen, das ist ihre Strafe«, sprach Feodora und blickte tiefschwarz in die Gesichter der Hexen. Ja, das gefiel den Hexen, und so löste sich der Hexenrat auf.

Eine schwere Zeit begann für Roxy. Magnus sah öfter bei ihr vorbei. Er gab ihr den Rat, die anderen Hexen zu beobachten und von ihnen zu lernen. Das tat sie auch, doch ihr widerstrebte die Art, wie die Hexen miteinander umgingen.

So kam wieder mal ein Abend der Walpurgisnacht. Wieder wurde der große Hexenkessel aufgestellt. Roxy musste fernbleiben von dem Geschehen. Auch Walburga durfte dieses Jahr nicht teilnehmen, weil man sie als die Schuldige ansah, dass aus Roxsana eine Missgeburt geworden war.

Wieder gingen sieben Hexen in die Sümpfe, um Moorwasser zu holen. Feodora hatte alle Zutaten bereit. Alles lief reibungslos, und als die letzte lebendige Zutat dazukam, stand ein hässlicher Jüngling vor ihnen. Ein Raunen und Stöhnen ging durch die Reihen. Als dann der Jüngling aus dem Kessel sprang und den Hexen schöne Komplimente machte, waren alle hin und weg. Er war so charmant und redegewandt, keine Hexe konnte ihm widerstehen.

»Seht ihr«, sprach Feodora stolz, »das kommt heraus, wenn alles perfekt abläuft. Du sollst Julius heißen.«

Gleich darauf hatte Hedda Julius in den Fängen. Eine jede Hexe wollte den Jüngling an sich drücken. Als Hortense eingriff, rief sie laut: »Hurtig, hurtig!« Sie wedelte mit den Händen und hatte Julius für sich alleine.

Roxy sah von Weitem alles mit an. Sie weinte, als unverhofft eine Hand auf ihrer Schulter lag und sie tröstete.

»Mach dir nichts draus, du wirst einmal eine ganz besondere Hexe sein. Ganz anders als die anderen. Roxy, komm, mach dich auf und schau dir die andere Welt an, vielleicht wartet dort deine Bestimmung!«

Roxy sah auf und erblickte Magnus. Er lächelte sie an und war wieder verschwunden. Die Tränen liefen immer noch, als sie auf dem Nockerberg das fröhliche Hexentreiben sah, wie sie alle um den Hexenkessel tanzten. Da saß plötzlich die Waldhexe bei ihr und lächelte sie verschämt an. Auch ihr hatte die Hexenbrut heute wehgetan. So brach sie die Regel, nicht mit ihr zu plaudern. Sie erzählte Roxsana alles, was geschah. Auch gestand sie ihren Fehler ein, dass der Zauberstab der Hexe Fides mitgekocht wurde, und dabei bat die Waldhexe um Verzeihung.

Roxy schaute Walburga in die Augen und fiel ihr in die Arme.

»Dich trifft keine Schuld. Es musste so kommen. Wer weiß, warum das so geschah. Ich werde fortgehen und mir die Welt anschauen. Vielleicht werde ich dann eine Hexe wie die anderen.«

Walburga verzog sich in den tiefen Wald. Sie wollte mit der Hexenbrut nichts mehr zu tun haben.

Roxy machte sich auf die Reise. Sie kam in der Welt herum, aber sie fühlte sich nirgends zu Hause.

Nach vielen Monaten begegnete ihr ein junger Mann. Der sprach sie an und fragte: »Was macht eine so junge Hexe hier in unserer Gegend? Hast du dich vielleicht verlaufen?«

»Ich, mich verlaufen? Nein, wo denkt Ihr hin? Ich bin auf der Suche nach Geborgenheit, Liebe und Hoffnung. Aber bis jetzt habe ich das alles nicht gefunden. Ach ja, und einen Zauberstab mit Hexenbuch hätte ich gern. So wie es alle Hexen haben. Aber das werde ich wohl nie bekommen. Oh, verzeiht, ich heiße …«

»Ich weiß, Roxsana oder Roxy, nicht wahr?«, sagte der junge Mann. »Ich bin Asim und bin ein Magier. Ich beobachte dich schon eine Weile. Willst du nicht in meinem Reich bleiben und bei uns wohnen? Bei mir kannst du dein Hexenbuch mit Zauberstab bekommen, und das andere wird sich auch finden lassen.«

»Liebend gern. Aber darf ich denn einfach so mit Euch gehen?«, fragte Roxy verwundert.

»Wer sollte was dagegen haben? Komm mit und schau es dir an!«

Roxy hatte so einen Mann noch nie gesehen Sie war lange unterwegs. Die Menschen, die ihr begegneten, sah sie sich genau an. Aber dieser Mann war ihr irgendwie so vertraut, das spürte sie in all ihren Knochen.

Er führte Roxy in eine riesige Burg. Dort tummelten sich viele Geschöpfe wie Gnome, Kobolde, Riesen, Heinzelmännchen, Feen. Doch Hexen, Teufel und Dämonen sah man nicht.

»Glaubst du wirklich, ich gehöre hierher, Asim?«, fragte Roxy fassungslos.

»Warum fragst du?«, lächelte Asim die kleine Hexe an.

»Nun, weil ich keine Hexe hier erblicken kann, und ich bin eine, wenn ich dich darauf aufmerksam machen darf«, sagte sie bestürzt.

»Aber du bist nicht wie die anderen, du bist einzigartig. Du bist das, was ich schon lange gesucht habe. Ein ungeschliffener Diamant. Ich werde aus dir eine kostbare Hexe machen, wie sie die Welt noch nie gesehen hat.« Dann nahm Asim sie in beide Hände. Er küsste ihre Stirn und stellte Roxy allen Burgbewohnern vor. Sie wurde herzlich aufgenommen.

Ab diesem Tag begann für Roxsana eine Lehrzeit. Jeden Tag wurde sie geprüft und musste viel lernen. Ja, manchmal wäre sie gern davon gelaufen. Das Lernen gefiel ihr gar nicht. Doch kam Asim vorbei und fragte nach ihr, pochte ihr Herz ganz wild. Dann machten sie miteinander Pause und erzählten sich gegenseitig innigste vertraute Wünsche. Kurz darauf ging es Roxy wieder besser. Asim und Roxsana bemerkten, dass aus ihrer Freundschaft echte Liebe wurde. Keiner konnte mehr ohne den anderen sein. Doch eines Tages kam Asim mit einer traurigen Botschaft.

»Roxy, ich muss für eine lange Zeit verreisen. Warte auf mich! Ich werde dich holen, und dann werden wir für immer zusammen sein. Willst du das für mich tun? Arbeite an dir, damit du dein Buch und den Zauberstab auch bekommst! Sei auf meiner Burg die Herrin! Mach mich stolz!«

»Warum musst du fort? Ohne dich wird es schwer, das halte ich nicht aus«, jammerte Roxy.

Doch Asim kannte seine Hexe und gab ihr einen Trost. »Wenn du glaubst, es ginge nicht mehr weiter, so schließe deine Augen und denke fest an mich, dann werde ich bei dir sein und dir helfen können.« Dann küsste er sie auf die Stirn und war verschwunden.

Roxy dachte, es würde eine Welt zusammenstürzen. Doch es war nicht so. Sie spürte Asim immer noch um sich. Diese Geborgenheit, diese Liebe und eine Hoffnung hatte sie in ihren Herzen, so dass ihr ein kleines Lächeln über das Gesicht huschte. Dann glitt doch eine kleine Träne über ihre Wange.

Roxy arbeitete an sich und war sehr fleißig. Eines Abends, sie war wieder in Gedanken bei Asim, wurde sie heftig aus ihren Gedanken gerissen. Ihr war, als müsste sie in ihre alte Heimat reisen.

Am nächsten Morgen machte Roxsana sich auf, und so kam sie nach einigen Tagen in ihre alte Hexenheimat zurück. Von Weitem hörte sie Hortense ihr *Hurtig, hurtig!* schreien. Unerwartet hielt Roxy inne.

»Was für einen Tag haben wir denn heute?«

Ja, es war Walpurgisnacht. Auf dem Hexenhügel war

wieder einiges los. Es tummelten sich viele kleinere Hexen, die Roxy noch nicht kannte. Wie beim letzten Mal setzte sie sich auf eine weit abgelegene Wiese, um das Treiben zu beobachten.

»Siehst du, Asim, das war meine Familie.«

»Das ist sie jetzt auch noch«, kam eine Stimme hinter Roxy. Sie drehte sich um. Hinter ihr stand Walburga, allerdings sah sie um hundert Jahre älter aus. Roxy stand auf und drückte sie ganz fest. Denn sie freute sich, ein altes, bekanntes Gesicht zu sehen.

»Immer noch die Alte, so viel Herz und noch kein bisschen uns gleich geworden«, sagte Walburga ein wenig enttäuscht. »Sag, mit wem hast du gesprochen, bevor ich zu dir kam?«

»Ach, mit Asim. Er ist immer bei mir, aber du kannst ihn nur nicht sehen. Er wird kommen und mich zu sich holen. Aber ich muss noch ein wenig warten«, sagte Roxy freundlich.

»Nun drehst du ganz durch, jetzt spinnst du komplett«, klagte die Waldhexe. Sie setzte sich in die Wiese und schaute hinüber auf den Nockerberg.

Roxy setzte sich zu ihr. »Warum bist du nicht bei ihnen? Immer noch verärgert?« Dabei schaute sie Walburga fragend an, denn es kam nur ein leises: »Hm.« Erst als am Nockerberg eine Hexe aus dem Kessel stieg, sah Roxy, dass Walburga Tränen in den Augen hatte. Plötzlich heulte sie drauf los: »Ach, du weißt gar nicht, was wir alles mitgemacht haben, seit du nicht mehr da bist. Julius, das Hexengenie, ist bald danach gestorben. Er wurde schwer krank. Hexenmeister Magnus hatte eine Untersuchung geleitet und festgestellt, dass das Tierchen, welches Feodora in den Hexenkessel geschmissen hatte, krank war. Das verzieh ihr keine Hexe. Jetzt ist Hortense die Oberhexe und Hedda ihre Handlangerin. Die beiden hexen einen Schwachsinn hervor, dass man sich schämen muss, eine Hexe zu sein.«

»Und wo ist jetzt Feodora?«, fragte Roxy verschreckt.

»Na, bei mir und geht mir auf die Nerven. Wenn ich das gewusst hätte, ich würde sie nicht mehr in meiner Waldhütte aufnehmen. Aber wo soll sie hin? Von allen Hexen wird sie gehasst. Seit Julius, du weißt …« Wieder fing sie zu heulen an. Roxy nahm Walburga und stützte sie auf dem Weg zu ihrer Waldhütte. Von Weitem hörte sie Feodora schreien.

»Wo bleibst du, Walburga? Hast du mich vergessen? Du weißt, ich habe nur dich. Wie kannst du mich nur so alleine lassen? Walburga, wa... wa...« Weiter kam sie nicht. Dann sah sie Roxana.

»Guten Abend, Feodora. Wie geht's dir?«, fragte Roxy sehr freundlich.

Feodora schaute mit ungläubigen Augen immer wieder Roxy an und schüttelte ihren alten Hexenkopf.

»Hi, hi, hi, da staunst du, was? Ja es ist Roxy. Sie ist wiedergekommen. Du hast es mir nie glauben wollen. Nun ist sie da«, sagte Walburga beschwingt und konnte sich nicht mehr zurückhalten.

»Und was macht Magnus, der Hexenmeister?«, fragte Roxy neugierig.

»Ach, er lässt alles hier verkommen, blicken lässt er sich kaum noch, seit du weggegangen bist. Wusstest du, dass Magnus sich in dich verliebt hatte?«, fragte Walburga altersschwach.

»Wie … was … Verliebt in mich?«, gab Roxy verstört von sich. »Das wusste ich nicht.« Sie sah die beiden Hexen an und musste sich setzen.

»Ich verstehe es auch nicht, so hässlich, wie du bist«, sagte Feodora anstößig, als sie sich wieder vom Anblick dieser kleinen Hexe erholt hatte.

»Komm, lass uns zu Magnus gehen! Feodora kommt schon klar. Sie ist ja wieder die Alte, wie man hört«, zischte Walburga Feodora an.

Roxy fiel von einem Schreck in den anderen. Willig ließ sie sich von Walburga führen. Sie standen vor Magnus' Haus. Aber keiner war je in seinem Haus gewesen, weil es verboten war. Doch Walburga hatte schon öfter durch die Fenster hineingespäht, da sie von Natur aus neugierig war. Wieder guckte sie durchs Fenster. Es sah aus, als wäre Magnus nicht da.

Sie gingen ins dunkle Haus hinein. Zu ihrer Überraschung war alles aufgeräumt. So, als wäre Roxy vor wenigen Minuten mit dem Putzen fertig geworden.

»Was hast du nur Walburga? Es ist doch sauber. Man hat dich gefoppt. Magnus kann nicht verreist sein, dann würde es hier anders aussehen«, flüsterte sie ihr zu.

»Na, vor wenigen Tagen sah es hier noch anders aus, das musst du mir glauben«, tuschelte Walburga und gab Roxsana einen Stoß. Denn im großen Stuhl saß der Hexenmeister Magnus in voller Lebensgröße und musterte beide Hexen seit geraumer Zeit.

»Was ist, Walburga? Ich sehe nichts. Kannst du nicht das Licht anmachen?«, flüsterte sie zurück.

Walburga konnte Magnus sehen. Auf einmal ging das Licht an, und nun konnte auch Roxy Magnus' ernstes Gesicht sehen.

»Was macht ihr hier in meinen Räumen?«, fragte er trocken.

So ernst kannte Roxy Magnus nicht. Keine dieser erschreckten Hexen brachte eine Antwort raus. Schon packte Magnus die beiden, und sie standen auf dem Hexenhügel. Jetzt war was los. Ein Getuschel ging durch die Reihen. Als Hortense Roxy erkannte, schrie sie: »Was macht die hier?«

»Na klar, wenn Roxsana auftaucht, ist unsere Walburga auch nicht weit. Lässt du dich auch mal wieder sehn?«, rief Hedda ablehnend.

»Ihr zwei Möchtegern-Hexen könnt sowieso nichts Gescheites hervorbringen, als diese kleinen Gnome. Das nennt ihr Hexen? Eine Schande für eine jede Hexe«, rief die Waldhexe verbittert.

»Das ist die Schuld von Roxy. Bis heute funktionieren die Hexenstäbe nicht.«

»Und was ist mit denen, die sie nicht geputzt hat?«, fragte Walburga.

»Die sind zerstört durch Kämpfe und Streit, weil ein jeder sie haben wollte«, mischte sich Magnus ein. »Schluss mit dem Streiten! Tretet zu Seite und lasst Roxy an den Hexenkessel, und Walburga hilft ihr! Die beiden werden die nächste Hexe auf die Welt bringen. Nun zeigt eure Hexenkunst, ansonsten werde ich euch heute eine Strafe verhängen, dass euch Augen und Ohren übergehen werden.« Er wandte sich ab, ließ die beiden Hexen los und alle umstehenden Hexen wurden still und standen drei Meter von ihnen entfernt.

»Ich hab weder einen Zauberstab noch ein Hexenbuch und soll einer Hexe zur Welt helfen?«, klagte Roxy ihrer Gefährtin. Doch schlagartig fiel ihr das ein, was Asim zu ihr gesagt hatte.

Sie schloss die Augen und öffnete ihre Arme, als sie ein warmes Gefühl in sich spürte. Sie sah Asim und lächelte ihn an. Er sagte nur: »Mach alles was ich dir sage, dann wird alles gut!«

Roxy stand mit ausgestreckten Armen vor dem Hexenkessel. Ihre Augen waren geschlossen. Unerwartet floss Moorwasser in den Kessel, genau die Menge von sieben Eimern. Und das fing auch sofort zu kochen an. Walburga nahm ihren Zauberstab aus ihrem Rock. Sie trug ihn nämlich immer bei sich. Sofort zauberte sie die frischesten Kräuter herbei und warf sie hinein. Als nun das lebendige Tier hineingeworfen werden sollte, schloss Roxy ihre Arme und hatte urplötzlich einen Zauberstab aus glänzendem Metall in der Hand. Ein großes, dickes Hexenbuch war aufgeschlagen, und daraus las Roxy den wichtigen Spruch:

»Hokus Pokus einerlei, ich koche einen Hexenbrei.
Sechs Füßchen von der Spinne,
vom Ahornbaum die Rinde.
Fröschleinzunge, Eidechsenhälschen,
vom Kater sein gespuktes Pelzchen.

Knoblauch, Petersilienbund Leben naht, es ist gesund
Nelken, Kümmel Lorbeerblatt.
Dann, sind alle Hexen satt.
Hokus Pokus einerlei, die Hexe kocht den Hexenbrei.«

Nacheinander kamen diese Zutaten noch dazu, und als Roxy den Spruch fertig hatte, sprühte ein Funkenregen aus dem Zauberstab, und es stiegen schleierhafte Elfen aus dem Hexenkessel heraus. Jetzt öffnete Roxy ihre Arme. Als die sechste Elfe herauskam, dachten alle, nun wäre es vorbei. Doch da irrten sich alle. Zum Schluss stand ein Jüngling im Hexenkessel, der Julius sehr ähnlich sah. Auch er war sehr galant und redegewandt. Nur war er nicht so hässlich wie der erste Julius. Wie beim ersten Mal waren die Hexen so von ihm angetan, und wieder ging ein Stöhnen und ein Raunen durch die Reihen. Walburga war von diesem Jüngling begeistert. Ihre Augen strahlten wie Sterne am Himmel.

»Roxy, wie soll er denn heißen?«, fragte Walburga ganz nervös.

»Ach, weißt du, gib du ihm einen Namen.« Roxsana hielt ihren Metall-Zauberstab und das Hexenbuch fest mit ihren Händen umklammert. Sie schloss die Augen und dachte ganz fest an Asim und bedankte sich. Dann hörte sie ihn lachen, es war, als wäre er hinter ihr. Mit geschlossenen Augen drehte sie sich um. Als er sie aber auf die Stirne küsste, machte sie ihre Augen auf und sah Magnus und Asim in einer Person. Asim war Magnus und Magnus war Asim. Nun stand er vor ihr.

»Dein Hexenbuch und deinen Stab hast du dir wirklich verdient. Du bist eine besondere Hexe, die auch einen besonderen Hexenstab verdient hat. Ich bin gekommen, um dich zu mir zu holen und für immer bei dir zu sein.« Er nahm sie fest an sich und drückte und küsste sie, dass sie wie benommen in seinen Armen lag, vor lauter Glück.

*Rauwaggl – Geistergestalt /Bayrischer Ausdruck

Cosima Konrad

Zwiespalt

Stell dir vor, du könntest zaubern,
würdest du dann ängstlich zaudern,
diese Kräfte auch zu benutzen?
Also, ich würde erst mal stutzen!

Klar, blitzschnell wär aufgeräumt dein Zimmer,
Sorgen um Hausaufgaben hättest du nimmer!
Bei deinen Freunden wärst du der Star,
kurzum: Das Leben wär wunderbar!

Doch jede Münze hat zwei Seiten,
oder willst du es bestreiten,
dass schnell der Segen in Fluch sich wandelt,
wenn gar zu sorglos du hast gehandelt?

Bedenke, du wirst dann niemals wissen,
wie es ist, für etwas arbeiten zu müssen!
Wirst niemals schmecken der Mühe Lohn,
weil die Zauberkraft dir raubt die Illusion.

Du wirst nie sagen können: »Sieh an,
DAS hab ich aus eigener Kraft getan!«
Verlierst den Sinn für deiner Hände Werk,
bleibst geistig ewig nur ein Zwerg!

Drum triff besonnen deine Wahl,
denn sonst erwartet dich große Qual!
Leicht ist ein Zauberspruch gesprochen,
doch schwer ist oft ein Fluch gebrochen!

KateJadzia

Der Fluch des Moorgebirges

Als ich ein kleines Mädchen war, wohnten wir bei meiner Großmutter Greta in einem idyllischen Holzhaus, an dessen Giebel groß der Name *Forster's Lodge* geschrieben stand. Das alte Forsthaus lag direkt am Waldrand, unterhalb des Moorgebirges, umgeben von einem bunten Garten voller Heil- und Unkräuter. Zu Sträußen gebunden trockneten sie im Winter am Steinbackofen in der Küche und verbreiteten dabei einen angenehmen Duft, den ich bis heute nicht vergessen habe. Die Rückseite des Ofens wärmte auch die kleine, gemütliche Stube nebenan und das Ofenrohr die Schlafkammern im Dach.

Auf meinem Nachttisch stand eine kleine Schneekugel, die Oma abends mit einer Kerze zum Leuchten brachte, wenn sie mir Geschichten über gute Waldelfen und garstige Waldkobolde erzählte. Die Elfenmärchen fand ich zwar auch ganz nett, doch die Abenteuer der Waldgnome begeisterten mich noch viel mehr.

Die bösen Sumpffichtel hausten oben im Hochmoor unter gefräßigem Sonnentau, während ihre genauso unsympathischen Verwandten, die Waldfichtel, gleich nebenan im Fichtenwald, unter knochigen Fichtenwurzeln, ihr Unwesen trieben.

Das Fichtelvolk trug Tarnkappen und lockte mit Schwefellichtern verirrte Wanderer in den Sumpf, um sie dann auszurauben. Immer wieder warnte mich meine Großmutter vor dem Hochmoor und seinen Moorgasen, die einem zu Kopf steigen und orientierungslos machen konnten.

Als ich in die Schule kam, zogen wir in die Stadt. Heimlich nahm ich die Märchenkugel meiner Großmutter mit, und wenn wir dann das Wochenende im Forsthaus verbrachten, stellte ich sie zurück an mein Bett und wollte wieder neue Geschichten über die Fichtel hören.

Während des Studiums konnte ich Oma leider nur noch Weihnachten oder in den Ferien besuchen. Aber wann immer ich Sehnsucht nach Forster's Lodge hatte, sah ich mir die Kugel an und dachte an Oma und ihre Erzählungen. Großmutter Greta telefonierte eigentlich nicht gerne, doch von heut auf morgen rief sie fast täglich an und klagte, dass sie immer vergesslicher würde. Zuerst suchte sie nur belanglosen Kram, wie Socken oder Stifte. Ihnen folgten Schmuck, Kreditkarten und Handwerkszeug. Als sie aber schließlich ihre Schlüssel verlor und sich beim durchs Fensterklettern an den Glassplittern der eingeschlagenen Scheibe verletzte, beschloss ich, meine große Literaturbelegarbeit zur Vorbereitung des Herbstsemesters im Forsthaus zu schreiben. So könnte ich Greta im Haushalt unterstützen und sie vielleicht etwas aufmuntern.

In Forster's Lodge diente mir das breite Fensterbrett der Veranda als Arbeitsplatz, wo ich tagsüber im kühlen Schatten sitzen konnte. Wurde es draußen ungemütlich, brauchte ich nur die Seite zu wechseln und das Fenster zu schließen, und schon war ich wieder arbeitsfähig.

An solch einem Schlechtwettertag kam Oma Greta mit dem Wäschekorb in die Stube und sagte: »Ach, Lyn, ich habe keine Socken mehr.«

»Wieso? Der Korb ist doch voll davon«, wunderte ich mich.

»Ja, aber nicht ein gleiches Paar!«

Ich grinste: »Na und? Sieht doch keiner! Du trägst 'ne Latzhose, und niemand außer Mama und Papa verirrt sich hierher.«

»Da hast du recht, mein Kind«, stimmte sie mir zu.

Als sie mit der Wäsche fertig war, begann Oma in der Küche, Äpfel zu schälen. Eine halbe Stunde später stand sie wieder neben mir und fragte: »Weißt du, wo der Einkochtopf ist?«

»Speisekammer, linkes Regal!«, erwiderte ich abwesend und zeigte, ohne aufzublicken, auf die Kellertür.

Doch Oma rührte sich nicht vom Fleck und antwortete: »Nein, da ist er nicht.«

Seufzend stand ich auf und ging in den Keller. Ich hatte gestern die Einweckgläser samt Topf entstaubt und abgewaschen, aber dort, wo ich alles hingestellt hatte, klaffte jetzt eine große Lücke.

Plötzlich raschelte es auf dem oberen Brett, genau dort, wo wir eigentlich nur die leeren Tüten aufbewahrten. Ich stellte mich auf die Zehenspitzen und tastete das Regal ab. Ich bekam etwas zu fassen, zog blitzschnell meine Hand nach unten und hielt eine kleine, rote Zipfelmütze in meinen Fingern. Sofort nahm ich den Besen und fegte alles hinunter.

Flutsch!, klatschte etwas auf meinen Kopf. Instinktiv griff ich zu, und ein wütender, grauhaariger Zwerg, in Teekannengröße, zappelte vor meinem erstaunten Gesicht. Er schlug mit Händen und Füßen um sich und schrie: »Gib mir meine Mütze zurück!«

Ich steckte die Mütze in meine Hosentasche und wollte die Möhren beiseiteschieben, um den kleinen Kerl dort abzusetzen.

»Wer bist du denn?«, wollte ich wissen.

»Ein Fichtel, du blöde Kuh! Her mit der Mütze!«

»Du bist aber unfreundlich!«, sagte ich ärgerlich, und anstatt ihn loszulassen, griff ich nach unserem alten Vogelkäfig, warf den verdatterten Fichtel hinein und brachte ein großes Vorhängeschloss an.

»Sobald du etwas netter bist, reden wir weiter!«, knurrte ich und wollte den Käfig zudecken.

Da klappte der kleine Kerl seine spitzen Ohren ein und murmelte: »Entschuldige bitte, Herrin.«

»Wo ist der Topf?«

»Im Dach, hinter der Wandverkleidung.«

Als ich dort nachsah, traf mich fast der Schlag: Der gesamte Dachkniestock war voll mit Omas Sachen!

»Bitte, ich hätte gern meine Kopfbedeckung wieder!«, bat er erneut, als ich den Käfig in mein Schlafzimmer hängte.

»Sobald Großmutter schläft, bringst du alles wieder in Ordnung! Ist das klar?«

»Dazu bräuchte ich meine Mütze. Bitte!«

»Kein Wort mehr!«

Nachdem Greta zu Bett gegangen war, setzte ich mich wieder an meinen Laptop. Bis etwa drei Uhr früh wirbelte der Fichtel durchs Haus, putzte und räumte auf. Anschließend verschwand er irgendwo im Gebälk und zeigte sich nicht mehr. Ich fiel todmüde, so wie ich war, ins Bett.

Als ich morgens unter die Dusche wollte, fand ich beim Auskleiden die Mütze in meiner Hosentasche. Die hatte ich ihm eigentlich zurückgeben wollen. Doch beim Duschen überlegte ich mir, dass dann seine Stiebitzerei sicher weitergehen würde. Er bräuchte sich nur ein anderes Versteck zu suchen und wäre jetzt sicher noch wachsamer, um nicht noch einmal entdeckt zu werden. So einfach durfte ich es dem Wicht nicht machen.

Mit der Begründung, ich sei doch eher ein Nachtmensch, verlegte ich meine Arbeitszeit und ließ den Fichtel weiter des Nachts das Haus putzen, Holz stapeln, Früchte einkochen und den Abwasch erledigen. Sogar die Wäsche bügelte er ohne zu murren. Großmutter staunte nicht schlecht, was ich alles in der Nacht so schaffte.

Bevor ich morgens schlafen ging, bekam ich von dem Fichtel immer noch eine Nacken- und eine Fußmassage, ein Kräuterbad und frische Ringelblumensalbe für meine Haut. Manchmal dachte ich daran, ihm die Mütze wiederzugeben, doch ich befürchtete, er würde sich erneut verkriechen, wenn er erst seine Mütze zurück hätte. Auf die gewissen Annehmlichkeiten seiner Dienste wollte ich nämlich keinesfalls verzichten.

Zunächst schien auch alles gut zu gehen. Oma bekam ihre Selbstsicherheit zurück und holte sogar ihren alten Pick-up wieder aus der Garage. Sie war davon überzeugt, es sei unser tägliches Gedächtnistraining, dem sie es verdankte, dass sie nun alles wiederfand, was sie verlegte. In Wirklichkeit war es jedoch der kleine Kobold, der all ihren liegengelassen Kram fleißig wieder an seinen Platz schaffte.

Natürlich erinnerte er mich fast täglich an seine Kopfbedeckung, und weil ich nicht reagierte, bettelte er jedes Mal: »Bitte, Herrin, wenn ich im Herbst keine Mütze habe, ereilt mich der Fluch des Moorgebirges.«

»Wenn du bis zum Herbst hier nicht alles repariert und auf Hochglanz poliert hast oder mich weiterhin nervst, wird der Fluch der mächtigen Lyn dich treffen. Dann verbrenne ich nämlich die Mütze!«

Natürlich war das nur Spaß, aber ich fand es nur zu drollig, wenn er sich daraufhin sofort den Besen schnappte und durchs Haus fegte. Ich hatte wieder meine Ruhe, und die Hausarbeit erledigte sich praktisch von selbst. Die Mütze würde er schon zurückbekommen, und zwar am letzten Tag, vor meiner Belegabgabe.

Kurz vor meiner Abreise suchte ich allerdings vergeblich nach dem Kobold. Während ich das Dach durchforschte, hörte ich draußen plötzlich ein seltsames Knirschen, dann ein lautes Rauschen, auf das ein gellender Schrei folgte. Ich rannte sofort zum Fenster und erblickte einen umgestürzten Baum, unter dem meine wimmernde Großmutter lag.

Nachdem ich den Notruf gewählt hatte, ging alles sehr schnell. Die Feuerwehr befreite Greta, und die Ambulanz brachte sie ins Hospital. Ihre gebrochene Hüfte wurde operiert, und wenig später kam sie in eine Kurklinik. Dort blieb sie bis zum Winteranfang und zog dann vorübergehend zu meinen Eltern in die Stadt.

Während meine Eltern sich um Greta kümmerten, blieb ich im Studentenwohnheim und büffelte für die ersten Abschlussprüfungen. Sogar Weihnachten verbrachte ich in der Bibliothek. Dort war es so kurz vor den Feiertagen wie leergefegt und ich konnte endlich wieder einmal ungestört arbeiten.

Als ich am Weihnachtstag schließlich mittags meine Sachen zusammenpackte, hielt ich unvermittelt die Koboldmütze in der Hand. Die hatte ich damals im Rucksack versteckt und völlig vergessen.

Trotz des starken Schneefalls brach ich sofort zum Forsthaus auf. Allerdings erwartete mich dort ein Bild des Grauens. Zwei weitere riesige Bäume waren umgestürzt und hatten das Dach völlig zertrümmert. In jeder mir nur zugänglichen Ecke suchte ich den Kobold – umsonst.

Nach langen, erfolglosen Rufen setzte ich mich auf einen Stuhl und sah mich um. Die einst so gemütliche Stube war jetzt voll von Spinnweben und welken Blättern. Der kalte Wind fegte durch die kaputten Fenster, und überall löste sich die Tapete von den Wänden. Bei jeder Windböe knarrten die Deckenbalken so gefährlich, dass mir schon ein wenig mulmig in der Magengrube wurde. Ratlos blickte ich auf die Mütze in meiner Hand.

Wie lange ich da so gesessen habe, weiß ich nicht mehr. Erst nach einer ganzen Weile stand ich auf und ging zum Fenster. Die Moorberge lagen wie immer im dichten Nebel.

»Mich wird der Fluch des Moorgebirges ereilen«, dröhnte die Stimme des Fichtels in meinen Ohren. Musste er etwa dorthin zurückkehren, oder kam der Fluch selbst nach Forster's Lodge? Wie auch immer, offensichtlich hatte der Kobold doch nicht gelogen.

Die Sonne verschwand hinter dem Gebirge und die Dunkelheit brach herein. Der aufkommende Sturm und die schwarzen Wolken am Horizont verrieten mir, dass sich in den Bergen ein hässliches Unwetter zusammenbraute.

Aus Angst, das Haus könnte schließlich ganz einstürzen und in der Hoffnung, der Wicht hätte sich nur versteckt, entschied ich mich dafür, im Schuppen zu warten.

Doch es passierte nichts. Nach einer kalten, schlaflosen Nacht im Heu, wanderte ich dann bei Tagesanbruch in Richtung Hochmoor.

Dicke Nebelschwaden hingen schon im Morgengrauen über dem dunklen Fichtenwald, und je tiefer ich vordrang, desto unheimlicher empfand sie das Knarren der

Bäume und das Knirschen des Schnees unter meinen Füßen. Vom Sumpfland gab es weit und breit keine Spur.

Plötzlich sah ich vor mir kleine Lichter hin- und herhuschen. Die Luft wurde wärmer, und das Atmen fiel mir schwerer.

Weit konnte es also nicht mehr sein. Mit einem kräftigen Stock prüfte ich jetzt vor jedem Schritt den Boden. Immer mehr Stellen gaben nach.

Schließlich gelangte ich auf eine Lichtung voller Morast. Unheimliche Gasblasen und fauliger Gestank stiegen nach oben; der Boden war so aufgeweicht, dass ein Weitergehen unmöglich wurde.

Ich zog die Mütze heraus und rief: »Fichtel, ich habe deine Mütze!«

Aber wieder passierte nichts. Außer dem Glucksen des Morastes herrschte eine beklemmende Stille. Auf einmal begann es vor meinen Füßen heftig zu sprudeln, und aus den Blasen formte sich ein Zwerg.

»Gib mir die Mütze!«, forderte er.

»Nein, ich gebe sie nur meinem Fichtel.«

»Deinem Fichtel? Wer ist denn das?«

Ich zuckte zusammen. Richtig, ich wusste ja noch nicht einmal seinen Namen.

»Kennst du denn keinen, der seine Mütze vermisst?«, erkundigte ich mich freundlich.

Der Fichtel zog eine Grimasse und sagte: »Fichtel, die ihre Mütze verlieren, verlieren die Fähigkeit sich unsichtbar zu machen. Sie ziehen den Fluch des Moores auf ihre Behausung. Waldfichtel können sich dann nicht mehr in den Fichtenwurzeln verbergen, und Hausfichtel bringen Unheil über ihre Gastfamilie. Und wer bei Wintereinbruch keinen sicheren Unterschlupf hat, muss zurück in den Sumpf.«

»Was geschieht hier mit ihnen?«, wollte ich wissen.

Wieder griente der Kobold: »Das kommt darauf an, wie viele Schätze sie inzwischen gesammelt haben. Sind es zu wenig, müssen sie im Moor so lange Fackelgas für die Lichtfichtel einfangen, bis die Spinnen ihnen eine neue Mütze gewebt haben. Doch die Warteliste ist lang. Die meisten von uns wollen raus aus dem dreckigen Moor und hinaus in den grünen Wald. Manchmal dauert es über zehn Jahre, bis es so weit ist. Je mehr Schätze ein Fichtel zu bieten hat, desto weiter rückt er auf der Liste nach vorn.«

»Aber seine Schätze sind noch im Haus, er konnte sie nicht mitnehmen, weil Bäume drauf gestürzt sind«, erwiderte ich verzweifelt.

»Du willst einen von den Gasfichteln auslösen und weißt seinen Namen nicht? Dann kann er ja kein guter Hausfichtel gewesen sein. Gib mir die Mütze! Die Warteliste ist, wie gesagt, sehr lang.«

»Nein, das werde ich nicht tun!«

Da machte der Kobold einen Satz und wollte mir die Mütze entreißen. Ich erschrak und verpasste ihm mit meiner rechten Hand einen derartigen Schlag, dass er viele Meter weit in den Sumpf segelte. Seine Mütze fiel ihm dabei vom Kopf und landete nicht weit von mir auf einem Wollgrasbüschel. Schnell angelte ich sie mit meinem Stock und befahl: »Bringe mich zu meinem Fichtel, und zwar so, dass ich nicht einsinke!«

Widerwillig zeigte mir der Kobold den Weg zu den Gasfeldern. Die Luft wurde immer dünner, und ich zog mir meinen Schal vors Gesicht, um mich vor den Gasen zu schützen. Als ich meinen Fichtel dann schließlich an einer der Gasquellen fand, erschrak ich sehr, und mein Herz krampfte sich zusammen. Mein kleiner Freund sah krank und traurig aus. Doch als er mich sah, begann er laut zu fluchen und zu schimpfen.

»Alles hast du mir genommen! Meine Schätze! Mein Heim! Verschwinde!«, brüllte er.

Erst jetzt wurde mir richtig klar, was ich da eigentlich angerichtet hatte.

»Es tut mir leid«, sagte ich und legte ihm die Mütze hin.

»Ich habe alles gemacht, was du wolltest. Wie eine Königin habe ich dich behandelt, doch meine Mütze hast du mir nicht zurückgegeben!«, schrie er weiter.

»Ich ahnte ja nicht, dass so etwas passiert! Komm heim, dann kannst du all deine Schätze ins Moor schaffen!«, schlug ich ihm vor.

»Die Schätze waren meine Lebensversicherung, falls Greta eines Tages weggeht. Der große Moorgeist hätte mich dann bestimmt im Forsthaus wohnen lassen, bis eine neue Familie einzieht. Doch nun ist Greta fort, das Haus ist zerstört, und ich bin verflucht. Ich konnte mich nicht vom Moor freikaufen, nur weil du im Forsthaus unbedingt Ordnung haben wolltest.«

Niedergeschlagen und voller Schuldgefühle holte ich aus meinem Rucksack die Glaskugel heraus. »Das ist Gretas Märchenkugel. Sie ist mein größter Schatz. Gib sie dem Moorgeist, vielleicht lässt er dich dann gehen!«, schluchzte ich betroffen.

»Ich will aber nicht zurück!«, brüllte der Wicht mich an.

Ich fühlte mich, als hätte ich eine heftige Ohrfeige bekommen. Ohnmächtig und betäubt machte ich kehrt und ging einfach davon. Ich wollte ihn nicht mehr sehen. Ich wollte niemanden mehr sehen!

Es dauerte etwa drei Monate und fünfundzwanzig Therapiesitzungen, bis ich mich aus meiner Lethargie befreit hatte und mein Therapeut mir die Existenz von Fichteln nicht mehr auszureden versuchte.

Wie ich die Prüfungen überstanden habe, weiß ich nicht mehr so genau. Irgendwie liegt alles, was dann kam, im dichten Nebel. Immerhin, ein seriöses *Gut Bestanden* heißt bestanden.

Als der Frühling kam, lud ich meine Kommilitonen zum Campen in den Fichtenwald ein. Zusammen schafften wir es, das Forsthaus noch vor der Rückkehr meiner Großmutter wieder aufzubauen und neu einzurichten.

Um das Hochmoor mache ich seitdem einen noch größeren Bogen als vorher. Damit ich Oma helfen kann, habe ich das Praktikum bei der New York Times abgelehnt. Leider hat das auch der Lores-Verlag mit meinen Fichtelgeschichten getan. Zerknüllt landete die Absage im Papierkorb, und ich setzte mich wieder ans Notebook auf die Veranda. Vielleicht kann ich ja jemanden für ein Kräuterbuch interessieren.

»Vielleicht waren es aber nur nicht die richtigen Fichtelgeschichten!«, sagte da jemand, der gerade aus dem Papierkorb kroch und meine Märchenkugel in der Hand hielt. Er setzte sie behutsam auf den Tisch und zündet eine kleine Kerze an. Dann sagte er: »Ich kenne jede Menge davon. Willst du sie hören?«

Ich lächelte verlegen und konnte mein Glück kaum fassen: Mein Fichtel war wieder da!

Mit Tränen in den Augen antwortete ich: »Ja natürlich. Aber sage mir bitte zuerst: Wie heißt du denn, mein Kleiner? Das wollte ich dich nämlich schon die ganze Zeit fragen.«

»Mein Name ist Fritz, aber für meine Familie bin ich Fritzchen.«

Roswitha Gruler

Eine wunderböse Nacht

Klara gähnte laut und undamenhaft. Ihre Großmutter Olga predigte ihr zum hundertsten Mal, was schicklich war und was nicht: »Klara, du bist nun eine junge Dame. Als ich in deinem Alter war, durfte ich nicht mehr alleine mit Jungs ausgehen. Wenn man mal sechzehn Jahre alt ist, dann wollen die Jungs meist mehr als nur Händchen halten, glaub mir das.«

»Ach Omi, ich wäre ja froh, wenn sie mehr von mir wollten. Aber die meisten schauen mich ja nicht einmal an und in der Schule wird über mich gelästert, weil ich noch nie einen Freund hatte. Ich glaube, ich ende als alte Jungfer. Oh wie schrecklich, da kann ich mich ja gleich lebendig begraben lassen!«

»Dann hast du aber keine netten Freunde in der Schule, wenn sie so über dich herziehen. Und mach dir keine Gedanken wegen der Jungs! Das hat wirklich noch Zeit. Du darfst es nur nicht erzwingen wollen. Denk einfach daran, dass du bis jetzt noch nicht den richtigen getroffen hast. Wenn es der Richtige ist, dann bist du ganz schnell unter der Haube, und ich bin mir einhundertprozentig sicher, dass du nicht als Jungfrau sterben wirst.«

Klara war nicht wirklich beruhigt, aber sie ließ das Thema auf sich beruhen. Was wusste ihre Großmutter schon davon, wie es in der heutigen Zeit zuging? Man konnte nicht behaupten, dass sie auf dem allerneusten Stand war, wenn es um Liebesdinge ging. Schließlich war sie um Lichtjahre älter als sie und verbrachte die meiste Zeit in ihrem Gewächshaus, wo sie alle möglichen Kräuter züchtete und Tinkturen herstellte. Während Klara ihren Gedanken nachhing, werkelte ihre Großmutter weiter. Immer wieder blätterte sie in einem alten Buch, ging danach zu einem bestimmten Pflanzentopf, schnitt ein paar Zweige ab und tat sie in einen Stoffbeutel.

»Was machst du da eigentlich?«, wunderte sich Klara. »Was ist das überhaupt für ein Buch?« Sie wollte es gerade zur Hand nehmen, als ihre Großmutter es ihr vor der Nase wegschnappte.

»Das ist mein Zauberbuch. Da sind Geheimrezepte drin, die zu unserem Schutz dienen. Hier! Nimm diesen kleinen Beutel und trage ihn die nächsten Tage bei dir! Damit bist du vor bösen Flüchen sicher.«

Klara glaubte, nicht recht zu hören. »Omi, was erzählst du mir da gerade? Ich bin doch kein kleines Mädchen mehr. Du brauchst mir keine Märchen mehr zu erzählen. Oder was bezweckst du mit diesen Äußerungen? Du tust ja gerade so, als wärst du eine Hexe.«

»Ach Kind, es wird langsam Zeit, dass ich dich in ein paar wichtige Tatsachen einweihe. Natürlich bin ich keine Hexe und ich erzähle dir auch keine Märchen. Aber es gibt mehr Hexen und Zauberer auf der Welt, als wir uns vorstellen können. Gefährlich wird diese Tatsache erst in der Zeit, wenn die Walpurgisnacht naht. Da treiben sie besonders viele üble Scherze mit den Menschen, und sie können viel Schaden anrichten, wenn man sich nicht davor schützt. Die Kräuter in diesem Beutel werden dich vor allem Bösem beschützen. Alles, was ich will, ist, dass du diesen Schutz ein paar Tage bis nach Walpurgisnacht bei dir trägst. Bitte tue es mir zu liebe, wenn du schon nicht selbst daran glaubst!«

Klara schaute sie ungläubig an.

Ihre Großmutter war tatsächlich sehr besorgt um sie und würde nie irgendwelche Scherze machen, wenn es um ihre Sicherheit ging. Ihr kam ein Gedanke. »Aber wenn in dem Zauberbuch Rezepte für den Schutz stehen, dann sind sicher auch Rezepte darin, mit denen man jemandem schaden könnte, oder?«

Ihre Großmutter schaute sie erschrocken an und drückte das Buch ganz eng an ihre Brust. »Das Gute und das Böse stehen immer eng beisammen. Also komm ja nicht erst auf die Idee, Experimente mit dem Inhalt dieses Buches zu machen! So etwas endet immer ganz übel, und glaub mir, ich weiß, wovon ich rede!«

Klara war von den eindringlichen Worten ihrer Großmutter sehr beeindruckt und sah auf ihre Uhr. »Oh Mist! Ich komme zu spät. Ich habe eine Verabredung mit meiner einzigen Freundin Tina und muss gehen. Also mach's gut, Omi! Ich werde den Beutel in meiner Hosentasche tragen. Versprochen!«

Klara gab ihrer Großmutter einen Kuss und verließ eilig das Gewächshaus. Draußen sah sie durch die Glasscheibe noch, wie ihre Oma das Buch sorgfältig in einem großen Blumentopf versteckte. Für Klara war das Thema noch nicht vom Tisch. Sie würde zurückkommen und sich das Buch ausleihen. Wer weiß, was da alles Nützliches drin stand?

Aufgeregt erzählte sie später ihrer Freundin Tina, was sie von ihrer Großmutter Olga erfahren hatte. Tina reagierte zuerst genau so wie vorher Klara, aber dann siegte die Neugierde.

»Lass uns doch mal durch das Buch blättern!«, bettelte Tina. »Nur mal so, ohne Hintergedanken.«

Klara nickte. Genau das wollte sie auch. »Also gut. Morgen ist meine Oma den ganzen Tag unterwegs. Am besten, wir treffen uns nach der Schule vor dem Gewächshaus.«

Am nächsten Tag war es wieder unerträglich in der Schule. Cora und ihre Boxenluderbande ließen wieder keine Gelegenheit aus, sich über Klara und Tina lustig zu machen. Für Klara war es dieses Mal besonders schlimm, weil Cora sie vor ihrem heimlichen Schwarm Tommy demütigte. In der großen Pause saßen Klara und Tina gerade zusammen auf einer Bank und aßen einen Apfel, als Cora mit ihren Mädels kam und sie fragte, aus welchem Secondhandshop sie denn ihre altmodischen Klamotten hätten. Normalerweise hätte sich Klara nicht um solche Sticheleien gekümmert. Aber genau in dem Augenblick kam Tommy um die Ecke und blieb interessiert bei der

Gruppe stehen. Klara bekam einen roten Kopf, und die anderen lachten sie aus. Tommy stand einfach nur da und sagte nichts. Als Cora ihn sah, hakte sie sich bei ihm unter und fragte ihn kokett, welches der Mädels er wählen würde, wenn er freie Auswahl hätte. Beim Weggehen hörte Klara ihn noch sagen: »Natürlich dich, Cora.«

Als die Gruppe weg war, sagte Tina: »Also, wenn jemand einen Denkzettel verdient hat, dann Cora, findest du nicht?«

»Da hast du vollkommen recht. Und zudem finde ich, dass Tommy auch einen verdient hat. Wenn Cora nicht in seiner Nähe ist, verhält er sich nett und freundlich, und sobald sie ihre Tentakel um ihn hat, ist er ein richtiger Arsch.«

»Ach, vergiss diesen Typen! Der ist nur Coras Marionette. Wer will schon so einen haben? Er sieht ja ganz nett aus, mit seinem Schlafzimmerblick und seinen schönen Locken, aber auf den Charakter kommt es eben auch an. Und da hapert es bei ihm ganz beträchtlich. Überlass ihn der Boxenluderbande – übrigens eine treffendere Bezeichnung für diese aufgetakelten Zickenweiber hättest du nicht finden können.«

Nach der Schule beeilten sich die beiden Mädchen, zum Gewächshaus zu kommen. Sie waren sehr gespannt darauf, was sie in dem Buch alles vorfinden würden. Nachdem sich Klara vergewissert hatte, dass ihre Großmutter tatsächlich weg war, hatten sie innerhalb kurzer Zeit das Buch in der Hand. Es war alt und schwer und sah schon etwas abgegriffen aus. Der Titel lautete *Walpurgisnacht-Rezepte.*

Ehrfürchtig öffnete Klara das Buch und las das Inhaltsverzeichnis. Nach kurzer Zeit gab sie Tina das Buch, zeigte auf eine Stelle und rief: »Ich hab's gewusst. Schau dir mal diese Rezeptvorschläge an!«

Tina hatte zuerst etwas Mühe, die alte Schrift zu lesen, aber dann las sie laut vor: »Rezept für ein Warzengesicht,

Rezept für Haarausfall, Rezept für eine tiefe Stimme, Rezept für Rülps- und Furzanfälle, Rezept für ein Pickelgesicht, Rezept für Kleinwüchsigkeit.«

»Ist das nicht toll? Jetzt haben wir die Möglichkeit, Cora bloßzustellen, und Tommy soll auch sein Fett abbekommen. Aus dem machen wir einen Zwerg. Was meinst du?«

Tina überlegt kurz und sagte dann: »Wenn das wirklich klappt, dann sind wir zwei richtig böse Hexen. Ist dir das bewusst? Willst du auch so böse sein wie Cora?«

»Ich finde, man sollte ihr eine Lektion erteilen. Mehr will ich gar nicht. Tommy kann sie behalten, den will ich nicht mehr. Schau, in dem Buch stehen auch Rezepte, wie der Fluch wieder aufgelöst werden kann. Es soll ja nur für eine kurze Zeit wirken. Ich bin sicher, dass meine Großmutter alle Zutaten für die Rezepte vorrätig hat. Wir müssen sie nur noch zusammenbrauen und den beiden ins Essen oder ins Trinken mischen. Also, machst du mit? Sollen wir den kleinen Scherz wagen?«

Tina war immer noch skeptisch. Sie wollte jedoch ihre beste Freundin nicht enttäuschen und willigte schließlich ein. »Also gut, dann machen wir es. Aber tief in meinem Inneren habe ich ein ungutes Gefühl. Ich hoffe nur, dass es mich trügt.«

Klara umarmte ihre Freundin und sagte: »Wir werden unseren Spaß haben, du wirst schon sehen. Für Cora schlage ich das Pickelgesicht und die Rülps- und Furzanfälle vor. Was sollen wir für Tommy mischen?«

»Lass uns aus ihm einen Zwerg machen! Das passt am besten zu ihm.«

Eifrig schrieben die beiden die drei Rezepte aus dem Buch ab.

»Vergiss die Gegenrezepte nicht!«, sagte Tina. »Sonst haben wir die ganze Schulzeit eine furzende Cora an der Backe.«

Als alles abgeschrieben war, suchten sie eilig die Zutaten zusammen. Zum Glück hatte Olga eine akribische

Ordnung in ihrem Gewächshaus. Jeder Pflanzentopf und jedes Tongefäß war fein säuberlich angeschrieben, so dass sie schnell alle Zutaten zusammenhatten. Danach gingen sie in die Küche und kochten den Sud. Damit es schneller ging, benutzten sie gleichzeitig mehrere Kochtöpfe. Klara sah regelmäßig auf die Uhr, denn von ihrer Großmutter wollte sie auf keinen Fall erwischt werden. Sicherheitshalber verstaute sie das alte Kochbuch wieder im Blumentopf. Nach zwei Stunden hatten sie ihr Werk vollendet. Sechs kleine, gefüllte Fläschchen mit dunkler Flüssigkeit standen parat. Tina beschrieb alle sorgfältig und packte sie in ihre Tasche. Danach musste noch die Küche aufgeräumt und gelüftet werden, denn ein sehr eigenartiger Geruch durchzog das Haus.

Hoffentlich bemerkt meine Omi nichts von unserer Geheimaktion, dachte Klara mit einem plötzlichen Gefühl der Beklemmung. Ihr fielen in diesem Moment wieder deren eindringlichen Worte ein, die sie jedoch rasch verdrängte.

Als die Großmutter nach Hause kam, waren die beiden Mädchen längst verschwunden. Olga fiel sofort auf, dass die Küche ordentlich aufgeräumt und das Geschirr gespült war. Außerdem stach ihr ein komischer Geruch in die Nase, der ihr irgendwie bekannt vorkam. So roch normalerweise nur etwas, wenn sie etwas aus dem Zauberbuch zusammenbraute.

Wer außer ihr käme auf die Idee, etwas aus dem Buch zu kochen? Da fiel ihr nur eine Person ein: Klara. Sie musste wohl gesehen haben, wo sie das Buch versteckt hatte und neugierig, wie sie nun einmal war, hatte sie sicher darin herumgestöbert. Olga sah im Gewächshaus nach. Das Buch war zwar im Versteck, doch sie sah sofort, dass jemand anderes darin herumgeblättert hatte. Ihre Lesezeichen befanden sich nicht mehr an denselben Stellen. Jetzt hatte sie die Gewissheit. Welche Dummheit hatte sich ihre Enkelin nun wieder ausgedacht? Sie hatte keine Ahnung, worauf sie sich einließ und mit welchen Mächten sie sich anlegte.

Cora machte sich für den Abend zurecht und betrachtete sich im Spiegel. Heute Abend würde sie wieder alle anderen ausstechen. Was für Lämmer sie doch alle waren! Ihre sogenannten Freundinnen hatte sie alle im Griff. Sie gehorchten ihr ohne Widerspruch. Sie konnte alle Jungs haben, die sie wollte. Keiner würde es wagen, nicht auf ihre Annäherungsversuche einzugehen. Falls doch, dann kannte und nutzte sie Mittel und Wege, um jemanden gefügig zu machen.

Das war ihr Geheimnis. Niemand in ihrem Bekanntenkreis ahnte etwas davon, wer oder was sie wirklich war, und das war auch gut so. Nur die beiden Außenseiterinnen aus ihrer Klasse, Klara und Tina, gehorchten ihr nicht. Im Gegenteil, sie versuchten, ihr zu schaden, wo es ging.

Cora erkannte schnell den wunden Punkt von Klara: Tommy! In diesen Jungen war Klara heimlich verliebt. Hah! Für Cora war es ein leichtes Spiel, aus Tommy eine willenlose Marionette zu machen. Damit hatte sie Klara ganz schön zugesetzt, das wusste sie. Dabei machte sich Cora eigentlich nichts aus Tommy. Der war ihr zu anständig und zu langweilig, aber er sah ganz gut aus und so jemand machte sich immer gut in ihrer Sammlung. Sie glaubte nicht, dass ihr irgendjemand gefährlich werden könnte. Wie auch? Sie war allen um so viele Jahre voraus. Cora legte noch einen letzten Hauch Lippenstift auf, schnappte sich ihre Handtasche und verließ das Haus.

Klara und Tina warteten aufgeregt auf dem Fußballpatz. Heute Abend würde das große Entscheidungsspiel zwischen ihrer Schule und der vom Nachbarort stattfinden. Cora würde todsicher unter den Zuschauern sein, um ihren Tommy anzuheuern.

»Sie kommt«, flüsterte Tina leise Klara zu.

Klara drehte sich unauffällig um und sah sie: ihre Feindin, die sie seit Jahren piesackte.

Cora ging zum Getränkestand und bestellte sich eine Cola. Sie gingen beide zu ihr hin. Klara sprach sie an: »Hi Cora. Meinst du, unsere Schule wird gewinnen?«

Cora drehte sich erstaunt um und ließ den Becher Cola auf der Theke stehen. »Warum stellst ausgerechnet du mir diese Frage?«, antwortete sie mürrisch. »Du sprichst doch sonst nicht mit mir.«

In diesem Augenblick schüttete Tina hinter ihr den Inhalt des Fläschchens in den Becher. Danach ging sie schnell in die entgegengesetzte Richtung davon.

Klara räusperte sich kurz: »Ja, du hast recht. Ich wollte nur mal nett zu dir sein. Das war wohl ein Fehler. Ciao, Cora!«

Klara wartete keine Antwort ab und verschwand in derselben Richtung wie Tina. Cora sah ihr nach und wunderte sich. Dann nahm sie ihren Becher Cola und wollte einen Schluck trinken. Plötzlich bemerkte sie diesen eigenartigen Geruch. Seit wann roch Cola so komisch? Den Geruch kannte sie doch von irgendwo her. Sie überlegte kurz, legte die Stirn in Falten und roch nochmals an dem Becher. Das war eindeutig ein Zaubertrank. Diese kleinen Miststücke hatten ihr was in den Becher getan! Mit einem Mal sah Cora nicht mehr wie ein sechzehnjähriges Mädchen aus, sondern wie eine alte Frau mit wutverzerrtem Gesicht.

Großmutter Olga, die den beiden Mädchen gefolgt war, hatte die Szene aus einiger Entfernung beobachtet. Als sie Cora mit ihrer wütenden Fratze sah, wusste sie plötzlich, wen sie vor sich hatte. Das war eindeutig Mildred, Olgas Rivalin aus einer längst vergangen geglaubten Zeit. Olga wurde kreidebleich und zitterte am ganzen Körper. Die Vergangenheit hatte sie eingeholt. Nie und nimmer hätte sie gedacht, dass sie in ihrem Leben nochmals Mildred begegnen würde. Ihr wurde mit einem Schlag bewusst, dass ihre Enkelin und ihre Freundin in allergrößter Gefahr schwebten. Olga hatte genug gesehen. Sie musste sich nun für das wappnen, was unweigerlich auf sie zukommen würde. Schnell eilte sie nach Hause, holte ihr Zauberbuch aus ihrem Versteck, löste ganz vorsichtig die letzte Seite vom Buchdeckel. Dazwischen steckte ein dünnes Blatt Papier, das sie mit zittrigen Fingern auseinanderfaltete. Olga wusste von ihrer Großmutter, die ihr das Buch hinterlassen hatte, dass sich darin ein Notfallrezept befand, mit welchem man ein Pulver herstellen konnte. Dieses Pulver würde eine böse Hexe in einen normalen, sterblichen Menschen zurückverwandeln und alle bis dahin ausgesprochenen Flüche und ausgegebenen Zaubertränke neutralisieren. Das Wichtigste aber war, dass man es nur einer böse gesinnten Hexe verabreichte. Ein normaler Mensch würde von dem Pulver sterben.

Olga stellte fest, dass sie alle Zutaten für das Rezept vorrätig hatte. Schnell bereitete sie das Pulver zu und verstaute es sorgfältig in einer kleinen Dose. Die schwierigste Arbeit bestand nun darin, Mildred das Pulver zu verabreichen, ohne dass sie Verdacht schöpfte.

Zwei Stunden später kam Klara nach Hause. Olga erwartete sie bereits und stellte sie sofort zur Rede: »Junge Dame, du hast mir einiges zu erklären!«

Klara sah sie erschrocken an und fragte: »Wieso? Was meinst du denn, Omi? Habe ich was angestellt?«

»Wir haben keine Zeit für Versteckspiele. Ich weiß, dass du dir das Zauberbuch aus dem Versteck geholt und etwas daraus zusammengebraut hast. Als ich nach Hause kam, roch es immer noch nach diesem Gebräu. Dann bin ich ins Fußballstadion gegangen, um dich zu suchen, und dort sah ich dich und Tina, wie ihr jemandem die Flüssigkeit in den Becher geschüttet habt. Wer ist sie? Ist das Cora, von der du immer erzählt hast?«

Klara sah keinen Ausweg, sie musste nun beichten: »Ja, das war Cora. Sie lügt, betrügt und manipuliert Menschen. Sie ist böse, hinterhältig und hat eine kleine Lektion verdient. Tina und ich haben einen Trunk hergestellt, bei dem sie Rülps- und Furzanfälle sowie ein Pickelgesicht bekommt. Aber du musst dir keine Sorgen machen. Wir haben gleichzeitig das Gegenmittel hergestellt. Für Tommy haben wir auch ein Mittelchen hergestellt, aber dem haben wir es noch nicht verabreicht. Hat sich leider nicht ergeben heute. Aus dem wollten wir einen Zwerg machen.«

Olga schüttelte den Kopf: »Wie konntest du nur?! Ich habe dir doch ausdrücklich gesagt, dass du die Finger von dem Buch lassen sollst. Und jetzt hast du noch der schlimmsten Person auf der Welt, die ich kenne, das Mittel gegeben. Ich habe euch von Weitem beobachtet. Sie hat gemerkt, dass da etwas im Becher war. Du bist nun in Gefahr.«

»Ich? Wieso denn ich? Was will mir Cora denn noch Schlimmeres antun, als sie bisher gemacht hat?«

»Cora heißt mit richtigem Namen Mildred und sie ist eine böse Hexe. Ich kenne sie noch von früher. Schau mich nicht so ungläubig an. Mildred ist mindestens so alt wie ich, aber sie kennt fast alle Zaubersprüche, die es gibt. Für sie ist es ein Leichtes, sich jünger aussehen zu lassen, als sie ist.«

»Und was soll ich jetzt tun? Soll ich mich bei ihr entschuldigen?«

»Auf keinen Fall. Du gehst nicht mehr in ihre Nähe. Vermutlich hat sie dich bereits mit einem Fluch belegt. Wenn dem so ist, dann werden wir das in Kürze wissen.«

Später am Abend lag Cora in ihrem Bett und lachte in sich hinein. Sie hatte Klara auf der Tribüne von hinten etwas von der Cola angeschüttet und gleichzeitig eine leise Zauberformel gesprochen. Nun würde das Mittel, das für sie bestimmt war, bei Klara seine Wirkung tun. Klara hatte es nicht einmal bemerkt. Es fiel gerade ein Tor, und sie sprang jubelnd mit ihrer Freundin auf. So einfach war das. Sie freute sich schon auf den nächsten Tag in der

Schule und war gespannt darauf, in was sich Klara wohl verwandeln würde.

Klara wollte sich gerade schlafen legen, als sie sich plötzlich unwohl fühlte.

»Omi, mir wird schlecht«, rief sie, rannte schnell ins Badezimmer und übergab sich. Olga wusste nun, was zu tun war. Sie musste einen Weg finden, damit Mildred das Pulver zu sich nahm. Wenn sie es nicht schaffte, gab es für Klara wenig Hoffnung, ihren Fluch aufzulösen. Obwohl sie eine schlaflose Nacht hatte, ging es Klara am nächsten Morgen wieder besser. Zwar hatte die Übelkeit nachgelassen, aber nun hatte sie einen unglaublichen Drang zu Rülpsen und zu Furzen. Als sie nach einiger Überwindung in den Spiegel schaute, stellte sie fest, dass ihr sonst so reines Gesicht mit unzähligen Pickeln übersät war. So konnte sie definitiv nicht in die Schule gehen. Ihre Oma rief daraufhin in der Schule an und meldete sie krank. Am meisten erstaunte Olga, dass der Beutel mit den Schutzkräutern keinerlei Wirkung gezeigt hatte. Mildreds Macht musste seit ihrer Jugend enorm gewachsen sein. Olga war aufs höchste beunruhigt. Sie musste unbedingt einen Weg finden, Mildred das Pulver zu verabreichen. Plötzlich fiel ihr etwas ein.

»Klara, trinkt Cora eigentlich immer noch gerne Milchshakes?«

Klara überlegte nicht lange: »Das ist neben Cola ihr absolutes Lieblingsgetränk. Sie hat immerzu so einen Becher in der Hand und schlürft daran. Man könnte fast glauben, dass sie süchtig danach ist. Ich glaube, sie hat ein Jahresabonnement gelöst in Trudies Shakes'n'go.«

Olga nickte befriedigt. Ein Plan begann in ihr zu reifen. Offensichtlich wusste Mildred nicht, dass ihre alte Schulfreundin in derselben Stadt wohnte und dass sie eine Enkelin hatte. Das war auch besser so. »Sei bitte so gut und rufe Tina an! Frag sie, wie es ihr geht, und sag ihr, dass sie heute unbedingt auch der Schule fern bleiben soll.

Vor allem darf sie heute nicht in die Nähe von Cora kommen.«

Klara nickte und griff zum Telefon. Sie glaubte nun ihrer Großmutter jedes Wort. Zum Glück waren sie nicht mehr dazu gekommen, Tommy seine Ration zu verabreichen. Wer weiß, was daraus geworden wäre. Olga gab ihrer Enkelin noch ein paar gute Ratschläge und befahl ihr, im Haus zu bleiben.

»Wo sollte ich wohl hingehen?«, fragte Klara. »Schau mich nur mal an. Ich kann nie wieder aus dem Haus gehen, und außerdem kann ich mich nirgends geräuschlos aufhalten.«

Daraufhin verließ Olga mit entschlossenen Schritten das Haus.

Cora war enttäuscht, dass die beiden blöden Dorftussis Klara und Tina am nächsten Tag nicht in der Schule auftauchten. Dies bedeutete, dass ihr Zauberspruch funktioniert hatte. Wie gern hätte sie Klara in der Schule damit aufgezogen. Aber sie konnte sich ja nicht ewig verstecken, und wenn das alles an Zaubersprüchen war, die sie parat hatte, dann konnte Cora noch hundertmal kontern. Sie fragte sich, wie Klara überhaupt an solche Rezepte kam. Aber warum sollte sie sich heute ihren schönen Kopf darüber zerbrechen? Dazu hatte sie noch genügend Zeit. Schließlich würde sie ja ewig leben. Jetzt lechzte sie erst mal nach einem kühlen Bananenshake. Zielstrebig ging sie nach dem Unterricht in ihren Lieblingsshake-Laden und gab ihre Bestellung auf. Heute hatte sie zur Feier des Tages Tommy mitgenommen. Der war genauso ein Landei wie die anderen hier, aber wenigstens konnte er einigermaßen Fußball spielen, und die anderen Mädels waren wegen ihm neidisch auf sie.

»Willst du auch einen Shake?«, fragte sie ihn gnädig.

Tommy sah unschlüssig zur Karte. »Ja, ich glaube ich nehme einen Erdbeer-Shake. Nein warte, ich will doch lieber einen Haselnuss-Shake.«

Cora gab die Bestellung auf. Eine ältere Dame nahm sie auf, drehte sich augenblicklich um und begann, die Zutaten zu mixen. Da Tommy und Cora sich unterhielten, konnte die ältere Dame unbemerkt das Pulver in den Bananen-Shake mixen. Danach stellte sie die beiden fertigen Shakes auf die Theke und winkte Trudy zu, damit sie abkassieren konnte. Cora wunderte sich nicht darüber. Sie war immer noch so berauscht von ihrer Rache, dass sie gierig an ihrem Strohhalm saugte. Aus den Augenwinkeln sah sie, dass die ältere Frau ihre Schürze und ihr Kopftuch abnahm und sich zum Gehen fertigmachte. Für einen Bruchteil kam ihr das Gesicht bekannt vor, aber der Shake schmeckte so himmlisch, dass ihre Geschmacksnerven voll und ganz darauf konzentriert waren.

Als sie ihr Glas leer hatte, kam ihr auf einen Schlag die Erkenntnis: Olga! Was hatte Olga hier zu suchen? Ein furchtbarer Verdacht stieg in ihr auf. Olga wollte sich an ihr rächen. Aber warum plötzlich jetzt nach so vielen Jahren? Sie musste Gewissheit haben. Ohne mit der Wimper zu zucken, ließ sie Tommy stehen und stürmte aus dem Laden. Sie hatte Olga schnell eingeholt. Olga wusste instinktiv, dass ihr Mildred gefolgt war und drehte sich zu ihr um: »Hallo Mildred.«

»Olga, du alte Hexe! Was machst du hier? Und was hattest du in Trudies Laden zu suchen?«

Olga ließ sich mit der Antwort viel Zeit. Jede Sekunde war kostbar. Das Pulver würde erst in ungefähr einer halben Stunde wirken, und so lange musste Cora es bei sich behalten. »Ich helfe ab und zu bei Trudy aus. Als Rentnerin habe ich ja genügend Zeit, und zusätzliches Geld kann man immer brauchen.«

Mildred lachte verächtlich: »Du hast es wohl nicht weit gebracht, was? Hättest besser eine Hexe bleiben sollen. Dann könntest du dir alles leisten.«

»Ich habe es nie bereut, dass ich abgeschworen habe. Außerdem habe ich mir meinen Lebenstraum erfüllt. Ich habe meine eigene kleine Gärtnerei und bin niemandem eine Rechenschaft schuldig. Was hast du aus deinem Leben gemacht? Du hast nichts erschaffen, sondern nur andere Menschen manipuliert und das Böse in dir regieren lassen. Das macht verdammt einsam und unzufrieden, glaube es mir!«

Mildred schaute sie an, als hätte sie nicht mehr alle Tassen im Schrank. Olga bemerkte jedoch auch, dass sich langsam ihr Äußeres veränderte. Schnell zog sie Mildred weg von der Straße in den nahegelegenen Park. Es musste ja nicht jeder mitbekommen, was Mildred gleich durchmachen musste.

Mildred hatte keine Kraft, sich zu wehren. Sie spürte, dass es in ihrem ganzen Körper arbeitete. Ihr Gesicht tat furchtbar weh, und sie spürte jeden Knochen, als würde sie um ein halbes Jahrhundert altern. Altern? Voller Schreck holte sie aus ihrer Handtasche einen kleinen Spiegel heraus und betrachtete ihr Gesicht. Aus einer sechzehnjährigen Cora wurde eine fünfundsechzig Jahre alte Mildred. Ihr Gesicht war faltig, ihre leuchtenden Augen wurden blass und glasig, und ihre Haare hatten eine ungleichmäßig graue Farbe angenommen. Auch Olga beobachtete fasziniert die Veränderungen, die Mildred durchmachte. Mit einem Mal stand eine gleichaltrige Frau neben ihr, und ihre Augen waren nicht mehr voller Hass, sondern blickten sie tieftraurig und unglücklich an. Olga bekam fast Mitleid mit ihr, aber sie wollte ihr noch einen letzten Satz mitgeben: »Ach, übrigens: Klara ist meine Enkelin. Ich werde nicht zulassen, dass irgendjemand etwas meiner Enkelin antut, die ich großgezogen habe.« Olga wollte gerade gehen, als ihr noch etwas einfiel: »Falls du dich fragst, was ich getan habe: Ich habe dir ein Zauberpulver in deinen geliebten Shake getan. Du bist ab sofort keine Hexe mehr. Du bist wieder sterblich, und es wird dir vergönnt sein, deine letzten Jahre auf der Erde damit zu verbringen, noch etwas Gutes zu tun. Fang besser gleich damit an! Du hast einiges nachzuholen.«

Damit ließ Olga ihre einstige Rivalin stehen und ging

leichten Schrittes nach Hause. Die wichtigste Information hatte sie Mildred jedoch vorenthalten: Das Pulver hatte zwar Mildred in einen normalen Menschen umgewandelt, dafür wurde der Überbringer automatisch zur Hexe. Das war der Preis, den Olga bezahlen musste. Sie tat es jedoch gerne, wenn es um das Wohl ihrer Enkelin ging, und außerdem lag es ja an ihr, ob sie mit diesen Fähigkeiten Gutes tat oder nicht. Sie würde schon wieder einen Weg finden, aus diesem Fluch herauszukommen. Sie hatte ja nun unendlich viel Zeit.

Alisha Pilenko

Ein neuer Anfang

»Ich hab dich vorhin spielen gehört.«

Es war die Stimme einer Frau, dunkel und herb, und obwohl sie die Handelssprache nahezu akzentfrei sprach, vernahm er deutlich die für diese Region typische breite Betonung der Vokale, als sei jedes Wort ein Feind, den es zu besiegen galt.

»Hm …« Astin machte sich nicht die Mühe, den Kopf zu heben. Die vereinzelten Münzen, die ihm die griesgrämigen und wenig spendablen Gäste der Taverne für seine musikalische Darbietung überlassen hatten, hatten gerade einmal für eine Portion Arlonensuppe und einen Krug Met gereicht.

Und diese spärliche Mahlzeit gedachte er nun in Ruhe zu verspeisen – ungestört von irgendwelchen aufdringlichen Gesprächspartnern.

»Auf diesem Saitending bist du wirklich gut.« Ohne auf seine Zustimmung zu warten, ließ sie sich ihm gegenüber auf einem Stuhl nieder.

»Laute.«

»Wie?«

»Das Saitending nennt man Laute.«

»Aha.« Ihr Stuhl machte knarrende Geräusche auf dem hölzernen Boden. »Singst du immer dieses rührselige Zeug?«

»Elegien.«

»Wie auch immer.« Weiteres Knarren. »Drüben im Hafenviertel war mal 'ne Frau, die hat so fürchterlich gesungen, da sind die Speisen auf den Tellern verdorben und die Küchenschaben haben allesamt das Weite gesucht.

Das war kein Vergnügen, kann ich dir sagen. Ein Mann verlor sogar sein Gehör. Am Ende gab man ihr Geld dafür, dass sie endlich *aufhört.* Hat dem armen Kerl aber nicht mehr geholfen. Man kennt ihn heute als den tauben Torvin.«

Astin seufzte. Lang. Und laut. Dann griff er nach seinem Krug und nahm einen kräftigen Schluck. Kirha glitt an seine Seite, geschmeidig und lautlos wie ein Schatten. Mit der Linken streichelte er ihr seidiges Fell.

»*Trink nicht so viel!*«, hallte es in seinem Geist. Lag da ein Vorwurf in der melodiösen Stimme der Aroa-Füchsin?

»*Mach dir keine Sorgen!*«, antwortete er seiner Seelengefährtin, indem er seine Worte direkt in ihr Bewusstsein sandte. »*Du kennst mich doch.*«

»*Gerade deswegen* mache *ich mir Sorgen.*« Astin vernahm ihr mentales Kichern.

»Dein Hund?«, fragte seine vorlaute Tischnachbarin, um dann, ohne seine Antwort abzuwarten, hinzuzufügen: »Nettes Tier.«

»*Nett?*«, echote Kirha säuerlich in seinem Geist. »*Sie hat mich gerade als Hund bezeichnet. Darf ich ihr die Hand abbeißen?*«

»*Untersteh dich!*«, zischte Astin. »*Oder willst du, dass wir aus dem Gasthaus geworfen werden?*«

»*Mir gefällt es hier sowieso nicht*«, murrte sie beleidigt.

»*Wo liegt das Problem? Diese Taverne ist zumindest ruhiger und sauberer als die letzte – das hast du selber zugegeben. Bisher hat noch niemand versucht, mich umzubringen. Und das Essen macht* keine *Anstalten, von meinem Teller zu fliehen.*« Er aß einen weiteren Löffel seiner Suppe.

»*Dafür ist es grün*«, bemerkte Kirha nüchtern.

»*Danke für die Warnung.*« Astin ließ angewidert seinen Löffel sinken.

»Bist du neu hier in der Stadt?« Sie schien einfach nicht aufzugeben.

»Vor ein paar Tagen angekommen.«

»Und woher stammst du?«

»Von weither«, sagte er ausweichend.

»Oh, wie poetisch«, spöttelte Kirha.

»Ach, sei still!«

»Von wo?«

Astin seufzte erneut. Länger. Und lauter. Wünschte sich, er könne mit dem tauben Torvin den Platz tauschen. »Von der Insel Santis«, antwortete er schließlich.

Ihre Stimme offenbarte Verblüffung: »Aber da gibt es doch nichts außer verstaubte, alte Magier, die hinter grauen Mauern irgendeinen Hokuspokus veranstalten.«

»Rituale. Wir vollziehen Rituale.«

»Wie auch immer.«

»Sie scheint dir langsam lästig zu werden«, bemerkte Kirha, die wie üblich seine Emotionen spürte. Und dann: *»Darf ich sie fressen?«*

Astin verzichtete darauf, den beißenden Zynismus seiner Seelengefährtin zu kommentieren, wusste er doch, dass ihre Stimmung nur einen Spiegel der seinen darstellte. Anfänglich war es ihm schwergefallen zu akzeptieren, dass sein Innerstes die Gestalt einer bärbeißigen, silberweißen Füchsin haben sollte, seit er ihr am Tage seines Initiationsritus' im Magier-Orden zum ersten Mal ins Antlitz geblickt hatte. Doch nach und nach hatte er verstehen gelernt, hatte gelernt, sich in den himmelblauen Augen Kirhas selbst zu erkennen. Bis …

»Und was führt dich nach Kindira?«

»Der Weg eines Narren, der mit der Schande nicht leben konnte«, versetzte Kirha.

Astin grinste säuerlich und schob seinen Teller von sich weg. »Nun, eigentlich … gar nichts.«

Einen Moment lang schwiegen sie beide. Die geschäftigen Klänge der Taverne verbanden sich zu einer lärmenden und scheppernden Geräuschkulisse. Gesprächsfetzen schwirrten wie Insekten durch die Luft. Astin begann zu hoffen, dass sie endlich das Interesse an ihm verloren hatte.

Natürlich hatte sie es nicht.

»Ist auch ’n verdammtes Drecksloch hier.« Wut und Erschöpfung schwangen in ihren Worten mit. Die Ehrlichkeit, die darin lag, ließ ihn hellhörig werden.

»Wie sieht sie aus«, wandte er sich wieder an Kirha.

»Sieh selbst«, war die knappe Erwiderung. Astin öffnete seinen Geist, sandte ihn aus, suchte und fand das wilde, tierische Bewusstsein seiner Gefährtin und sah durch ihre Augen. Licht flutete ihm entgegen, hell und blendend, und, ach, all diese Farben! Wie so oft, wenn er sich mit Kirha verband, war er anfangs wie betäubt von diesem Meer aus Licht und Farbe, das auf ihn einstürmte. Dann begann die Welt langsam wieder Gestalt anzunehmen. Ihm gegenüber saß eine junge Frau. Karamellfarbene Haut, braune Augen und dunkles Haar, das in dicken, verfilzten Strähnen ein fein geschnittenes Gesicht umrahmte. Volle Lippen waren energisch zusammengepresst, als hätten sie beschlossen, der Welt zu trotzen, komme, was wolle. Doch da war noch etwas anderes, etwas Fremdes … Unbezähmbares … etwas, das ...

»He, würdest du das bitte unterlassen!«, fauchte er wütend und schleuderte ihre Hand beiseite, mit der sie provozierend vor seinem Gesicht hin und her gewedelt hatte.

»Aber …«, entgegnete sie verwirrt. »Ich dachte, du wärst …«

»Blind, ja«, gab er zurück, »aber nicht minderbemittelt.« Die angespannte Konzentration, mit der er die Verbindung zu Kirha hielt, begann zu schmerzen. Vorsichtig löste er sich wieder von ihr, zog sich zurück, bis ihn erneut rabenschwarze Dunkelheit wie ein schwerer Mantel umfing.

»Sag mal«, fragte sie nach einer ausgedehnten Pause. »Isst du eigentlich deine Suppe nicht mehr?«

Cassaydia warf einen schnellen Blick über die Schulter, vergewisserte sich, dass niemand in der Nähe war, und verschwand in einer Seitengasse, die von den brüchigen Fassaden längst verlassener Häuser umrahmt wurde. An eine schmutzige Wand gelehnt fischte sie der Reihe nach mehrere lederne Börsen aus ihrer Umhängetasche und zählte deren Inhalt. Zwei Silber von dem angetrunkenen Tischler, ein paar mehr oder weniger wertvoll anmutende Halbedelsteine von der redseligen Goldschmiedin und einige fremdländische Kupfermünzen von dem Blinden mit dem Hund. Gar nicht so schlecht für einen Tag, für den letzten Tag, dachte sie. Sie verstaute das Diebesgut wieder in ihrer Tasche und holte mit zittrigen Händen einen weiteren Beutel heraus, griff hinein und ließ die Handvoll Münzen langsam durch ihre Finger gleiten. Augenblicklich begann ihr Herz schneller zu schlagen. Hitze durchflutete ihren Körper. Was hatte sie sich nur dabei gedacht? Jeser würde sie ohne zu zögern umbringen, wenn er sie in die Finger bekam, wenn er herausfand, dass sie ihn und die *Familie* bestohlen hatte. Doch auch Jeser hatte seine Augen und Ohren nicht überall zugleich, und bis er es bemerkte, würde sie dieser Stadt längst den Rücken gekehrt haben.

Eilig bugsierte Cassaydia den verräterischen Beutel wieder in ihre Tasche. Sich immer im Schatten haltend, huschte sie durch ein urbanes Labyrinth aus engen Straßen, Kreuzungen, Hinterhöfen und Kanälen. Der Nachmittag neigte sich seinem Ende zu, und die Dämmerung rollte über Kindira hinweg wie eine Flutwelle, die die Sonne unter sich begrub. Plötzlich gewahrte sie aus den Augenwinkeln eine flüchtige Bewegung. Ein Schatten, der sich aus der Dunkelheit einer Häuserschlucht auf sie zu bewegte. Blitzschnell fuhr sie herum.

Nichts.

Jeder Muskel ihrer Körpers war in Alarmbereitschaft. Ihre Augen suchten langsam die Straße ab, doch da war niemand. Wahrscheinlich siehst du schon Gespenster, dachte sie. Sie wollte sich gerade wieder umwenden, da packte sie jemand von hinten und brachte sie mit seinem Gewicht zu Fall. Cassaydia stürzte unsanft zu Boden, Steine bohrten sich in ihre Handflächen. Bevor der Angreifer sie jedoch ganz zu fassen bekam, stieß sie ihn mit einem gezielten Tritt von sich und war in Sekundenschnelle wieder auf den Füßen. Ihre Hand zuckte zum Griff ihres Dolches. Lauernd taxierte sie den zerlumpten Mann, der sich ebenfalls wieder aufgerappelt hatte und sie wütend anfunkelte.

»Disari, bitte, hör mir zu!« Cassaydia machte eine beschwichtigende Handbewegung. »Es ist nicht so, wie es aussieht.«

»Ach, nein?« Er hob spöttisch eine Augenbraue. Eine der sorgfältig aufgeklebten Pestbeulen rutschte dabei nach unten und hinterließ auf seiner Stirn einen dunklen Abdruck. »Es sieht so aus, als hättest du uns bestohlen, Cass.«

»Nun ja, vielleicht ist es doch so, wie es aussieht«, räumte sie ein.

Disari schnaubte triumphierend. Eine weitere Beule folgte. Mit einer von Schwielen übersäten Hand rückte er sie wieder zurecht. Disari war der erfolgreichste Pestkranke der *Familie*. Wenn er auf den Straßen und Märkten seine mit tragischen Schicksalsschlägen und unvorhersehbaren Unglücken ausstaffierte Geschichte erzählte, blieb kein Auge trocken und kein Geldbeutel geschlossen. Caasaydia hatte nie ein Talent fürs Betteln besessen, sie hatte einfach nicht den bedürftigen Blick, wie Jeser es nannte. Mühsam zwang sie ein entschuldigendes Lächeln auf ihr Gesicht. »Versteh doch! Ich habe genug von alldem. Von dieser Stadt, von Jeser. Ich will endlich weg von hier, ich will ein neues Leben beginnen.«

»Mit unserem Geld?!«

»Nein. Ja.« Sie zuckte hilflos die Schultern. »Bitte, Di, gib mir einen kleinen Vorsprung! Bis zu den südlichen Toren ist es nicht mehr weit.«

Über seine Züge huschten die verschiedensten Emotionen: Wut, Zerrissenheit, Mitgefühl, Enttäuschung, Sorge. Disari war ihr stets ein guter Freund gewesen, vielleicht der einzige. Unzählige Male hatten sie einander den

Rücken freigehalten. Ihn hatte *die Andere* nie gekümmert. »Hau schon ab!«, sagte er schließlich kaum hörbar. »Verschwinde!«

Cassaydia spürte eine Woge der Erleichterung. »Danke«, flüsterte sie. »Das werde ich dir nie …«

»Ah, Disari, Zierde eines jeden Marktplatzes, wie ich sehe, bist du der Flüchtigen habhaft geworden.«

Disari fuhr erschrocken herum. Auch Cassaydia zuckte bei dem vertrauten Klang dieser Stimme kaum merklich zusammen. Kälte kroch ihre Glieder empor. *Ausweglos*, flüsterte eine innere boshafte Stimme. *So viel zu deinem brillanten Plan.*

Er hatte ein selbstgefälliges Grinsen aufgesetzt, Jeser, der ungekrönte Herrscher der kindirer Unterwelt, Meister der Diebe und Bettler. Aus einfachen Leuten machte er erstklassige Invaliden, stümperhafte Langfinger verwandelte er in geschickte Taschenspieler. Er wusste immer, wann eine rührselige Geschichte dazu taugte, die Taschen der Passanten zu leeren. Nichts überließ er dem Zufall. Jede Krücke, jedes Wundmal, jede Pockennarbe, alles war sorgsam erdacht, kreiert, platziert, um die nötige Portion Mitleid zu erregen. An seiner Seite standen Jastara, Mijael und Lika, die nun einen drohenden Halbkreis um Cassaydia formten.

»Gut gemacht!« Jeser klopfte Disari anerkennend auf die Schulter. Unter dem zerschlissenen Stoff seines Gehrocks lugten die Ärmel eines fadenscheinigen Seidenhemdes hervor. Mit quälender Langsamkeit zupfte er sie zurecht, als sei dies auf einmal das Wichtigste auf der Welt geworden. Schließlich wandte er sich kopfschüttelnd an Cassaydia: »Was, bei der Seele meiner armen, verstorbenen Mutter, hast du dir nur dabei gedacht?«

»Wobei?« Cassaydia setzte eine unschuldige Miene auf. Tat, als müsse sie darüber nachdenken. Dann: »Ah, das Geld.«

Jeser lachte auf. »Ja, das Geld.«

Mijael und Lika warfen einander Grimassen zu.

»Ich habe es gewinnbringend angelegt.« Cassaydia holte ihren Tagesverdienst aus der Tasche hervor. »Drüben im Hafenviertel. Hahnenkämpfe. Ein todsicheres Spiel. Eigentlich«, fügte sie in verschwörerischem Tonfall hinzu, »sollte es eine Überraschung sein.«

»Gut.« Jeser klatschte laut in die Hände. »Wirklich gut. Aber es braucht ein wenig mehr, um mich hinters Licht zu führen!« In einer schnellen Bewegung schlug er ihr die Münzen aus der Hand. Klirrend rollten sie über das raue Pflastergestein. Jeser stoppte eine von ihnen mit seinem Stiefel. »Ich«, verkündete er mit einer ausladenden Verbeugung, »habe die Lüge erfunden. Ich bin der Herr der Lügen.« Sein Gesicht schwebte direkt vor dem ihren.

Cassaydia hielt seinem Blick stand. »Wohl eher der Herr der Atemfäule.«

Jastara kicherte, doch Jeser brachte sie mit einer knappen Geste zum Schweigen. Kurz rang er damit, seine Gesichtszüge wieder unter Kontrolle zu bringen, bevor er ihr erneut ein joviales Lächeln präsentierte, gewürzt mit einem winzigen Seufzer. »Wie ich deine Beleidigungen vermissen werde.«

Cassaydia stockte der Atem. »Was meinst du damit?«

Anstelle einer Antwort gab er nur ein Zeichen, woraufhin Jastara und Mijael Cassaydia packten und ihr schmerzhaft die Arme auf den Rücken drehten.

»Was hast du vor? Jeser?« Der eigene Herzschlag dröhnte ihr laut und verzerrt in den Ohren. Ein Kribbeln wie von tausend Insekten überzog ihre Haut. Sie spürte, wie *die Andere* sich in ihr regte, darauf wartete auszubrechen. Nein, das durfte nicht passieren! Du musst es kontrollieren! Immer wieder wiederholte sie in Gedanken diese Worte: Du musst es kontrollieren! Du musst! Starke Emotionen, Wut, Hass, Furcht, sie alle waren ihre Feinde, denn sie schlugen eine Brücke, und auf der anderen Seite lauerte *es*.

Jeser trat einen Schritt auf sie zu. »Ich gab dir ein Zuhause. Und wie dankst du es mir? Du trittst das Vertrauen eines armen Mannes mit Füßen.« Seine Stimme senkte sich zu einem bedrohlichen Flüstern. »Aber das hat nun ein Ende. Ich kenne viele Leute, die mir ein hübsches Sümmchen bieten würden für jemanden wie dich.« Mit diesen Worten kehrte er ihr den Rücken.

»Nein, das kannst du nicht tun!« Verzweifelt kämpfte Cassaydia gegen den harten Griff ihrer Peiniger an, wand sich, zerrte, trat. Vergebens. »Bitte!«, schrie sie. »Jeser!« Ihre Sicht verschwamm. Panik durchflutete ihren Körper. *Die Andere* wurde immer stärker. Mit wilder, animalischer Wut brach sie aus ihr hervor. Ein Fauchen kam über ihre Lippen, wurde zu einem tiefen Knurren. Nein, nicht jetzt! Sie musste die Kontrolle behalten, durfte nicht zulassen, dass es Besitz von ihr ergriff.

Knurren wurde zu Grollen.

Mijael warf sie zu Boden und drückte ihr Gesicht in den Dreck. Hustend rang sie nach Luft. Ihre Hände wollten nach ihm schlagen, nur, dass sie nicht länger Hände besaß, sondern krallenbewehrte Pfoten. Das, was einst ihre menschliche Natur gewesen war, wurde hinweggespült, ertrank in Furcht und Raserei. Knurrend schnappte sie um sich, *Flucht* schrie es aus jeder Faser ihres Körpers, aber eine Schlinge schnürte ihr die Kehle zu.

Flucht!

Ihr Bewusstsein zerrann. Nein, sie musste die Kontrolle behalten, musste …

Doch die Welt wurde schwarz.

»Wie konntest du nur so unaufmerksam sein?« Kirha schnaubte verächtlich.

»Na, hör mal, wer von uns beiden hat denn die schärferen Augen?«

»Willst du etwa behaupten, es sei meine Schuld, dass dieses Mädchen deine Geldbörse gestohlen hat?«

Astin überhörte bewusst den herausfordernden Ton in der mentalen Stimme seiner Gefährtin. Ärgerlich beschleunigte er seine Schritte. Von überall her drangen Geräusche an sein Ohr: bruchstückhafte Worte vorbeigehender Passanten, klappernde Pferdehufe, das Donnern von Kutschrädern auf Pflasterstein. Die Luft war schwer und feucht. Wahrscheinlich würde es bald regnen. Der Gehweg wurde zusehends unebener, so dass sich sein Stab immer öfter in schmalen Ritzen verfing und er ins Straucheln geriet.

»Typisch«, versetzte Kirha neckend, *»kannst mal wieder eine Pfote nicht vor die andere setzen.«* Nach einer kurzen Pause fuhr sie in verändertem Tonfall fort: *» Du weißt, was die Kleine ist, nicht wahr?«*

»Ja, eine verfluchte Diebin.«

»Das meine ich nicht.«

»Ich weiß, was du meinst.« Mürrisch.

»Und du willst ihr nicht helfen?« Es war mehr eine Feststellung denn eine Frage.

»Wieso sollte ich?«

»Weil es deine Aufgabe ist. Weil sie ihre Gabe nicht unter Kontrolle hat. Sie könnte eine Gefahr für andere werden. Und für sich selbst.«

»Was geht mich das an?«

»Du hast einen Eid geleistet.«

»Das war vor langer Zeit.« An einem anderen Ort. In einem anderen Leben. Das schlagartig beendet wurde an jenem unheilvollen Tag, da ein gescheitertes magisches Ritual ihm sein Augenlicht genommen hatte.

»Aber du musst …«

»Ich muss gar nichts!«, unterbrach er sie wütend. *»Dieses Mädchen ist nicht mein Problem!«*

»Früher wäre es das gewesen.«

»Früher war früher und jetzt ist jetzt. Ich habe den Orden verlassen. Die Zeiten haben sich geändert.«

»Du *hast dich geändert«*, war die knappe Erwiderung. *»Aber eins sage ich dir: Nur weil du blind bist, kannst du nicht die Augen vor der Welt verschließen.«*

Der Treffer saß. Betrübt senkte Astin den Kopf, horchte in sich hinein. Wann nur hatte er begonnen, sich selbst zu bemitleiden? *»Kirha, ich ...«*, setzte er an, doch die Füchsin blieb so unvermittelt stehen, dass er beinah über sie gestolpert wäre. *»Was, beim Barte der Großmeisterin, soll denn das?«*, verlangte er zu wissen.

Keine Antwort. Stattdessen: *»Deckung!«*

Gehorsam presste sich Astin mit dem Rücken an eine Häuserwand. Lauschte. In der Nebenstraße vor ihnen schien sich ein Handgemenge abzuspielen. Er vernahm die Stimme eines Mannes, aalglatt und voll unterschwelligen Zorns. Dann die Worte einer Frau – zu seinem Erstaunen erkannte er in ihr das Mädchen aus dem Gasthaus. Drohungen schwebten in der Luft, wurden zu Taten. Und mit ihnen begann die Metamorphose. Er brauchte nicht zu sehen, er *wusste.* Wusste, was in diesem Moment geschah, während Konturen verschwammen, zu fließen begannen, Hände zu Klauen wurden, Beine zu Hinterläufen, Haar zu Fell. Und er wusste, dass dort, wo die Frau gewesen war, nun die Wölfin regierte.

»Das hast du doch mit Absicht getan!«, fuhr Astin seine Seelengefährtin an, als die Fremden mit der Gestaltwandlerin verschwunden waren.

»Wer? Ich?« Kirha ließ sich nicht aus der Reserve locken: *»Ich habe lediglich den kürzesten Weg zu unserer Unterkunft eingeschlagen.«* Mit ruhiger Stimme fügte sie hinzu: *»Was sollen wir jetzt tun?«*

»Wir folgen ihnen.«

»Ach, willst du ihr etwa doch helfen?«

»Würde mir nicht im Traum einfallen. Ich will nur meine Geldbörse zurückholen.«

»Ich verstehe.«

Und er folgte der Füchsin durch die abendlichen Straßen.

Damals hatte er sein Haar anders getragen. Es war kürzer

gewesen und unter einem breitkrempigen Hut verborgen. Sie hatte den Fehler begangen, ihm seine Geldbörse zu stehlen. Nun hing sie zappelnd und um sich tretend in seinem Griff. Ein Waisenkind, schmutzig, verdreckt und in viel zu großer Kleidung, das vergebens versuchte, sich dem harten Griff eines Mannes zu entwinden. Für einen kurzen Augenblick verlor sie die Beherrschung, nur der Bruchteil einer Sekunde, ein leises Aufflackern ihrer wölfischen Natur. Das genügte, um seine Aufmerksamkeit zu erregen. Er setzte sie ab, sein Blick schien sie zu durchbohren. »Wie heißt du?«

»Cassaydia«, entgegnete sie stolz und straffte trotzig die Schultern. »Kannst mich Cass nennen, wenn du willst.«

»Du bist eine großartige Diebin, Cass«, sagte er lächelnd. »Es gelingt nicht vielen, mich zu überlisten. Ich mache dir ein Angebot: Würde es dir gefallen, Mitglied in meiner kleinen Familie zu werden?«

Nur allmählich kam Cassaydia wieder zu Bewusstsein. Jede Faser ihres Körpers schmerzte. Zumindest bedeutete das, dass sie wieder einen Körper besaß. Vorsichtig bewegte sie die Finger. Es tat gut, sie zu spüren. Die Stricke, die ihre Handgelenke fesselten, waren nur unzureichend verknotet, und nach wenigen Augenblicken hatte sie sich ihrer entledigt.

»Danke, Di«, flüsterte sie kaum hörbar, streckte ihre Glieder und begann, sich in ihrem Gefängnis umzusehen. Stapel von Holz und schweren Kisten verrieten ihr, dass sie sich im Lagerraum des *Familienwohnsitzes* befinden musste, wie Jeser das alte Anwesen, das tapfer, wenn auch nicht immer erfolgreich, dem Verfall trotzte, zu nennen pflegte. Offiziell seit Jahrzehnten leerstehend leistete es den Mitgliedern der *Familie* als Unterschlupf gute Dienste. Hinter seinen efeuumrankten Mauern war so mancher Plan erdacht, so manches Geschäft besiegelt worden. Ein paar Münzen, zur richtigen Zeit am richtigen Ort den Besitzer wechselnd, bewirkten zudem, dass die Stadtwache bezüglich dieser Thematik an einer kollektiven Amnesie litt, die sich gegenüber der Regierung als äußerst hartnäckig erwies.

Vorsichtig horchte Cassaydia an der Tür. Stille. Das Haus schien verlassen zu sein. Die anderen gingen wohl ihren Geschäften nach oder trieben sich in dunklen Spelunken herum, um ihre Tageseinnahmen beim Karten spielen aufzubessern. Und Jeser … Darüber wollte sie lieber nicht zu lange nachdenken.

Die Tür war selbstverständlich verschlossen. Doch es gab kein Schloss, das ihr dauerhaft standgehalten hätte, und so trat sie wenige Minuten später in den dunklen Flur hinaus. Was sagst du nun, Jeser, mein Freund? Flink durchquerte sie einen weiteren Raum. Bog um eine Ecke. Und kollidierte mit einem Mann, den sie dort nicht erwartet hatte.

»Du?«, stammelte sie verwirrt. »Was machst du denn hier?«

Der blinde Magier strich sich das weizenblonde Haar aus der Stirn. Ein schiefes Grinsen rutschte über sein Gesicht. »Ich hätte gerne meine Geldbörse zurück.«

»Ich will eure Wiedersehensfreude ja nicht trüben, aber wir bekommen Besuch.« Kirhas warnender Tonfall ließ Astin hellhörig werden. Und tatsächlich: Da waren Fußtritte. Und Stimmen.

Wunderbar.

Allmählich begann er zu bereuen, dass er überhaupt hierhergekommen war. Und wozu? Um einer Diebin zu helfen, anderen Dieben zu entkommen?! Die ungenießbaren Gasthaus-Speisen hatten ihm wohl den Verstand vernebelt.

»Mach dich bereit!«, raunte er seiner langfingrigen Begleiterin zu.

Sie schien konsterniert. »Bereit wofür?«

Astin umfasste seinen Stab. »Bereit, deinen Freunden einen Willkommensgruß zu entrichten?« Diesmal war die

Verbindung schnell und schmerzhaft. Astin verankerte seinen Geist so abrupt im Bewusstsein seiner Seelengefährtin, dass er beinah hinfortgeschleudert wurde, durch das, was ihm entgegenschlug. Blitzartig setzte sich die Welt neu zusammen. Um ihn herum ein rechteckiger Raum, vormals wohl ein Empfangssaal, nun ein Sinnbild gelebter Unordnung, ein wildes Durcheinander aus Kisten, zweckentfremdeten Gegenständen und wahllos platzierten Möbelstücken. Die Schritte wurden lauter. Lachen schallte durch das Gebäude. Astin rieb sich die pochenden Schläfen. Es bereitete ihm Mühe, die Verbindung zu Kirha aufrecht zu erhalten. Die plötzliche Fülle visueller Eindrücke hämmerte wie Nadelstiche auf ihn ein.

An Flucht war nicht mehr zu denken, daher postierten sie sich zu beiden Seiten des Eingangs, und als der erste Eindringling die Schwelle überschritt, schlug die Gestaltwandlerin ihn mit einem Hocker nieder. Der Mann brach mit einem verdutzten Stöhnen zusammen.

»Was ist da los, Mijael?« Eine mit unzähligen Furunkeln übersäte Frau vermied es, denselben Fehler wie ihr Vorgänger zu begehen. Sie trat behutsam ein, behielt dabei die Gestaltwandlerin genau im Blick. Und wurde von Astins Stab überrascht, der sie von den Füßen riss.

»Du hast mir verschwiegen, dass wir Besuch erwarten.« Der Mann, der offensichtlich der Anführer dieser illustren Gesellschaft war, lehnte im Türrahmen und schüttelte bedauernd den Kopf »Wie stehe ich denn nun als Gastgeber da? Ich habe rein gar nichts anzubieten.«

»Nur keine Umstände! Wir wollten ohnehin gerade gehen.« Astin schwang seinen Stab in Richtung des Sprechers, traf jedoch nur den hölzernen Rahmen, der splitternd barst. Fast hätte er die zweite Frau übersehen, die sich ihm von der Seite näherte. Reflexartig wirbelte er herum, aber bevor er zuschlagen konnte, hatte sie ihm schon einen Hieb versetzt, der ihm die Tränen in die Augen trieb. Augenblicklich verbiss sich Kirha in ihrem Bein, und für einen Moment verlor sich die Welt in einem

Farbenwirrwarr. Die Frau schrie! Fluchte! Wo war der andere Mann? Astin bemühte sich, durch Kirhas Augen etwas zu erkennen, aber der Blick der Füchsin war auf ihr Opfer verengt. Plötzlich ein harter Schlag. Kirha jaulte auf. Astin fühlte ihren Schmerz wie seinen eigenen. Ein rot leuchtendes Aufflackern. Und mit einem Mal wurde alles dunkel.

Cassaydia sah den Hund fallen. Sie sah den Blinden straucheln. Und sie sah Jesers triumphierendes Grinsen. Nun war alles zu spät. Jeser würde siegen, er würde siegen und sie, Cassaydia, hatte verloren. Die Luft brannte heiß in ihren Lungen. Jeder Versuch, *die Andere* in ihr zu unterdrücken, schien sie nur noch stärker zu machen, noch mächtiger. Der Magier war auf einmal neben ihr. Die Worte schienen ihn Überwindung zu kosten, kamen kaum über seine Lippen: »Bitte, du musst mein Augenlicht sein!«

»Ich kann nicht«, presste sie mühsam hervor. »Ich weiß nicht …« Schon spürte sie die Veränderungen, spürte, wie die Bestie zu obsiegen drohte. Cassaydia konnte nicht mehr denken, nur noch fühlen.

»*Du kannst es kontrollieren!*« War es seine Stimme oder ihre eigene? Etwas Seltsames geschah. Wie unsichtbare Finger, die nach ihrem Geist griffen, sich langsam in sie vor tasteten. Seine Präsenz schien sie zu durchdringen. Es war wie ein Anker, etwas, woran sie sich festhalten konnte. *Die Andere* wich zurück. Cassaydia holte keuchend Atem und schenkte dem Blinden ihr Augenlicht.

Sie kämpften gemeinsam. Magier und Gestaltwandlerin, Seite an Seite. Es war, als gäbe es nur einen Körper, eine Seele, ein Bewusstsein. Wie selbstverständlich fanden sich ihre Bewegungen zu einem Rhythmus zusammen. Und binnen Minuten war alles vorbei.

Lange Zeit standen sie sich gegenüber.
Schweigend.

Er sprach als erster: »Danke.«

Sie lächelte. Und zum ersten Mal seit langer Zeit war es ein aufrichtiges Lächeln. »Nein, ich danke dir.« Die Gestaltwandlerin ergriff die Hand des Magiers. »Mein Name ist übrigens Cassaydia.«

Der Magier erwiderte den Handschlag. »Man nennt mich Astin.«

Sie schaute besorgt zu dem Tier, das am Boden lag. »Wie geht es deinem Hund?«

»Fuchs.«

»Wie auch immer.«

Er lauschte in sich hinein. Der Schmerz war ein leises Wispern am Rande seines Bewusstseins. »Sie wird es überstehen.«

Sicher und fest und warm lagen ihre Hände ineinander. Wie ein geflüstertes Versprechen. Aus dem verschlossenen Lagerraum drangen wütende Schreie, aber keiner von beiden schenkte ihnen Beachtung.

Schließlich: »Astin?«

»Ja?«

»Lass uns von hier verschwinden!«

Im Morgengrauen hatten sie die Stadttore Kindiras bereits weit hinter sich gelassen. Kirha tollte, die ersten Sonnenstrahlen genießend, ausgelassen über die weiten Wiesen.

Astin spürte ihre Hochstimmung als Ebenbild seiner eigenen, die sich nach Jahren der Traurigkeit und Verbitterung langsam einen Weg in sein Herz bahnte.

Auch Cassaydia schien sich verändert zu haben. Das defensiv Lauernde, das stets in ihrer Stimme gelegen hatte, als erwarte sie jeden Moment einen Angriff aus dem Hinterhalt, war verschwunden, war förmlich mit jedem Schritt, den sie sich von den engen Gassen und finsteren Häuserschluchten der Stadt fortbewegten, zusammengeschrumpft und hatte einer vorsichtigen Erleichterung Platz gemacht.

Kirha kehrte an seine Seite zurück. *»Gib es zu!«*, stichelte sie. *»Du magst sie.«*

»Ich kann sie nicht ausstehen.«

»Wem willst du hier etwas vormachen? Ich bin du!«

Die Füchsin hatte recht. Astin atmete die würzige Morgenluft ein. Sie schmeckte nach Vergessen. Vielleicht war es für sie beide ein neuer Anfang.

Gitte Hedderich

Verbrannte Erde!

Peter-Willi ist ein Kind des Ostens, genauer gesagt, er wurde 1960 in der damaligen DDR geboren. Seine Mutter bemerkte schon recht früh, dass er ein außergewöhnliches Kind war. Eines Tages litt sie unter quälenden Kopfschmerzen. Mitleidig strich Peter-Willi ihr über die Stirne, und die Schmerzen verschwanden. Zuerst glaubte sie an einen Zufall und probierte es beim nächsten Schmerzanfall mit ihren anderen Kindern, denn Peter-Willi ist eines von sechsen. Bei keinem Kind verschwanden die Schmerzen, rief sie jedoch nach Peter-Willi, und er legte seine kleinen Händchen auf, entspannte sie sich nach wenigen Minuten. Sie beschloss, niemandem davon zu berichten, denn sie wollte kein Wundertier aufziehen und ihn etlichen Untersuchungen über dieses Phänomen aussetzen.

So wuchs Peter-Willi unbeschwert heran. Er war circa vier Jahre alt und saß im Garten. Es war ein ungemütlicher Spätherbsttag. Als seine Mutter ihn hereinrufen wollte, traute sie ihren Augen kaum. Der Tag war grau und nasskalt, doch um Peter-Willi herum war es Frühling. Hellgrünes Gras spross, das mit Butter- und Gänseblümchen durchzogen war.

Wie eine Welle breitete sich der Grasteppich vor dem Kind aus. Die Welle erreichte den ersten Baum und die Knospen begannen zu wachsen. Erschrocken rief sie ihr Kind zu sich. Als er aufsprang und auf sie zulief, zog sich auch die Welle zurück, der Baum wurde wieder schwarz, nass und kahl, das Gras und die Blumen verschwanden, der Spätherbst kehrte zurück.

»Wie hast du das gemacht?«, fragte sie ihren Sohn zu Tode erschrocken. Keiner konnte der Natur gebieten, er scheinbar doch.

Peter-Willi schaute sie unschuldig an. »Das ist doch

ganz einfach«, erklärte er ihr. »Ich will, dass es warm ist und die Blumen blühen, und dann passiert das auch.«

»Das darfst Du nie mehr machen!«, verbot ihm die Mutter mit ernstem Gesicht.

»Warum denn Mama, magst du es denn nicht, wenn es warm und grün ist?«, wollte Peter-Willi wissen.

Oh je, sie seufzte, wie sollte sie das ihrem Kind erklären?

»Peter-Willi, das muss unser Geheimnis bleiben. Versprich mir das!«

Trotzig senkte das Kind sein Lockenköpfchen und der Mutter schnitt es ins Herz. Sie fasste unter sein Kinn und hob sein Köpfchen an. Bestürzt sah sie Tränen auf seinen Wangen. Wie sollte er auch verstehen, dass die Welt ihn jagen würde, wenn sie davon wüsste?

Die Jahre vergingen. Peter-Willi heilte immer noch der Mutter Schmerzen, aber er war erwachsen und es fiel ihm immer schwerer, seine Begabung zu verheimlichen.

Einmal hatte er nicht widerstehen können, er sollte zur NVA und hatte das als überzeugter Pazifist abgelehnt. Man hatte einen der hoch dekorierten Herren kommen lassen, der ihn überreden sollte. Dem hatte er Blümchen auf seiner Mütze wachsen lassen. Das war ein Gelächter, man stellte die wildesten Vermutungen an, über Samen, die sich eingenistet hätten, und Peter-Willi schmunzelte dazu. Er hatte selten etwas zu schmunzeln in dieser Zeit, denn als Pazifist hatte man in einem kommunistischen Land nichts zu lachen. Mehr schlecht als recht verging diese Zeit, Peter-Willis gesamte Familie litt mit, man machte sie für diesen missratenen Sohn verantwortlich, das war kein Land für Revoluzzer.

Dann kam das Jahr 1986 und mit ihm das Unglück in Tschernobyl. Peter-Willi, der mit der Natur eng verbunden war, litt mit der zerstörten Erde. Er merkte, dass diese nach ihm schrie, denn er konnte helfen. Monatelang quälte er sich, denn er hatte seiner Mutter versprochen, sein Geheimnis zu wahren. Dann hielt er es nicht mehr aus, er suchte das Gespräch mit ihr.

»Ich habe eine Aufgabe, die ich erfüllen muss«, redete er auf sie ein.

Seine Mutter war verzweifelt. »Junge, wenn du gesehen wirst, werden sie dich tausend Tests unterziehen, und du wirst im Zirkus enden wie die Dame ohne Unterleib oder der Wolfsmensch. Gib mir bis Morgen Zeit, Kind, ich werde darüber nachdenken!«, bat sie unglücklich.

Peter-Willis Herz war traurig. Er liebte seine Mutter und wollte ihr das Leben nicht schwer machen, aber er fühlte, dass es seine Aufgabe war zu helfen.

Nach einer langen, quälenden Nacht hatte seine Mutter sich dazu durchgerungen ihn seinen Weg gehen zu lassen. Sie nahm ihn in ihre Arme und wünschte ihm alles Glück der Welt für sein Vorhaben.

Es war das Jahr 1986 – das Jahr der Katastrophe von Tschernobyl.

Peter-Willi packte seinen Rucksack und machte sich auf nach Russland. Immer karger wurde die Umgebung, und dann hatte er sein Ziel erreicht. Erschüttert betrachtete er die zerstörte, verbrannte Welt um sich herum. Er bückte sich und streichelte sie, und sogleich war es, als atme sie auf, ein grüner Schimmer zeigte sich, der sich schnell ausbreitete.

Peter-Willi richtete sich auf: Das war sein Lebenszweck, er fühlte es ganz deutlich.

Er schulterte den Rucksack, breitete beim Gehen die Arme wie segnend über das tote Land, und in einer breiten Fläche begrünte sich die Erde wieder. Er ging und ging und unter seinen Füßen breitete sich Leben aus. Er gönnte sich immer nur eine kurze Rast. Als er die Frischnahrung aufgezehrt hatte, ernährte er sich von mitgeführten Keksen. Nur gut, dass seine Gabe das Wasser mit einschloss, so konnte er das ehemals verseuchte Quellwasser der Bäche bedenkenlos zu sich nehmen und seine Flasche immer wieder füllen. Der Marsch setzte ihm zu, er verlor an Gewicht, seine Haut nahm den bräunlichen Ton an, den sie bei Menschen aufwies, die die meiste Zeit in der Natur verbrachten, und sein Bart wucherte. Sein Äußeres erinnerte an die Statuen der Antike.

Inzwischen war man auf ihn aufmerksam geworden, oder seine Mutter hatte Informationen preisgegeben – jedenfalls erschien ab und an ein kleines Flugzeug, das Proviant für ihn abwarf. Peter-Willi war dankbar für die Abwechslung in seiner kargen Kost, weitere Gedanken wollte er sich nicht machen, die Welt würde ihn früh genug mit Fragen bestürmen.

So vergingen Tage und Wochen im stetigen Gleichmaß. Immer näher kam er dem Zentrum der Katastrophe, und immer beschwerlicher wurde sein Weg. Er glaubte, es sei der lange, ungewohnte Marsch, der ihm so zusetzte, aber was es wirklich war, sollte er bald erfahren.

Plötzlich vernahm er ein lautes, aber gequält klingendes *Halt*. Fassungslos schaute er sich um, aber er sah keine Menschenseele.

Auch das noch, nun werde ich verrückt, dachte er bei sich und griff sich stöhnend an den Kopf.

»Du bist völlig gesund«, vernahm er nun. »Ich versuche, dich zu stoppen, denn ich kann das Leid nicht mehr länger ertragen, das mir täglich auf jede erdenkliche Art und Weise zugefügt wird. Es ist eine ständige Qual für mich geworden, ich werde mit Abfällen aller Art überhäuft, mit stinkendem Unrat, der in mich sickert und mich vergiftet. Wirbelstürme verwüsten meine Oberfläche, Flüsse überfluten mich und schwemmen das Leben aus mir fort. Ich will nicht mehr leben, lass mich sterben, ich habe genug davon, den Menschen untertan zu sein. Ich habe gegeben und gegeben, aber nichts wieder erhalten. Ich habe euch geliebt als meine Kinder, und ihr habt mich verletzt, nun habt ihr mir den Todesstoß versetzt, und ich will in Ruhe sterben.«

Peter-Willi hatte atemlos dem Monolog der Erde zugehört. Er war aufgewühlt und bis in sein Innerstes erschüttert. Er wusste, dass ihr Fürchterliches angetan worden war, aber wie sehr sie litt, begriff er erst jetzt. Er legte sich nieder und weinte. Und als seine Tränen die Erde benetzten, erschauderte der Boden unter ihm. Auch die Erde begann zu weinen, ein gewaltiger Quell brach aus ihr heraus.

Als das Wasser über die Ebene floss, brach das noch vorhandene Leben mit aller Macht hervor. Gegen den Willen von Mutter Erde spross neues Leben aus ihrem Schoß. Die Katastrophe war abgewendet, für dieses eine Mal.

Lärm erfüllte die Luft, ein Hubschrauber landete in Peter-Willis Nähe und holte ihn an Bord, man brachte ihn in die Zivilisation zurück, wo er wie ein Held gefeiert wurde. Er liebte solche Auftritte ganz und gar nicht, aber er musste an die Öffentlichkeit treten, das war er der Erde und seinen Mitmenschen schuldig. Man zeigte reges Interesse an ihm und versprach ihm einen Fernsehauftritt, in dem er den Menschen von seinem Erleben berichten konnte, um sie aufzurütteln und für die Probleme der Natur sensibilisieren zu können.

Während Peter-Willi nun guten Mutes auf die Zusage wartete und glaubte, etwas bewegen zu können, tagte der Krisenstab der NATO. Hohe Generäle berieten sich. Wenn bekannt wurde, dass es jemanden gab, der imstande war, die Natur im Falle einer Atomverseuchung zu retten, würde die Angst vor dem Super-GAU rapide abnehmen, und das wäre fatal.

Als sich endlich die Türe öffnete, glaubte Peter-Willi nun, man hole ihn vor die Kamera. Stattdessen traten zwei starke Krankenpfleger ein, die ihn in ihre Mitte nahmen und ihn in ein Sanatorium verfrachteten.

Er wehrte sich nicht. Was hätte das auch genützt? Er war enttäuscht und verletzt. Von diesem Tage an zog er sich in sich selbst zurück und sprach mit niemandem mehr ein Wort. Manchmal, wenn ihm das Essen gebracht wurde, saß er in seinem Zimmer inmitten herrlicher Blumen auf einer Wiese, die dem Fußbodenritzen entsprossen waren.

Aber das geschah nur an wenigen Tagen. Meist brütete er still vor sich hin.

Er hörte die Erde schreien, und wenn wir es hören wollten, könnten auch wir das vernehmen. Allerdings öffnen wir unsere Ohren lieber dem Ruf nach mehr Reichtum, größeren Häusern, schönen Kleidern und Luxusnahrung.

Wenn wir den Schrei der Erde wieder weltweit vernehmen, wird es vermutlich zu spät sein.

Denn nicht immer ist ein Peter-Willi da, der sich engagiert.

Volker Liebelt

Königskinder

Ben öffnete leise die Tür und schaute in das Zimmer seiner Schwester. Es war niemand zu sehen. Das war kein Wunder, denn Julia befand sich in der Nachmittagsschule und Mutter beim Einkaufen. Ben war allein und nutzte die Gelegenheit, das Ergebnis seiner Überlegungen in die Tat umzusetzen. Er schloss die Tür hinter sich und ging zu dem Glasschrank, der neben Julias Schreibtisch stand.

»Ihr verdammten Puppen!«, murmelte er leise, obwohl er lediglich die beiden Exemplare meinte, die er selbst aus der Schule mitgebracht hatte. Fluchen durfte er nur, wenn seine Eltern nicht in der Nähe waren, denn der Gebrauch von Schimpfwörtern hätte ihm mindestens zwei Tage Computerverbot eingebracht. Aber jetzt war niemand da, der ihn hörte. Er blickte die beiden Puppen an und erinnerte sich: Der Flohmarkt war ein voller Erfolg gewesen und hatte viel Geld in die Klassenkasse gebracht. Mutter meinte zwar, im letzten Jahr hätten sie mehr eingenommen, doch daran konnte Ben sich nicht mehr genau erinnern, und für einen elfjährigen Jungen war es dieses Mal eine Menge Geld. Die beiden Puppen blieben abends übrig und lagen verloren in einer Ecke. Seltsamerweise wusste niemand, wer sie gebracht hatte, und es fand sich keiner, der sie am Abend mitnehmen wollte.

Ben dachte sofort an Julia und ihren Puppentick, obwohl er das so direkt nie formulierte. Seine Schwester wäre beleidigt gewesen und hätte kein Wort mehr mit ihm gesprochen, denn sie sammelte Puppen wie andere Leute Briefmarken.

Er beschloss, ihr eine Freude zu machen, packte den Karton auf den Gepäckträger seines Fahrrads und brachte ihn nach Hause.

Julia zeigte sich begeistert und obwohl Ben so tat, als sei es die natürlichste Sache von der Welt, seiner Schwester zwei große Puppen zu schenken, amüsierte er sich insgeheim über die gelungene Überraschung. Ben wusste, dass seine Schwester außergewöhnliche Fähigkeiten besaß, denn sie konnte Dinge vorhersehen, die später eintrafen. Er bewunderte sie deswegen und dachte, sie könnte einmal als Wahrsagerin auftreten und die Menschen mit ihren hellseherischen Fähigkeiten verblüffen.

Eines Morgens erklärte Julia am Frühstückstisch, sie habe geträumt, dass die weiße Katze vom Haus gegenüber sterben würde. Mutter sagte, sie solle aufhören, so einen Unsinn zu reden, und Vater sah erst gar nicht von der Zeitung hoch.

Zwei Tage später war die Katze tot, und es gab ziemlich viel Wirbel daheim.

Vater meinte, sie könne froh sein, dass wir nicht mehr im Mittelalter lebten, und Ben verstand nicht, was das mit Nachbars Katze zu tun hatte, vergaß jedoch, Mutter danach zu fragen.

»Wenn sie mit ihren Spinnereien so weitermacht, landet sie irgendwann in der Psychiatrie«, sagte Vater am selben Abend, als sich die Eltern unterhielten und Ben im dunklen Flur an der angelehnten Tür stand und lauschte. Dem Jungen gingen diese Worte tagelang nicht aus dem Kopf, und er zuckte jedes Mal zusammen, wenn jemand an der Haustür klingelte, weil er fürchtete, dass man seine Schwester abholen würde.

Aber nichts geschah. Ben würde niemals zulassen, dass man seine Schwester in eine Anstalt brachte, nur weil sie ein wenig fantasierte. Julia merkte selbst, dass ihre Eltern wenig begeistert waren, wenn sie von ihren Träumen erzählte, und sie beschloss, den Mund zu halten. Auf vorsichtige Fragen ihrer Mutter schüttelte sie den Kopf, und allmählich kehrte wieder Ruhe ein.

Ben war der Einzige, mit dem sie über solche Dinge sprach, denn in diesem Punkt konnte sie sich auf ihn verlassen. Er hörte ihr zu und hielt seine Klappe. Seit die Puppen im Haus waren, träumte Julia häufiger, und wenn

Ben nachts auf die Toilette musste, bekam er mit, dass sie sich unruhig im Bett wälzte und gelegentlich schrie. Der Junge spürte, dass die Albträume seiner Schwester mit der Gegenwart der zwei Puppen in ihrem Zimmer zusammenhingen, und dieser Gedanke ging ihm nicht aus dem Kopf.

Ausgerechnet er hatte sie ins Haus gebracht, und damit trug er auch die Verantwortung dafür, wie sich die Dinge entwickelten und hatte dafür zu sorgen, diesen unerträglichen Zustand zu beenden.

Ben öffnete die Glastür.

»Ich muss euch beide trennen«, sagte er ruhig und sah den Puppenjungen an. »Ich bringe deine Partnerin weg, damit Julia in Ruhe schlafen kann. Wenn das nicht hilft, fliegst du ebenfalls raus. Ich rate dir, dich zu benehmen und deine schlechten Gedanken nicht im Zimmer zu verbreiten, denn sonst bist du als nächstes an der Reihe.«

Ben nahm die Puppe an sich und steckte sie in eine Plastiktüte. Julia würde toben, wenn sie wüsste, was er gerade tat, und er musste zugeben, dass ihm dieser Gedanke ein wenig Sorgen bereitete. Sie würde ihn nicht verstehen, weil sie die Zusammenhänge nicht begriff, obwohl sie klar auf der Hand lagen. Ben würde alles abstreiten, obgleich er wusste, dass das feige war, aber er wollte das Beste für seine Schwester erreichen, und dafür musste er die Puppe opfern. Er schloss die Glastür und drehte sich um. Der Kopf des Puppenjungen bewegte sich kaum merklich, seine Augen begannen zu leuchten und starrten gebannt auf Bens Rücken, bis dieser den Raum verlassen hatte.

»Schau doch mal, Mama! Wie findest du die Puppe?«

Die Mutter blieb stehen und betrachtete sie etwas genauer. »Eigentlich ganz hübsch. Die blaue Jeanshose und das karierte Hemd lassen mehr auf einen Puppenjungen schließen.«

»Wenn du *eigentlich* sagst, bedeutet es, dass dir irgendetwas nicht passt, du dir aber nicht sicher bist, ob du es mir sagen sollst.«

Die Mutter lachte. »Für deine dreizehn Jahre bist du ganz schön clever, Melanie. Aber du hast den Nagel auf den Kopf getroffen.«

»Gefällt Ihnen die Puppe«, fragte der alte Mann und beugte sich ein wenig vor. »Ein besonders schönes Stück, das ich nur ein einziges Mal im Sortiment habe. Sie treffen eine gute Wahl.«

»Ich kaufe hin und wieder Sachen auf dem Flohmarkt«, erwiderte die Mutter. »Neulich habe ich drei Bücher bei einem Ihrer Kollegen erworben. Aber gebrauchte Puppen für meine Jüngste kaufe ich nicht.«

»Ich verstehe, was Sie meinen«, antwortete der alte Mann. »Doch Sie täuschen sich. Diese Puppe ist neu oder so gut wie neu. Eine junge Frau, nicht älter als sie, hat die Puppe letzte Woche in meinem Laden abgegeben. ›Können Sie das Ding gebrauchen oder soll ich es in den Müll werfen?‹, fragte sie mich. Ohne eine Reaktion abzuwarten, knallte sie mir das gute Stück samt Karton auf den Ladentisch und verschwand. Mir gefiel die Puppe, und ich gab ihr ein Plätzchen inmitten meines Flohmarktkrempels.«

Die Mutter überlegte, warf ihrer Tochter einen fragenden Blick zu und nickte.

»Ich nenne ihn Henry«, sagte Melanie, als sie gemeinsam den Trödelmarkt verließen.

»Wen?«

»Den Puppenjungen natürlich, Mama. Oder siehst du noch jemanden, der darauf wartet, von mir getauft zu werden?«

»Das kannst du halten, wie du möchtest. Ich wundere mich ehrlich gesagt ein bisschen, dass du noch mit Puppen spielst.«

»Ich spiele nicht mit Puppen, sondern ich interessiere mich dafür«, entgegnete Melanie, und die Empörung in ihrer Stimme brachte die Mutter zum Lachen. »Das ist kein Wortspiel, sondern ein himmelweiter Unterschied. Meine Puppen stehen im Glasschrank, damit sie nicht einstauben, ich schaue sie an und freue mich an ihrem Anblick.

Wir trinken keinen Tee zusammen, und ich gebe ihnen auch keine Flasche. So etwas ist Babykram.«

Es war Nacht. Dunkle Wolken zogen am Himmel entlang, Regenschauer peitschten gegen die Fensterläden, und die gleichmäßigen Atemzüge des schlafenden Mädchens füllten das Zimmer mit Leben. Die Zeiger des Weckers bewegten sich lautlos und kündigten die späte Stunde an. Im Glasschrank standen die Puppen nebeneinander in einer Reihe, liebevoll zurechtgerückt, und lauschten dem Donnergrollen, das in der Ferne zu hören war.

Ich hasse diese leblosen Geschöpfe, die sich nicht bewegen und immer gelangweilt geradeaus starren. Dalila ist nicht unter ihnen. Wo mag sie sein? Wenn sie hier ist, finde ich sie auch.

Henry drückte vorsichtig seine Hand gegen die Glastür, so dass sie mit einem leisen Quietschen aufschwang. Er machte einen Satz und landete auf dem Schreibtisch zwischen einigen Buntstiften, die unkontrolliert zur Seite rollten. Henry lauschte, aber alles blieb ruhig. Seine Augen registrierten die Umgebung und blieben auf dem schlummernden Kind haften.

Es ist das falsche Mädchen, und das macht mir Sorge. Wenn es nur mich und nicht Dalila zu sich genommen hat, was dann?

Henry überlegte lange und ließ Melanie nicht aus den Augen. Schließlich ergriff er einen der Buntstifte und schrieb mit ungelenken Buchstaben auf ein Blatt Papier: *Wo ist Dalila?*

Er nahm den Papierbogen und schob ihn zwischen Melanies Kleidungsstücke, die auf einem Stuhl vor dem Bett lagen. Gemächlich schlurfte er zur Tischkante, sprang zurück zum Glasschrank, nahm seinen Platz ein, erstarrte und unterschied sich durch nichts von den anderen Puppen.

»Was soll ich damit anfangen? Und wer ist Dalila?«, fragte die Mutter, als Melanie das Blatt Papier auf den Esstisch legte.

»Keine Ahnung, Mama. Ich fand es heute früh auf dem Stuhl bei meinen Anziehsachen. Außer dir kann es doch niemand geschrieben haben.«

Die Mutter hob abwehrend die Hände. »Lass mich aus dem Spiel bei deinen Späßen!« Sie nahm den Papierbogen in die Hand und betrachtete ihn genauer. »Eine ganz merkwürdig krakelige Schrift. Hast du deine linke Hand benutzt?«

»Ich habe überhaupt keine Hand benutzt!«, rief Melanie verärgert, »und außerdem habe ich dir bereits gesagt, dass ich nicht weiß, wer diese Frage geschrieben hat. Den Namen Dalila habe ich nie zuvor gehört.«

»Dann kann es nur Henry gewesen sein. Er ist neu im Haus und muss sich erst einleben«, stellte die Mutter trocken fest und ging in die Küche. »Übrigens, das hätte ich fast vergessen. Du erinnerst dich an den Trödler, bei dem wir die Puppe kauften?«

Melanie nickte.

»Er sah mich gestern, als ich an seinem Geschäft vorbeikam. Auf einmal stand er an der Tür und winkte mir zu.«

»Und weiter?«

»Er drückte mir einen Zettel in die Hand mit der Telefonnummer von diesem Mädchen. Warte einen Moment. Ich glaube, er ist in der anderen Hosentasche.« Die Mutter verschwand im Schlafzimmer und kam gleich darauf zurück. »Ihr Name lautet Julia. Sie besaß die Puppe, bevor ihre Mutter sie in den Trödelladen brachte.«

»Ich verstehe immer noch nicht, warum ich sie anrufen soll. Will sie die Puppe zurück?«

Die Mutter schüttelte den Kopf. »Ich glaube, der alte

Mann wusste es selbst nicht genau. Am besten fragst du das Mädchen. Es ist so alt wie du, und vielleicht gewinnst du eine neue Freundin. Das Leben steckt voller Überraschungen.«

»Mal sehen«, antwortete Melanie, ging zurück in ihr Zimmer und trat an den Glasschrank. »Bist du das gewesen, Henry?« Stille. »Du darfst dich gern mit mir unterhalten, wenn du möchtest. Dann brauchst du keine Zettel mehr zu schreiben, obwohl …« Sie zögerte. »Etwas Übung würde deiner Schrift guttun, aber das hast du wahrscheinlich auch schon gemerkt.« Stille. »Auf jeden Fall kann ich deine Frage nicht beantworten. Ich kenne niemanden, der diesen Namen trägt. Vielleicht kann Julia dir helfen?« Melanie wusste plötzlich, dass sie Julia anrufen würde. Eine Puppe, die Nachrichten schrieb und ein unbekanntes Mädchen, das sie genau wegen dieser Puppe sprechen wollte. Das klang interessant. Sie beugte sich ruckartig zu Henry herunter, aber der zuckte nicht zusammen, sondern starrte unverwandt ins Leere. »Merkwürdig«, murmelte Melanie. »Einen Augenblick lang dachte ich, er würde mich anschauen. Schreckhaft ist er jedenfalls nicht.« Sie richtete sich auf und zog ihr Handy aus der Tasche.

Melanie erkannte das Mädchen an ihrem hellroten T-Shirt, als sie mit dem Fahrrad auf das Spielplatzgelände einbog. Julia hatte sich beeilt, denn sie saß bereits auf der Wippe und sprang auf, als Melanie ihr Fahrrad gegen das Klettergerüst lehnte. Die beiden Mädchen waren allein, wenn man von mehreren Kleinkindern absah, die im entfernt liegenden Sandkasten spielten, während die Mütter auf einer Bank saßen und zuschauten. Melanie war das recht, denn sie spürte, dass Julia ihr etwas Wichtiges mitteilen wollte, und Zuhörer konnte sie dabei am allerwenigsten brauchen.

»Rotes T-Shirt bedeutet Julia«, sagte Melanie und reichte ihr die Hand. »Schön, dass du in derselben Stadt wohnst und komisch, dass wir uns nie zuvor begegnet sind.«

Julia lächelte. »Tut mir leid, dass ich dich so bedränge, aber mir ist nichts Besseres eingefallen, als dem Trödelhändler meine Telefonnummer zu geben. Ich hatte ein schlechtes Gewissen und dachte, ich muss dich warnen.«

Melanie starrte sie ungläubig an. »Wegen einer Puppe? Da bin ich aber gespannt.«

»Ich werde ein wenig ausholen, damit du verstehst, was ich meine«, erwiderte Julia. »Unterbrich mich, wenn ich zu schnell bin. Ich bekam die beiden Puppen vor etwa vier Wochen und …«

»Wieso zwei?«, hakte Melanie ein. »Deine Mutter hat nur Henry beim Trödler abgegeben.«

»Ursprünglich waren es zwei Puppen, die mein Bruder vom Schulfest mitbrachte. Ich stellte sie in mein Zimmer, und da standen sie, bis eine von ihnen verschwand.«

»Was meinst du mit *verschwand*? Irgendjemand muss sie doch genommen haben?«

Julia trat von einem Fuß auf den anderen und strich mit den Fingern durch die Spitzen ihrer langen Haare. »Meine Eltern hatten die Puppe nicht genommen, und mein Bruder schwor, er sei es auch nicht gewesen. Wir stritten uns deswegen heftig, und ich zweifle bis heute, ob er die Wahrheit sagt. Dann fing er an, sich merkwürdig zu benehmen.«

»Meinst du deinen Bruder oder die Puppe?«, wollte Melanie wissen.

»Mein Bruder weigerte sich auf einmal, mein Zimmer zu betreten.« *Du hast mir Dalila weggenommen, du elender Wicht. Glaube nur nicht, dass ich die Sache auf sich beruhen lasse. Die Stunde wird kommen, dann wachst du auf, und ich stehe neben dir.* »Die Puppe starrt mich so komisch an. Wirf sie weg!, sagte er zu mir. Ich wusste zunächst nicht, ob er sich einen Spaß erlaubte oder ob es ihm ernst war. Ich nahm die Puppe, untersuchte sie, konnte aber keine Batterie oder eine Mechanik finden, die darauf schließen ließ, dass sie irgendetwas tun konnte. Nein, sie war ein lebloses Spielzeug und sonst nichts. Und dann verschwand das Messer.«

»Was für ein Messer?«

»Mutter hatte ein Fleischermesser in der Küche, das so scharf war, dass wir es nicht benutzen durften. Eigentlich lächerlich, aber sie hatte es uns verboten, als wir klein waren, und selbst heute fasst keiner von uns das Messer an. Ich kenne die Schublade, in der es lag, und plötzlich war es fort. Mutter suchte überall, aber das Messer schien wie vom Erdboden verschluckt.« *Nichts schützt dich vor meiner Rache, denn ich kenne dein Zimmer, und weiß, wo du schläfst. Was du getan hast, verzeihe ich dir nie.* Julia machte eine Pause.

»Und was geschah dann?«

Das Mädchen sprach nicht weiter, sondern beobachtete die Kinder im Sandkasten. Melanie merkte, dass sie etwas bedrückte und sie sich nicht entschließen konnte, mit ihr darüber zu sprechen.

»Wenn du etwas auslassen möchtest, kannst du das ruhig tun. Wir kennen uns kaum, und ich kann verstehen, dass …«

»Nein!«, rief Julia und schüttelte den Kopf so heftig, dass die Haare über ihr Gesicht flogen. »Es geschah in der Nacht, bevor Mutter die Puppe zu diesem Trödler brachte. Alles war wie immer. Mein Bruder schlief in seinem Zimmer, und Mutter saß vor dem Fernseher. Sie musste eingenickt sein, denn als sie im Sessel aufwachte, war Mitternacht lange vorbei. Sie packte die Fernbedienung in die Schublade, knipste das Licht aus, öffnete leise die Tür und verharrte in der Dunkelheit. Ein Geräusch drang an ihr Ohr, das nicht hierher gehörte. Es klang wie ein Scharren und Schaben, als ob sich jemand an einer der Zimmertüren zu schaffen machte. Sie wartete einige Minuten, aber das Geräusch hörte nicht auf, sondern wurde heftiger. Daraufhin machte sie das Licht auf dem Flur an, und sofort war alles ruhig. Mutter ging an meine Zimmertür und wunderte sich, dass sie nur angelehnt war, denn ich wache beim kleinsten Geräusch auf und halte sie deshalb nachts immer geschlossen. Sie schaute hinein, beobachtete mich kurz beim Schlafen und zog die Tür zu.

Mein Bruder schlief ein Stockwerk höher, und als sie nach oben schlich, knarrten die Stufen unter ihren Tritten. Vor der Tür meines Bruders lag die Puppe stocksteif auf dem Boden, und daneben entdeckte sie das gesuchte Fleischermesser. Mutter verstand die Welt nicht mehr. Sie sperrte die Puppe in den Abstellraum und legte das Messer zurück in die Schublade.«

»Und wo kamen die Geräusche her?«

»Mutter hatte am nächsten Tag keine Erklärung dafür, und wenn sie eine hatte, dann redete sie nicht darüber. Sie meinte lediglich: ›Die Puppe kommt heute aus dem Haus!‹ Sie sagte es in einem Tonfall, der keinen Widerspruch duldete, und als ich von der Schule heimkam, hatte sie die Puppe bereits in dem Trödelladen abgegeben.«

»Ich verstehe trotzdem nicht, wie das Fleischermesser so plötzlich auftauchen konnte«, sagte Melanie. »Das ergibt für mich keinen Sinn.«

»Ich begriff es auch nicht, und die Sache ließ mir keine Ruhe. Deswegen schaute ich mir die Zimmertür meines Bruders genauer an.«

»Und? Hast du was gefunden?«

Julia senkte den Kopf und suchte nach den richtigen Worten. »Ich habe Kratzspuren entdeckt. Jemand hatte probiert, die Tür mit dem Messer zu öffnen.«

Melanie starrte sie überrascht an, und beide Mädchen hatten denselben Gedanken. »Und du wolltest mich sprechen, weil du glaubtest, dass Henry …«

»Ich weiß nicht genau, was ich dachte, und ich bin auch jetzt noch nicht sicher. Ich hatte das Bedürfnis, mit dir darüber zu reden und das habe ich getan.«

Melanie sah Julia an. »Das ist doch nicht alles. Ich kenne dich erst seit einer halben Stunde, doch ich merke, dass du mir etwas verschweigst.«

Julia entgegnete nichts, und einen kurzen Moment lang befürchtete Melanie, sie würde sich umdrehen, ihr Fahrrad nehmen und davonradeln. Aber Julia gab sich einen Ruck, straffte ihren jugendlichen Körper und erwiderte Melanies Blick. »Als diese Puppe bei mir war, kamen die Visionen zurück.«

»Visionen?«

»Das sind so etwas wie Tagträume oder Fantasien, ganz wie du möchtest«, erklärte Julia. »Ich sehe Bilder vor mir, sie laufen ab wie ein Film, und ich erkenne Personen, die mir fremd sind und Orte, an denen ich nie zuvor gewesen bin. Manchmal sind es Ereignisse, die später tatsächlich passieren. Meine Mutter sagte einmal, im Mittelalter hätte man Menschen wie mich als Hexe verbrannt.«

»Wie machst du das?«

»Ich weiß es nicht. Es geschieht einfach so.«

»Was meinst du damit?«

»Manchmal konzentriere ich mich auf das, was ich wissen will.«

»Was hast du bei Henry gesehen?«

»Nichts.«

»Julia!« Melanie packte das Mädchen mit beiden Händen an den Schultern. »Das kann nicht sein. Warum wolltest du mich dann sprechen? Was hast du gesehen? Konzentriere dich!«

»Ich brauche mich nicht zu konzentrieren!«, schrie Julia, und Melanie ließ sie erschrocken los. »Ich sehe jedes Mal dasselbe, wenn ich die Puppe anschaue. Egal, ob ich die Augen schließe oder nicht. Du findest das toll, aber mich macht es verrückt. Ich hasse diese Visionen! Verstehst du das? Ich will ganz normal sein, so wie du und die anderen Mädchen.«

Melanie blickte sie betroffen an. »Ich dachte, es sei eine besondere Gabe, mehr zu wissen als die anderen Leute.«

»Ich sehe einen Bach, der durch eine grüne Wiesenlandschaft führt. Am Ufer stehen Weiden, etwas Schilf,

Abfall liegt an der Böschung, leere Flaschen, kaputte Eimer.«

»Und weiter?«, drängte Melanie.

Julia zögerte. »Plötzlich wird das Wasser klar und durchsichtig. Ich erkenne einige dunkle Steine auf dem Grund und dann … Jemand liegt an der sandigen Stelle. Die Gestalt ist klein. Ich erkenne die blonden Haare, die Arme, das Gesicht liegt auf dem Boden. Ich komme näher, greife nach dem Körper, um ihn herauszuheben, das Wasser beginnt zu blubbern, zu schäumen, und dann verschwindet das Bild.« Julia zuckte hilflos mit den Schultern. »Die Vision endet immer am selben Punkt. Ich könnte heulen, wenn diese Bilder auftauchen, weil ich weiß, dass ich nichts tun kann. Verstehst du, was ich meine? Ich will das nicht mehr sehen.«

Melanie schwieg und dachte nach. »Was ist das für eine Landschaft? Kennst du den Bach? Es muss einen Zusammenhang geben, da bin ich mir ganz sicher. Wenn du diese Dinge siehst, seit Henry bei euch war, müssen die Fäden bei ihm zusammenlaufen.«

»Es gibt einige Wiesen«, stieß Julia hervor. »Gleich hinter der Stadt, wo die Obstbäume wachsen.«

»Ich kenne die Stelle, und einen Bach gibt es dort auch. Ich bin neulich mit einer Freundin dagewesen, um Krebse zu suchen. Wir sollten es probieren, vielleicht liegt die Lösung näher, als wir denken.«

Die Mädchen nahmen ihre Fahrräder, radelten durch den Stadtpark und hielten an einer Weggabelung an.

»Wir ketten die Räder ans Geländer«, schlug Melanie vor. »Den Bachverlauf erkunden wir am besten zu Fuß.«

Julia nickte. Die Mädchen liefen über die Wiesen und bemühten sich, den Bach nicht aus den Augen zu verlieren. An manchen Stellen konnten sie bequem das Wasser erreichen, an anderen verhinderten dornige Büsche und dicht stehendes Schilf ein Näherkommen.

»Erkennst du irgendetwas wieder?«, fragte Melanie nach einer Weile.

»Nein«, antwortete Julia, »überhaupt nichts, und trotzdem habe ich ein gutes Gefühl. Lass uns weitersuchen!«

Sie kletterten über gefällte Bäume, sprangen über kleine Seitenbäche und suchten unverdrossen weiter, bis Julia stehenblieb.

»Da vorne«, rief sie. »Siehst du die Weiden?«

»Sicher, sie sehen aus, wie die anderen auch.«

Julia schüttelte den Kopf, schloss die Augen und presste ihre Hände gegen die Schläfen. »Die Weiden am Ufer, etwas Schilf daneben, Abfall. Wir sind da.« Sie rannte los, und Melanie hatte Mühe, ihr zu folgen. An der Uferböschung wartete Julia, bis ihre Freundin sie einholte. »Es ist merkwürdig«, sagte Julia, »zum ersten Mal bewege ich mich innerhalb meiner Vision. Ich bin tatsächlich hier, kann alles anfassen, und das Wasser schäumt nicht, wenn ich näher komme.« Plötzlich drehte sie sich um und packte Melanie am Arm. »Geh du voran!«, flüsterte sie. »Ich glaube, ich habe Angst. Ich will nicht sehen, was im Wasser liegt.«

Melanie erschrak, als sie daran dachte, was Julia über ihre Fantasien erzählt hatte. Aber dann wischte sie den Gedanken beiseite und lächelte. »Ich gehe zuerst. Du wirst sehen, dass alles ganz harmlos ist.« Sie kletterte die Uferböschung hinunter und schaute angestrengt ins Wasser.

»Ein Stück weiter«, rief Julia. »Du musst an dem blauen Eimer vorbei.«

Melanie gehorchte und beobachtete den Verlauf des Baches. Plötzlich wurde das Wasser klar und durchsichtig, so dass man jeden einzelnen der vielen Steine erkennen konnte.

Ihr Herz klopfte wild, als sie eine kleine Gestalt bemerkte, die bewegungslos auf einer sandigen Stelle am Grund des Baches lag. Wasserpflanzen umschlangen den Kopf, und die blonden Haare waren nur vereinzelt zu sehen. Melanie kniete sich hin.

»Nicht anfassen!«, flüsterte Julia mit tonloser Stimme.

»Merkwürdig sieht das aus«, murmelte Melanie. »Trotzdem ist es nicht das, was du befürchtest.« Sie griff ins kühle Nass und packte den nackten Arm.

»Nein!«, schrie Julia und sprang auf, als das Wasser in die Höhe spritzte.

»Was hast du denn?«, fragte Melanie und lachte. »Es ist bloß eine Puppe.« Sie streifte die Wasserpflanzen ab und hielt ihren Fund hoch. »Eine ganz normale Puppe mit blonden Haaren. Ein Weibchen würde ich sagen.«

Beide lachten, und Melanie glaubte, den Stein zu hören, der Julia vom Herzen fiel, als sie näher trat. »Das ist meine Puppe«, stellte sie plötzlich fest.

»Wie bitte?«, fragte Melanie.

»Nein, nein«, antwortete Julia. »Du hast mich missverstanden. Es ist die zweite Puppe, die bei mir im Schrank stand und auf rätselhafte Weise verschwand. Ich bin mir ganz sicher.«

»Du kannst sie gerne zu dir nehmen, wenn du möchtest.«

Julia schüttelte den Kopf. »Meine Mutter würde das nicht zulassen. Aber das macht nichts, denn ich glaube, die Puppe ist bei Henry besser aufgehoben.«

»Dann bringen wir die Puppe zu mir, lassen sie trocknen und stellen sie neben Henry in den Schrank. Wenn es Dalila ist, kann er mehr als zufrieden sein.«

»Dalila ist das Verbindungsstück zwischen Henry und meinen Visionen«, entgegnete Julia. »Ich bin mir ganz sicher, dass sie es ist.«

Als die beiden Mädchen nach Hause kamen und in Melanies Zimmer gingen, war Henry verschwunden.

»Was soll denn das? Bevor ich zum Spielplatz fuhr, stand er im Glasschrank genau an dieser Stelle.« Melanie deutete auf einen leeren Platz im Regal.

»Frag deine Mutter!«, schlug Julia vor. »Wenn in meinem Zimmer Dinge verschwinden, hat das meistens einen Grund.«

Melanie lief durch die Wohnung und fand ihre Mutter im Wohnzimmer beim Lesen der Zeitung.

»Mama, hast du Henry weggenommen?«

Die Mutter sah hoch und schüttelte den Kopf. »Das ist eine merkwürdige Geschichte mit deinem Henry«, sagte sie langsam. »Er lag auf dem Boden, als ich durch den Flur lief. Ich habe ihn hochgenommen, in den Karton gesperrt und da drüben hingestellt. Eine unheimliche Puppe ist das. Gib sie doch dem Trödler zurück, der sie uns verkauft hat. Meinetwegen soll er das Geld behalten, aber ich habe kein gutes Gefühl, wenn dieser Henry weiter in unserem Haus umhergeistert.«

Melanie zögerte. »Ich werde es mit Julia besprechen.« Sie nahm den Karton und trug ihn in ihr Zimmer.

»Schau nur, wie sie daliegen«, meinte Julia nach einer Weile. »Man könnte fast meinen, sie seien füreinander geschaffen. Wie in der Geschichte von den beiden Königskindern.«

Melanie blickte ihre Freundin überrascht an.

»Es waren zwei Königskinder, die hatten einander so lieb«, begann Julia zu singen, hörte jedoch schnell wieder auf, als sie sah, dass Melanie sich mühsam das Lachen verkniff. »Was ist daran so komisch? Mir gefällt das Lied.«

»Was du mit deinen Königskindern hast, verstehe ich nicht. Die Puppen sind beide gleich groß und wahrscheinlich vom selben Hersteller produziert. Mehr Übereinstimmung sehe ich nicht.«

»Was machen wir jetzt mit ihnen?«

»Ich habe eine Idee«, sagte Melanie. »Hilf mir! Wir packen sie beide in den Karton, und ich erkläre dir dabei, was ich vorhabe.«

Die Türglocke läutete, und zwei Mädchen betraten den Laden.

Der alte Mann stand auf, als die beiden auf ihn zukamen.

»Können Sie das Ding gebrauchen, oder sollen wir es in den Müll werfen?«

Die Mädchen legten einen Karton auf den Tisch, drehten sich um und verließen das Geschäft. Der alte Mann stand regungslos da und brauchte einen Moment, um sich zu fassen.

»Das war doch, das ist doch …«

Er betrachtete die Schachtel, in der zwei Puppen eng nebeneinander lagen.

»Nanu, ihr seid ja plötzlich zwei. Aber so geht das nicht.«

Er nahm ein Messer aus der Schublade und durchschnitt die Schnur, die das Paket zusammenhielt. Die Puppe mit den blonden Haaren fühlte sich kalt an, die Kleider waren zerrissen, und die Pupillen so merkwürdig verdreht, dass dem alten Mann bei dem Anblick ein Schauer über den Rücken lief.

»Dich kann ich nicht verkaufen«, sagte er, nachdem er sie gründlich betrachtet hatte. »Das geht beim besten Willen nicht.«

Er lief zum Mülleimer, blieb einen Moment unschlüssig stehen, bevor er den Deckel hob und die Puppe hineinwarf. Die brennende Lampe über seinem Schreibtisch erinnerte ihn daran, dass er weiter arbeiten musste. Er seufzte, setzte sich auf einen klapprigen Stuhl und schrieb lange Zahlenkolonnen in ein großes Buch. Eine unheimliche Stille breitete sich aus, die nur von dem Kratzen der Füllerfeder unterbrochen wurde. Plötzlich begannen Henrys Augen zu leuchten, und er drehte langsam den Kopf. Sein Blick blieb an dem Messer haften, das neben der zerschnittenen Schnur lag. Die scharfe Klinge funkelte im matten Licht der Deckenleuchte. Henry verzog den Mund zu einem hässlichen Grinsen und stieg lautlos aus dem Karton.

Sonja Schlegl

Überfall

»Ach, verdammt!«, explodierte ich. Und mit mir die Kaffeemaschine. Ich starrte das dumme Ding wütend an, blinzelte ein paar Kaffeebohnenreste aus meinem linken Auge und quetschte die Kaffeetasse in meiner Hand so sehr, dass sie fast zersprang.

Nachdem mein Wutanfall etwas abgeklungen war, löste ich meine Zähne mühsam voneinander und lockerte allmählich den Griff. Meine Hand schmerzte. Aber das war besser, als wenn mir die Tasse auch noch um die Ohren geflogen wäre.

Wieso das alles? Tja. Anscheinend hatte ich irgendwelche übernatürlichen Kräfte. Und zwar schon seit einer ganzen Weile. Ungefähr seit ich zehn Jahre alt war. Und immer, wenn ich seitdem von heftigen Emotionen heimgesucht wurde, passierte irgendetwas. Bei Wut kam es zum Beispiel öfter mal vor, dass irgendein Ding in meiner Umgebung – meistens das, womit meine Wut zu tun hatte – in die Luft ging. So wie heute eben die Kaffeemaschine. Die übrigens neu gewesen war. Da mir die andere nämlich auch vor einer Woche explodiert war.

Ich seufzte. Ich war wohl zu blöd zum Kaffeekochen. Vielleicht sollte ich doch bei dem Pulvermist bleiben …

Vor einer Woche nämlich war mir der Filter gerissen und der ganze Kaffeesatz in die Kanne gerieselt, was mich zu einem wütenden *Scheißteil!* veranlasst hatte. Woraufhin das *Scheißteil* eben explodiert war.

Und heute … tja, heute war mir die Kanne von der Anrichte gefallen, nachdem ich mir eine Tasse eingegossen hatte, und zerbrochen. Insofern war die Kaffeemaschine zumindest zum Teil ja schon vor meinem Ausbruch kaputt gewesen. Und auf mein *Ach, verdammt!* war dann der Rest eben auch noch flöten gegangen.

So viel zu meiner Einladung zum Kaffeetrinken heute

Nachmittag. Na super! Das war schon ewig geplant gewesen!

Und schon wieder regte ich mich auf. Ich war kurz davor, schon wieder einen Laut von mir zu geben, konnte mich aber gerade noch zurückhalten. Soviel hatte ich in zehn Jahren Übernatürlichkeit immerhin gelernt: Meine Kräfte entfalteten sich nur, wenn ich hörbare Laute von mir gab. Deshalb hätte ich vorhin auch lieber meine Lieblingstasse zerbrochen, als nochmals zu fluchen.

Ich atmete noch einmal tief durch, stellte meine Tasse ab – weit hinten auf die Anrichte – und wischte dann den Kaffeefleck auf dem Boden auf. Die Scherben der Kanne klaubte ich vorsichtig zusammen und verfrachtete sie ohne eine Regung in den Mülleimer.

Was für ein wunderbarer Start in den Tag! Und es war noch nicht einmal halb acht.

Erneut seufzte ich. Ich nahm meinen Kaffee wieder an mich, lehnte mich mit dem Rücken an die Anrichte und starrte dümmlich Löcher vor mir in die Luft, während ich nach und nach austrank. An solchen Tagen brauchte ich öfter mal eine Denkpause. Vor allem, wenn ich den ganzen Vormittag Vorlesungen in der Uni haben würde.

Nach zehn Minuten war ich dann fertig, zog mich unitauglich an und packte meine Sachen. Um kurz vor acht klingelte es an meiner Tür und Laura rief fröhlich von unten: »Guten Moooorgen!«

Ich lächelte kurz – sie schaffte es immer, mir wieder gute Laune zu machen – und eilte dann die Treppen hinunter.

»Morgen, Laura. Auf, auf, heute dürfen wir nicht schon wieder zu spät kommen, sonst bringt der Prof uns wirklich noch um!«, scheuchte ich sie weiter, als sie schon wieder dem Typen von nebenan hinterherstarrte.

Als wäre sie aus einem Traum erwacht, schüttelte sich meine Freundin und drehte sich weg. Ich grinste ungeniert.

»Tut mir leid!«, murmelte sie, aber ich wusste, dass sie

dabei von einem Ohr zum anderen glückselig lächelte und rot angelaufen war. Was sie nur an ihm fand? Na ja, gut, dass nicht jeder den gleichen Geschmack hatte.

»Fahren wir!«, meinte Laura dann auch gleich, und wir machten uns auf den kurzen Weg in die Uni.

»Und, hast du schon den Kuchen besorgt für heute Nachmittag?«, plauderte Laura sofort los, kaum dass der Motor gestartet war. »Hoffentlich keinen Schokokuchen!«, setzte sie lachend hinzu.

Kurz musste auch ich grinsen, dann dachte ich an die kaputte Kaffeemaschine und seufzte.

»Was ist denn? Stimmt etwas nicht?«, fragte meine Liebe, die meine Stimmungen immer sofort deuten konnte.

Ich lächelte sie dankbar an. »Ach, nichts Schlimmes. Meine Kaffeemaschine hat heute Morgen den Geist aufgegeben.« Besser gesagt hatte mein Geist ihren aufgeben lassen. »Und ich komme vor unserem Kaffeeklatsch nirgends mehr hin, wo ich eine neue besorgen könnte. Also wird es wohl keinen Kaffee geben«, meinte ich entschuldigend.

»Waaas? Kein Kaffee?? Franzi, du weißt doch, dass ich Kaffee liebe und ohne ihn nicht überleben kann!«, jammerte Laura sofort übertrieben los. »Ich werde steeerben!«, heulte sie, und ich lachte. »Ach, Franzi, mach dir deswegen keinen Kopf!«, erklärte sie dann wieder ernst. »Wir reißen dir deswegen doch nicht gleich den Kopf ab. Außerdem kann ich doch meine mitbringen, dann haben wir überhaupt kein Problem.«

»Danke, Lauralein, du bist die Beste!«, schmunzelte ich. »Das rettet unseren Tag. Und Kuchen habe ich natürlich. Und extra keinen Schokokuchen, dafür aber drei Stücke Kokos-Zitrone, extra von meiner Oma geordert«, versicherte ich ihr.

»Du bist ein Schatz«, jubilierte meine Freundin.

Ich lachte.

Dann war es eine Weile leise, denn Laura musste sich

auf den Verkehr konzentrieren, der so nah bei der Uni ziemlich dicht und unübersichtlich wurde, und ich hatte Zeit, meine Gedanken schweifen zu lassen.

Jaaa … meine mystischen, unerklärlichen Kräfte. Mittlerweile hatte ich mich damit abgefunden, aber nicht einmal meinen engsten und besten Freunden davon erzählt. Das traute ich mich einfach nicht. Was würden sie wohl denken, wenn sie erfuhren, dass ich mit einem Wort etwas explodieren oder zum Schweben bringen konnte? Egal wie tief die Freundschaft ginge – sie würden mich bestimmt in die Klapse stecken. Würde ich genau so machen. Und sie würden Angst vor mir bekommen, was für mich der wesentlich wichtigere Grund war, ihnen nichts zu erzählen.

Und sie hätten ja auch recht. Es war wirklich gefährlich. Wenn jemand dabei gewesen wäre, als die Kaffeemaschine explodiert war, hätte er leicht von Trümmern getroffen werden können. Oder wenn ich glücklich und in Hochstimmung war, und einer meiner Freunde das *abbekam* und zu schweben begann. Tja, herausgefunden, wie man die fliegenden Sachen sanft wieder absetzt, hatte ich noch nicht. Das konnte böse enden. Deshalb riss ich mich auch immer sehr zusammen, wenn ich mich mit Freunden traf, versuchte meine Emotionen nicht so stark werden zu lassen, dass die Gefahr bestand, meine Kräfte durch ein Wort freizusetzen. Und wenn es doch einmal so weit kam, presste ich meine Lippen zusammen und rannte eine Weile auf die Toilette, bis ich mich wieder einigermaßen im Griff hatte. Angenehm war das natürlich nicht gerade. Ich musste ständig auf der Hut sein, stand ständig unter Spannung, nur keinen Fehler zu machen.

Aber lieber das, als meine Freunde aufzugeben.

»Halloooohooo! Erde an Fraaanziii!«, flötete Laura neben mir, und ich tauchte aus meinen Gedanken wieder auf. »Wir sind da«, grinste meine Chauffeurin.

Ich lächelte unsicher zurück. »Ja, tut mir leid … war in Gedanken«, stotterte ich.

»Hab ich schon gemerkt«, lachte Laura. »Na komm jetzt, dann schaffen wir es vielleicht noch rechtzeitig!«

Wir stiegen schnell aus dem Auto aus und hasteten mit fliegenden Haaren in die Uni. Die Gänge waren schon relativ leer, nur noch vereinzelte Studenten lümmelten an Schränken herum oder eilten wie wir durch die Gegend, um noch rechtzeitig zu ihrem Kurs zu kommen.

Und irgendwie hatte ich das Gefühl, dass die Typen, die an den Schränken standen, mich alle ansahen. Unheimlich! Und dabei kannte ich die nicht einmal! Ich wollte Laura gerade darauf ansprechen, doch da merkte ich, dass meine mystischen Kräfte sich regten. Würde ich jetzt einen Laut von mir geben, würde wieder irgendetwas passieren. Und da ich gerade ein leichtes Angst- und Beklemmungsgefühl verspürte, würde es nichts Gutes sein. Also hielt ich lieber den Mund.

Stattdessen beobachtete ich jeden, der an seinem Spind herumwerkelte, während wir daran vorbeiliefen, aus den Augenwinkeln ganz genau. Und tatsächlich: Jedes Mal, wenn wir an einem von ihnen vorbei waren, drehten sie sich um und starrten uns nach. Und dieser Blick … Als würden sie irgendetwas über mich wissen, als würden sie etwas von mir wollen. Aber sie konnten doch unmöglich … Nein! Woher sollten sie von meinen Kräften wissen? Ich hatte keinen einzigen dieser Typen jemals gesehen, und auch so wusste keiner außer mir von ihnen.

Aber was sollte das dann? Ich hatte wirklich ein richtig mieses, mulmiges Gefühl. Gott sei Dank würde es nicht mehr lange dauern, bis wir am Hörsaal angelangt wären.

Im Laufen hatte ich gerade den Kopf etwas nach hinten gedreht, um zu testen, ob der Typ, an dem wir gerade vorbeigekommen waren, den Kopf abwenden würde, wenn ich zurückstarrte. Tat er aber nicht. Mir lief ein Schauer über den Rücken, und ich wandte den Blick wieder nach vorne – und blieb wie angewurzelt stehen. Vor mir stand schon wieder einer dieser gruseligen Typen mit dem unheimlichen Starren. Und er stand wirklich direkt vor mir. Ich konnte gerade noch bremsen, bevor ich in ihn hineinrannte.

Wir standen uns Auge in Auge gegenüber. Er war ein wenig größer als ich, doch ich schaffte es, ihn anzublicken, ohne zu ihm aufschauen zu müssen. Mühsam schluckte ich meine aufkeimende Panik hinunter. Wir standen schon so gut wie vor dem Hörsaal, und Laura war ja auch da, um mir zu helfen.

Ähm … Laura war da? Aus den Augenwinkeln konnte ich sie nicht erkennen. Gerade war sie doch noch direkt neben mir gewesen. Kurz flackerte heftige Angst in mir auf. Dann unterdrückte ich diese erneut wieder und ließ meine Augen ganz schnell nach rechts vorne zucken, wo ich meine Freundin vermutete. Doch da war niemand.

Jetzt konnte ich die Panik nicht mehr verdrängen. Wo war sie hin? So schnell konnte sie doch unmöglich in den Saal geschlüpft sein.

Ich wich einen Schritt zurück und nahm die Hände hoch, um mich vor dem Typen zu schützen. Wenn er mir etwas tun wollte, dann konnte er sich auf etwas gefasst machen. Ich hatte keine Skrupel zuzuschlagen.

Doch der Typ lächelte nur schmallippig. Dann öffnete er den Mund. »Franziska Maurer«, tönte er.

Und wie er es klingen ließ. Mir lief es kalt den Rücken hinunter, und ich begann zu zittern. Seine Stimme schien aus der tiefsten Gruft zu kommen, von überall und nirgends, sie war tonlos und so tief, wie kein Mensch sie haben konnte. Was war dieser Typ nur?

Ich wich noch zwei weitere Schritte zurück und versuchte, mich wieder in den Griff zu bekommen, aber vergeblich. Meine Hände zitterten, eben so wie meine Lippen. Mir brach der kalte Angstschweiß aus, und ich merkte, dass mir Tränen in die Augen stiegen.

Was sollte das alles? Ich war doch nicht in einem Horrorfilm. Doch ich konnte mich nicht davon überzeugen, die Panik blieb, eben so wie die verräterischen Anzeichen meines Körpers. Plötzlich spürte ich hinter mir eine Bewegung. Ich wirbelte herum und … sah noch einen dieser Typen. Prompt machte ich erneut einen Schritt nach hinten, sodass ich von beiden den größtmöglichen Abstand hatte. Doch jetzt wusste ich überhaupt nicht mehr, wo ich hinschauen sollte, und ein kleines Schluchzen entschlüpfte meinen Lippen.

Verdammt! Ich blinzelte mir Tränen aus den Augen.

»Was wollt ihr?«, keuchte ich mit quietschender Stimme. Und schon brannten in den Lampen über mir die Sicherungen durch, und ich stand im Dunkeln. Perfekt.

Ich drückte mich mit dem Rücken an die Wand, rutschte an ihr entlang nach unten und hielt mir die Hände vors Gesicht. Ich sah überhaupt nichts mehr, und da mein Atem vor lauter Angst so laut war, konnte ich auch nichts mehr hören. Ich machte mich so klein wie möglich, schloss die Augen und hoffte, dass unser Prof mit zornrotem Gesicht über mir stehen würde, wenn ich sie wieder öffnete, und mich vor dem ganzen Studiengang lächerlich machen würde, weil ich eingeschlafen war.

Schlotternd zählte ich im Kopf bis fünf. Dann machte ich die Augen auf und hob langsam den Kopf. Und starrte in zwei rotglühende Funken. Kreischend schoss ich in die Höhe, wandte mich nach links und rannte davon, während hinter mir ein Teil der Wand zusammenbrach. Doch ich kam nicht weit. Nach etwa sechs Schritten stieß ich so heftig gegen etwas Dünnes in Höhe meiner Brust, dass ich für einen Moment keine Luft mehr bekam und stehen bleiben musste. Ich krümmte mich zusammen und presste mir die Hand auf den Oberkörper, um endlich wieder atmen zu können.

Doch dazu ließen mir die Typen keine Zeit. Anscheinend hatte mich einer mit seinem Arm aufgehalten, der hart wie Stahl war. Ich spürte einen Schlag in die Kniekehlen und sackte auf den Boden, wo ich mich sofort wie ein Fötus zusammenkauerte und nun hemmungslos schluchzte. Wo war ich hier bitte hingeraten?

»Bitte, bitte, tun Sie mir nichts!«, flehte ich weinend. Ich hatte Todesangst. Und zwar wortwörtlich. Was wollten diese Typen nur von mir?

Innerlich hatte ich mich schon auf den letzten, vernichtenden Schlag eingestellt, doch dieser kam nicht – noch nicht. Stattdessen hörte ich wieder diese schreckliche Stimme: »Franziska Maurer, du besitzt Kräfte, die du nicht haben dürftest. Du hast dich gut bedeckt gehalten, wir haben lange gebraucht, um dich zu finden. Respekt. Doch ein Mensch wie du darf nicht sein. Zauberkräfte sind allein uns, der herrschenden Rasse, vorbehalten. Bei uns ist es Gesetz, dass jeder sein Urteil hören darf, bevor er vernichtet wird. Diesem Gesetz wurde hiermit Genüge getan.«

Ich hatte keine Zeit, etwas zu erwidern. Ich hatte nicht einmal Zeit, die Worte zu begreifen und darauf zu schließen, was mit mir geschehen würde. Das Letzte, was ich spürte, war ein kleiner, schmerzhafter Piks am Hals.

Juliana Fabula

Die Magie der Sterne

Abertausende, nein, Millionen gibt es von uns. Dort oben am Firmament. Ich bin ein Stern. Ein Stern, der auf die Erde gekommen ist, denn es ist etwas ganz Merkwürdiges, Fantastisches und Einzigartiges passiert.

Ich, ein Stern, habe mich verliebt.

Verliebt in ein irdisches Wesen. Ein Junge, der zu mir in den Himmel geschaut hat. Diese Augen voller Sehnsucht, diese hatte ich einfach nicht vergessen können. Deshalb bin ich mit meiner Sternenmagie zur Erde gekommen, um bei ihm zu sein. Doch diese Zauberkraft, die mich zu ihm brachte, ist nun mein Fluch, denn obwohl ich ihm nun so nahe bin, werde ich niemals mit ihm zusammen sein können. Denn für ihn bin ich unsichtbar, und er kann mich nicht sehen.

Ich bin ein Stern, der auf der Erde wandelt. Ein Stern, der liebt. Und obwohl er mich nicht sehen kann, ich nicht mit ihm zusammen sein kann, habe ich das Gefühl, das meine Entscheidung die Richtige gewesen war.

10 Jahre später

Ich fuhr mir durch die Haare und ließ meinen Kopf gegen das Lenkrad sinken. Wieso musste heute eine Baustelle auf dieser Straße sein? Ausgerechnet an dem Tag meiner Hochzeit. Erneut drückte ich auf die Hupe, auch wenn ich wusste, dass der Vordermann nicht besser dran war wie ich selbst. Doch in nicht einmal zehn Minuten musste ich vor dem Altar stehen. Natürlich hatte auch mein Handy sich verabschiedet, so dass ich nicht einmal anrufen konnte, um Bescheid zu sagen. Ich könnte ins Lenkrad beißen, dass ich nicht früher losgefahren war. Ich hatte mich darauf verlassen, dass der Tag heute wie jeder andere sein würde, doch dieser Tag war es ganz und gar nicht. Es sollte der bedeutendste von allen werden, und genau heute kam ich zu spät, zu meiner eigenen Hochzeit. Herzlichen Glückwunsch, Sascha, das kannst auch wirklich nur du!

Ich klebte meinem Vordermann regelrecht an der Stoßstange. Es war ziemlich heiß in meinem Auto, und der Anzug trug nicht geradezu dazu bei, dass es weniger warm war. Wie sollte ich es nur noch rechtzeitig schaffen? Nicht einmal ein Wunder konnte mir jetzt noch helfen.

Meinen Gedanken nachhängend achtete ich nicht darauf, dass ich nun mitten auf einer Kreuzung stand. Doch dann hörte ich lediglich eine Hupe, das Aufkreischen von durchgetretenen Bremsen, und dann war da nichts mehr.

Als ich meine Augen öffnete, war um mich herum alles weiß. Als säße ich in einer Wolke. Es fühlte sich schön an. Ich fühlte mich hier wohl und geborgen, doch wo war ich?

Der Nebel lichtete sich, und dann sah ich etwas, was mir das Blut in den Adern gefrieren ließ. Ich stand neben meinem reglosen Körper. Blut lief mir aus der Nase, dem Mund und einer Platzwunde an der Stirn. Um mich herum standen Leute. Alle gafften sie mich an, ungläubig beobachtete ich mich.

Ich war soeben gestorben. Ich sah den Lkw, der meinen Wagen erfasst hatte, der Fahrer sah verzweifelt aus. Wieso war ich auch nur so unachtsam gewesen? Heute war ich gestorben, an meinem Hochzeitstag. Ein stummer Schrei voller Schmerz und Verzweiflung entwich meiner Kehle. Kraftlos sackte ich zu Boden, neben meinen toten Körper. Es war so ruhig, und dennoch herrschte um mich herum reges Treiben.

Die Gaffer wurden beiseitegeschoben, und ein Rettungsteam bahnte sich den Weg zu mir. Ob sie mich noch retten konnten?

Plötzlich spürte ich ein warmes Gefühl auf meiner Schulter, erschrocken drehte ich mich um. Neben mir stand eine engelsgleiche Gestalt. Eine junge Frau in einem strahlend weißen Kleid, eine Haut so hell wie Elfenbein und Haare fast so hell wie Schnee.

»Bist du ein Engel? Bist du da, um mich zu holen?«, fragte ich entsetzt und zugleich fasziniert.

»Ich bin kein Engel und auch nicht hier, um dich zu holen«, antwortete das Wesen.

»Was bist du dann? Wer bist du?«, korrigierte ich mich.

»Mein Name ist Alya, und ich bin ein Stern. Dein Stern, um genau zu sein«, antwortete sie flüsternd.

Verblüfft sah ich sie an. Mein Stern? Was meinte sie damit?

»Ich bin wegen dir hier, denn du bist der, den ich erwählt habe«, sprach sie weiterhin in Rätseln.

»Das versteh ich nicht …«, mein Satz erstarb.

Sie legte mir ihre Hand auf die Wange, und eine Erinnerung erwachte aus der Tiefe meines Unterbewusstseins. Es war vor über zehn Jahren gewesen. Damals war ich noch ein Junge gewesen, der eine unglaubliche Sehnsucht zum weiten Universum hatte. Nichts sehnlicher hatte ich mir gewünscht, als bei den Sternen zu sein. Als er dies dachte, flog eine Sternschnuppe vorüber. Alya.

»Du bist ein Stern. Du bist die Sternschnuppe von damals«, fasste ich fasziniert zusammen.

Alya nickte und sprach leise: »Du hast mich verzaubert, du irdisches Wesen. Damals, aus einem Impuls heraus, verließ ich das Universum und kam zur Erde. Meine Magie brachte mich zu dir, doch zugleich war sie mein Fluch, denn auch wenn ich nun bei dir sein konnte, war ich es nicht.«

Ihre Stimme brach. Ich wartete, was sie noch zu sagen hatte, denn ihre Augen sprachen Bände. Ich sah so viel Trauer und Liebe in ihnen, dass es mir das Herz zerbrach.

»Auch wenn meine Magie es mir niemals ermöglicht hat und niemals ermöglichen wird, mit dir zusammen zu sein, möchte ich dennoch, dass du glücklich bist. Deswegen schenke ich dir mein ewiges Leben. Ich möchte, dass du lebst, dass du glücklich wirst und dass du liebst. Versprich mir das!«

Ich nickte benommen, denn noch immer verstand ich nicht wirklich, wie sie dachte, mich wieder zurück ins Leben zu bringen. Sie beugte sich vor und küsste mich. Ein unglaublich zarter und liebevoller Kuss.

Ein Energiestoß jagte durch meinen Körper. Sie ließ von meinen Lippen ab, und ich sah, dass sie immer durchscheinender wurde.

»Vergiss dein Versprechen nicht! Lebe!«, hörte ich ihre Stimme wie ein Flüstern im Wind.

Ein weiterer Energieschub durchfuhr meinen Körper. Sie verblasste.

Ich riss die Augen auf und nahm einen kräftigen Atemzug, so als hätte ich zu lange die Luft angehalten. Mein Kopf dröhnte, meine Knochen schmerzten, mein gesamter Körper brannte, als stünde er in Flammen. Ich war voller Energie.

Die Sanitäter ließen von mir ab, ich hörte aufgeregte Stimmen. Zwei Männer hoben mich auf eine Trage.

»Meine Hochzeit …«, begann ich, doch weiter kam ich nicht, denn um mich herum wurde es schwarz. Als ich erneut erwachte, war wieder alles weiß um mich herum. War ich nun doch gestorben?

Doch dann hörte ich die Stimme von Linda. Sie stand an meinem Bett und hatte Tränen in den Augen. Sie griff nach meiner Hand und drückte verzweifelt zu. Sie hatte entsetzliche Angst um mich gehabt, das spürte ich, und es tat mir unendlich leid.

»Sascha …«, schluchzte sie, und Tränen kullerten über ihre Wange.

»Sch, sch, alles ist gut. Ich lebe. Ich bin da«, krächzte ich geschwächt.

Sie nickte und wischte sich die Tränen mit der freien Hand weg.

Ja, ich lebe, und ich werde dieses Geschenk dankbar

annehmen und mein Versprechen halten. Denn am Ende war die Sternenmagie von Ayla ein Segen gewesen, denn nur dank ihr konnte ich weiter auf der Erde wandeln und ein Leben voller Höhen und Tiefen führen.

Ich lächelte und war glücklich, eine zweite Chance bekommen zu haben.

Susan Szabo

König des Currys

»Mittelalterlicher Markt?«

Silke redete auf mich ein. »Du, der ist wirklich toll. Komm doch mit!«

»Weiß nicht«, sagte ich und sah hinüber zu Mia, die es sich auf dem Büchergestell neben meinem PC-Tisch bequem machte, die weißen Pfoten übereinandergelegt, die Augen im weißen Gesichtchen geschlossen, der Rest ihres Körpers so schwarz wie der Deckel des alten Wörterbuchs neben ihr. »Ich schreibe gerade an meiner Kurzgeschichte. Dauernd ist etwas dazwischengekommen, jetzt hätte ich endlich Zeit.«

»Du brauchst eine kreative Pause, sonst drehst du noch durch. Das tut dir nicht gut, so viel allein zu sein.«

Vielleicht hatte Silke recht. Seit Frühlingsanfang stockte mein Schreibfluss. Mein Geist wollte weitermachen, doch mein Körper schwankte zwischen Mattigkeit und Ruhelosigkeit. Und heute konnte ich mich erst recht nicht konzentrieren, seitdem Marco angerufen hatte und ich immer wieder an ihn denken musste. Silke ließ nicht locker, und schließlich sagte ich zu.

Schon aus größerer Entfernung hörten wir den Lärm auf dem Platz vor der Burg. Stimmengewirr, wie erwartet, aber auch ulkige Musik.

Bald sahen wir die vielen Musikanten, die auf Trommeln schlugen, mit Schellen rüttelten, auf Flöten oder Dudelsackpfeifen bliesen, während sie über dem Markt liefen oder tänzelten.

Offenbar musizierte man viel im Mittelalter, jedenfalls nach Ansicht der Veranstalter. Aber auch an den Kostümen hatte man nicht gespart: Es gab in Lumpen gekleidete Bettler, Händler in langen Kutten, Handwerker in kurzen Tuniken und umherflanierende feine Leute in bunten, langen Seidengewändern. Alle gaben sich so große Mühe, mittelalterlich zu wirken, dass die meisten nicht einmal Uhren trugen.

Silke und ich schlenderten über dem Markt. Es gab Fressbuden, Schankzelte und Verkaufsstände mit Utensilien aus Holz oder aus Ton, Kerzen, Handgestricktes und manchen anderen Tand, der, wie beispielsweise die Räucherstäbchen, nicht unbedingt mittelalterlich wirkte. Bald stieg uns ein beißender Rauchgeruch in die Nase. Er kam von der Feuerstelle des Schmieds. Wir rümpften die Nasen und warfen ihm einen kurzen Blick zu, als er ein glühendes Stück Eisen auf seine Esse legte und zu bearbeiten begann. Länger weilten wir bei den Schafswolle verarbeitenden Spinnerinnen und dem Bäcker, der auf einer Holzschaufel Brotteig in einen Steinofen schob.

Allmählich überdeckte der Duft brutzelnder Würste den stinkenden Rauch des Schmieds.

»Gab es im Mittelalter schon Bratwurst?«, fragte ich keck den Wurstverkäufer, der unter seiner Tunika Jeans trug.

Der war nicht um eine Antwort verlegen. »Jawohl, verehrte Dame. Nicht schmälern wollt ich Euer Wissen, wohl aber es erweitern. Würste schätzten schon die Römer und Ägypter.«

Immer größere Menschenmengen schoben sich über den Platz. Silke und ich begaben uns zum Burghof, wo die sanfte Brise uns einen völlig anderen Geruch als den stinkenden Rauch des Schmieds zutrug, einen aromatischen und exotischen, wie aus einem orientalischen Basar. Bald entdeckten wir die Quelle des Wohlgeruchs, einen Stand, auf dem sich Gewürze reihten.

Ich blieb davor stehen, während Silke in dem Zelt einer Wahrsagerin verschwand. Es gab viele verschiedene Gewürze in den großen deckellosen Tongefäßen, blättrige, kugelige oder pulverige, in allen Farben von Schwarz bis Feuerrot. Hinter dem langen Tresen stand ein hagerer, alter Mann mit braunem Samtbarett.

Ich schrak auf, als er mir zurief: »Seyd gegrüßet! Ich

heiße Euch willkommen in meinem Laden der kostbarsten Gewürze. Was suchet die ehrenreiche Dame?«

»Ach, ich wollte nur schauen.«

»Ei, schauet! Etwas für den Geliebten? Oder vielleicht für den noch nicht Geliebten?« Der Alte lachte krächzend auf.

Ich antwortete auf die Unverschämtheit, indem ich betont sachlich blieb. «Ich könnte einen guten Curry gebrauchen.«

»Wie Ihr gewiss wisset, ist Curry ein besonderes Gewürz«, belehrte mich der Alte. »Ein Vielerlei aus kostbaren Zutaten. Seit über dreitausend Jahren kochet man damit!«

Ich schielte nach Silke. Das Zelt der Wahrsagerin war zugezogen.

»Was ist der Unterschied zwischen den beiden?«, fragte ich und deutete auf zwei Gefäße mit komischem, gelblichem Puder.

Die knochige Hand des Krämers griff unter die Theke. »Die da sind nichts für Adelsleut. Hier hab ich das Richtige für Ihre Küche: den König des Currys! Mit zehn Zutaten, neun davon gewöhnlich, also Gelbwurz, Kardamom, Koriander, Bockshornkleesaat, Ingwer, Kreuzkümmel, Zimt, Piment und Nelken, doch die zehnte ist eine Geheimzutat und besitzt magische Kraft.« Der Alte stieß einen Holzlöffel in das von ihm gepriesene goldbraune Pulver und hielt ein himmlisch duftendes Häuflein unter meine Nase. »Hier, riecht!«

Das war nicht der Duft eines normalen Currys. Es war ein Bukett aus noch nie Gerochenem. Süß, scharf, erdigwurzelig und fruchtig. »Mhhh«, entfuhr es mir.

»Der Curry schmecket nicht nur besonders, er habet auch eine außergewöhnliche Wirkung«, behauptete gerade der Krämer, als Silke endlich wiederkam und an meine Seite trat.

»Wie bitte?«, fragte ich und merkte, wie Silke die Ohren spitzte.

»Die zehnte Zutat ist ein Aphrodisiakum. Ihr als schöne Dame wisset doch, was das ist.«

»Sie braucht so was nicht«, unterbrach ihn Silke.

»Oh, das kann man aber immer gut gebrauchen. Wenn die Dame vielleicht einen neuen Edelmann kennen lernet und sich seine Zuneigung sichern möchte.«

Silke zog mich am Arm. »Komm, gehen wir!«

»Nein, warte!«, widersprach ich. Silke wusste nicht, dass ich neulich mit Marco zum ersten Mal ausgegangen war und mich total in ihn verknallt hatte.

»Eigentlich genüget ein Teelöffel«, erzählte der Krämer weiter, »aber mit einem Esslöffel ist das Ergebnis absolut sicher. Wer davon kostet, wird sich in die Erste verlieben, die er sieht!« Er zwinkerte mir zu. »Wie viel darfet es sein? Sechzehn Lot vielleicht?«

»Ja«, sagte ich und erwarb somit ein viertel Kilo von einem meinerseits selten verwendeten Gewürz. Der Alte füllte die Riesenmenge in einen Stoffbeutel, den er mit einer Schnur zuband.

»Achtzehn Taler«, sagte er und lächelte verschmitzt.

Meine Freundin sog laut Luft ein, während ich mit einem Zwanzig-Euro-Schein zahlte.

Am folgenden Samstag nahm Marco meine Einladung zum Abendessen an. Schon am frühen Nachmittag kochte ich den Hühnercurry nach einem Rezept meiner Mutter, tat aber nicht die vorgeschriebenen zwei, sondern vier Esslöffel des teuren Currys hinein. Wie flüssiges Gold sah das Gericht aus. Zusammen mit dem Basmati-Duftreis wäre ein Liebeselixier gar nicht mehr nötig gewesen. Nicht, dass ich an den vom Krämer erzählten Unsinn glaubte. Aber schaden konnte der Versuch nicht, in den Curry eine besondere Wirkung zu zaubern.

Marco, groß und schlank, mit lebhaften schwarzen Augen und Kinnbart, begrüßte mich mit einem Kuss und überreichte mir einen Strauß Rosen. Wir setzten uns aufs Sofa und tranken ein Glas Wein, während ich von dem mittelalterlichen Markt erzählte, die Geschichte mit dem Gewürzhändler aber natürlich aussparte. Für den Markt interessierte sich Marco sehr, denn er studierte Geschichte. Nürnberg sei eine der mächtigsten Städte des Heiligen Römischen Reiches im späten Mittelalter gewesen, belehrte er mich. Und es sei ein wichtiger Schauplatz des Schwertfechtens gewesen. Damals hätten die Kämpfer lange, zweihändig geführte Schwerter benutzt.

Donnerwetter! Was mein neuer Freund nicht alles über Geschichte wusste. Er sah nicht nur gut aus, sondern war auch klug und gebildet. Mehr denn je wollte ich mit ihm zusammen sein.

Bald war der Curry wieder heiß, und ich bat zu Tisch. Marco lobte das Gericht, noch bevor wir davon kosteten: »Ein wahnsinnsherrlicher Geruch!«

Lächelnd schöpfte ich Reis und reichlich Hühnercurry auf die Teller, wünschte einen guten Appetit und nahm meine Stäbchen zur Hand. Doch dann stellte ich fest, dass der Tee fehlte. Ich bat Marco, ohne mich anzufangen, und eilte in die Küche, wo ich, wie vorgeschrieben, etwa siebzig Grad heißes Wasser in die Kanne mit Sencha-Tee goss. Als ich zum Tisch zurückkehrte, saß meine Katze Mia auf Marcos Schoß. Ich schmunzelte kopfschüttelnd. »Ach was, es ist ein Gast hinzugekommen.«

»Ja, sie schlich irrsinnig elegant herein und kam auf mich zu.«

»Offensichtlich mag sie dich. Sie springt nicht jedem auf den Schoß.«

»Und ich mag sie auch. Es war Liebe auf den ersten Blick«, verkündete Marco, hob die Katze hoch, blickte ihr tief in die gelben Augen und küsste sie aufs Näschen. Mia miaute und zappelte. »Oh je«, sagte Marco. »Ich hätte mir den Mund abwischen sollen.« Und zu Mia: «Du magst keinen Curry, nicht wahr? Für süße Kätzchen ist er zu scharf. Nächstes Mal bringt dir dein lieber Marco ein leckeres Mäuschen mit.«

Mich überkam das Grauen. Ich liebte Mia, aber im

Augenblick hätte ich sie am liebsten umgebracht. Stattdessen schenkte ich sie Marco, den ich nie wieder sah, und schrieb diese Geschichte.

Lorenz-Peter Andresen

Der Zauber des Einhorns

Der junge Magier, dem seine Eltern den Namen Wiborg, der schützende Krieger, gegeben hatten, war noch keine vierzehn Jahre alt, und trotzdem hegte sein Vater die größten Bedenken, dass jemals ein echter Zauberer aus seinem einzigen Sohne werden würde.

Noch nie hatte es so etwas in seiner Familie gegeben, das der Sprössling keinerlei Fähigkeiten vererbt bekommen hatte, und doch schien es fast so, als ob Wiborg wohl dieser eine undankbare Fall war.

Mit seiner unverkennbar sonoren und nordischen Stimme versuchte es Vater Randolf, Wiborg nun wohl zum tausendsten Male mit dem Zauberstab seinem Sohn auch nur die einfachsten Zaubersprüche beizubringen. Aber außer einem Kribbeln in dessen Hand und einem leichten Funkeln an der Spitze des Stabes, passierte einfach nichts.

»Wiborg, du musst das Ziel anvisieren, bevor du den Zauberspruch aufsagst! Ansonsten triffst du noch sonst wen und verwandelst einen Hund in ein Huhn … oder Schlimmeres.« Randolf schüttelte enttäuscht seinen Kopf.

»Aber ich habe das Ziel anvisiert, Vater. Ganz bestimmt! Aber irgendetwas stimmt nicht zwischen mir und deinem Zauberstab. Er macht überhaupt nicht, was ich will, und es kribbelt immer nur in meiner Hand. Das macht mich vollkommen nervös. Ich kann alle Zaubersprüche auswendig, die du mir in den letzten Jahren beigebracht hast, aber nicht einer davon funktioniert bei mir. Vielleicht bin ich einfach kein Zauberer wie du, Vater, sondern nur ein ganz gewöhnlicher Junge. Das ist doch ganz bestimmt schon einmal vorgekommen, oder?«

In Wiborg keimte so etwas wie Hoffnung auf, dass sein Versagen auf diesem Geheimnis beruhte, aber Randalf war davon nur wenig angetan, denn er schüttelte nur leicht den Kopf. »Du strengst dich einfach nicht genügend an, Wiborg! In wenigen Tagen wirst du in den Wald gehen, um deinen eigenen Zauberstab zu finden. Wie soll das gehen, wenn du nicht einmal meinen spüren kannst … außer vielleicht diesem Kribbeln. Du wirst so nur durch den Wald irren und schließlich unverrichteter Dinge wieder zurückkehren.« Erneut schüttelte Randalf seinen Kopf, nahm Wiborg den Zauberstab ab und verschwand verärgert in der Hütte, die auf einer großen, hellen Lichtung stand. Aus einem der kleinen Fenster schaute Wiborgs Mutter Almut, die Edelmütige, traurig heraus. Doch sie bedauerte nur ihren Sohn um dessen Unfähigkeit, für die er sicherlich nichts konnte. Geradezu ein Albtraum für ihn und seinen Vater.

Doch es half alles nichts, denn nur drei Tage später machte sich Wiborg voller Angst vor dem angekündigten Versagen auf den Weg in den Wald, um dort seinen Zauberstab zu finden, der jedem jungen Zauberer ab seinem vierzehnten Jahr zustand. Aber wie sollte er den ohne eigene Zauberkräfte nur jemals finden?

Das alte Reheinhorn, das von seinesgleichen mit Frowin, der kluge Freund, gerufen wurde, war äußerst wachsam. Es wäre nicht so alt geworden, wenn sich nicht stets alle Sinne auf seine Umgebung konzentriert, ihm sein langes, dünnes und unregelmäßig gewundenes Horn nicht immer die kleinste Gefahr gemeldet hätte. Es spürte geradezu die Anwesenheit des schwarzen Zauberers Swidger, dem Magier mit dem schnellen Zauberstab, der schon seit vielen Jahren mit aller Macht versuchte, seiner habhaft zu werden. Dessen Blut, das unsterblich machte, dessen Tränen, die Tote zum Leben erwecken konnten, und vor allem dessen Horn mit den unermesslichen Zauberkräften, waren in den Augen Swidgers ein unermesslicher Schatz.

Noch war der Magier recht weit entfernt, und so machte sich Frowin, das Einhorn in der äußerst seltenen

Farbe und Größe eines Rehs, noch keine allzu großen Sorgen. Doch es spürte auch noch die Anwesenheit eines anderen, viel jüngeren Zauberers. Doch der war noch ohne Macht und Kraft eines alten Magiers, die ein Einhorn so fürchten musste. Frowin spürte die Angst, die dieses junge Wesen, diesen jungen Magier, umgab. Doch es ging keinerlei Gefahr von ihm aus, und so graste Frowin in Ruhe weiter. Fürs erste brauchte es sich zumindest keine allzu großen Sorgen zu machen.

Swidger, dem schwarzen Magier, lief allmählich die Zeit davon. Ihm blieben nicht so viele Lebensjahre wie seinem begehrten Opfer, und dementsprechend musste er nun unbedingt handeln.

Wie viele Jahre hatte er nun schon vergeblich Jagd auf dieses scheinbar von Glück beseelte Wesen gemacht und es nie erwischt. Die alte Methode, dem ruhenden Zauberhornträger einen Schlafzauber zu verpassen, scheiterte seit Jahren daran, so dass dem Tier immer im letzten Moment die Flucht gelang, weil es ihn gespürt hatte, des Magiers gewahr wurde. Es war seitdem nur noch mehr auf der Hut.

Swidger blieb nur eine einzige Möglichkeit. Er musste das Einhorn mit der Hilfe einer Jungfrau mit reinem Herzen gefangen nehmen und dann erlegen, denn eine solche Jungfrau übte auf Einhörner eine schier unglaubliche Anziehungskraft aus, dem sich das Tier kaum erwehren konnte. Der Magier würde anschließend das Blut seines Opfers trinken und so schließlich die Unsterblichkeit erlangen, nachdem es ihm so sehr dürstete.

Bislang waren ihm zwar jede Menge an Jungfrauen untergekommen, aber keine war reinen Herzens gewesen. Denn Eitelkeit und Hochmut waren nur zwei der vielen Tugenden, die das Herz einer solchen verunreinigen und unbrauchbar machen konnten.

Doch seit Kurzem lebte ein Köhler mit seiner Familie hier im Wald, dessen Tochter Gwineth die pure Reinheit zu verkörpern schien. Nicht ein unreiner Gedanke vernebelte ihr Hirn und machte sie so für den Zauberer zur sicheren Wahl. Swidger musste ihrer unbedingt und auch um jeden Preis habhaft werden, damit er diesem verfluchten Einhorn endlich eine Falle stellen konnte, aus der es nicht mehr herauskommen würde.

Als er eines morgens und in voller Absicht auf den Köhler traf, sprach er ihn nun unverhohlen an. In seiner dunklen Kleidung und mit seiner wuchtigen Gestalt sorgte der Zauberer im Allgemeinen für Verängstigung, doch der Köhler war ebenfalls groß und kräftig, und keinerlei Furcht machte sich in ihm vor diesem Zauberer breit. Aber er war auf der Hut.

»Köhler«, sprach Swidger mit wispernder Stimme, »was willst du für deine Tochter haben? Gib sie mir, und es soll dein Schaden nicht sein! Bedenke auch bevor du sprichst, ich werde sie mir nehmen, ob du nun willst oder nicht. Also sei schlau und gib sie mir lieber gleich aus freien Stücken!«

Der Köhler nahm aber stattdessen einen großen Holzscheit und griff wutentbrannt den Zauberer an. Ein schwerer Fehler von ihm, denn Swidger hatte mit solch unvernünftigem Verhalten bereits gerechtet.

Er zückte nun mit geradezu atemberaubender Geschwindigkeit seinen Zauberstab und sprach leise unbekannte Worte. Der Stab in seiner Hand explodierte fast und schickte einen sengenden und todbringenden Strahl auf den Köhler zu. Ein faustgroßes Loch fraß sich durch dessen Brust und tötete ihn auf der Stelle.

Ungerührt seines feigen Mordes machte sich der Magier auf, nun auch der Mutter des jungen Mädchens auf den Leib zu rücken.

Unsicher bewegte sich Wiborg durch den Wald, von dem er wusste, dass hier allerhand Feenzeug, Kobolde und sonstige magische Wesen ihr Unwesen trieben.

Wie um alles in der Welt sollte er hier jemals den Stab

finden, der sein Leben wieder in die für ihn vorbestimmte Bahn rückte? Nichts regte sich in seinem Inneren, nichts deutete auf einen Ast oder Stock hin, der auf ihn wartete, ihn endlich zum Zauberer machte. Zu dem Zauberer machte, den sich sein Vater so sehr herbeisehnte.

Seit fast zwei Wochen irrte er nun schon zwischen den großen Stämmen der Eichen, Buchen, Kiefern und Lerchen umher, doch keiner dieser alten Riesen schien das zu beherbergen, was er so verbissen suchte. Wiborg verzweifelte fast daran.

Am Abend dieses Tages legte er sich wieder einmal ängstlich und traurig zugleich dicht an das Ufer eines kleinen Weihers, der den Tieren des Waldes frisches Trinkwasser spendete. Wiborg sah nicht die eisblauen Augen, die ihn von der anderen Uferseite her beobachteten. Er sah auch nicht, wie das Reheinhorn Frowin den Kopf schief legte, als es die Traurigkeit vernahm, die diesen Jungen ergriffen hatte. Das Knistern, das nun plötzlich von seinem Horn ausging, war Frowin unbekannt, aber es schien eindeutig etwas mit diesem Jungen zu tun zu haben. Das kleine Einhorn machte sich auf den Weg, denn es gehörte zu den Aufgaben eines jeden dieser Fabeltiere, verängstigte Wesen vor dem Bösen der Nacht zu beschützen. Warum also nicht auch diesem verängstigten, jungen Zauberer, von dem keinerlei Gefahr auszugehen schien.

Als Wiborg tief und fest eingeschlafen war, legte sich Frowin völlig unbemerkt neben ihn. Mit der Aura, die ihm umgab, legte er einen unsichtbaren Schleier um den Schlafenden, dessen Gesichtszüge seit Tagen das erste Mal einen entspannten Zug annahmen. Das kleine Einhorn wurde für diese eine Nacht nur ein klein wenig unaufmerksam. Ein Fehler, der für einen der beiden in einer Tragödie enden würde.

Als Swidger zur Hütte des Köhlers kam, erwartete ihn nur wenig Gegenwehr von der Mutter der Jungfrau

Gwynith. Auch sie wurde ohne Zögern mit einem alles versengendem Strahl und einem kurz zuvor erfolgten Zauberspruch von dieser Welt in die der Toten befördert. Ihre stumpfen Augen blickten schreckensweit geöffnet in den Himmel, doch die Schreie ihrer verzweifelten Tochter nahm sie schon längst nicht mehr wahr.

»Keine Angst, Jungfer!«, wisperte Swidger mit magischer Stimme. »Ich bin nicht gekommen, um dich zu töten, sondern du musst etwas für mich tun, damit es nicht noch mehr Unheil in diesem Wald gibt. Ein furchtbares Wesen treibt hier sein Unwesen, und nur du in deiner unerschöpflichen Reinheit bist in der Lage dazu, sein Treiben aufzuhalten. Deine Eltern haben das nicht verstanden und haben dich deshalb verlassen. Doch sie erwarten dich bereits in der nächsten Welt, Jungfer Gwynith!«

Fast hätte das verängstigte Mädchen dem Zauberer seine verhexten Worte abgenommen, aber der neuerliche Anblick ihrer toten Mutter brachte sie mit Wucht wieder in die Wirklichkeit zurück. Sie schrie wie am Spieß, und Swidger blieb nichts weiter übrig, als sie mit einem kräftigen Schlafzauber zu belegen. Es ärgerte den alten Zauberer, da das Mädchen nun nicht mehr laufen konnte und er es stattdessen tragen musste. Zwar war Gwynith schmächtig, aber der Weg auch lang. Ein Umstand, den er auch mit der größten Zauberei nicht hätte ändern können.

Die Tiere der Finsternis, Flughunde und Fledermäuse, nahmen nun für ihn die Witterung nach dem Einhorn auf, dessen er sich noch in dieser Nacht bemächtigen wollte. Die Jungfrau Gwynith nun zu tragen forderte nochmals große Energiereserven, von denen Swidger sowieso kaum noch welche besaß.

Dann kam von einem der großen Flughunde eine Nachricht, die nicht hätte besser sein können. Das Einhorn schlief bei einem jungen Fremdling, beschützte ihn, und war somit besonders verwundbar und leicht zu überwältigen. Swidger beeilte sich nun, und seine Schritte wurden immer länger. Er musste unbedingt vor dem Morgengrauen am Weiher sein, dort, wo man das Fabelwesen entdeckt hatte, die Jungfrau Gwynith dann dort ablegen und auf den natürlichen Instinkt des Einhorns warten.

Jungfrauen zogen diese scheuen Wesen magisch an, verführten sie mit ihrem Duft nach Reinheit und Unschuldigkeit. Einhörner schliefen dann mit ihrem Kopf in deren Schoß ein und waren so für einen Jäger eine nur allzu leichte Beute.

Doch Swidger hatte die Rechnung ohne den jungen Fremden gemacht, für dessen Schutz Frowin derzeit seinen eigenen aufgeben hatte.

Wiborg erwachte bereits lange vor dem Morgengrauen und erblickte voller Staunen das kleine Einhorn vor seinen Augen. Oft davon gehört, galt es selbst in Zaubererkreisen immer noch als Mythos, das scheinbar kaum jemand je zu Gesicht bekommen hatte. Und nun lag eines dieser seltenen Tiere direkt neben ihm und schlief tief und fest.

Der junge Zauberer wagte kaum, sich zu bewegen, denn er hatte Angst, das Einhorn zu wecken. Aber auch die Furcht vor dem, was dieses Wesen so alles mit ihm machen konnte, ließ ihn in völliger Regungslosigkeit verharren.

Am anderen Ufer des Weihers nahm Wiborg plötzlich eine kleine Bewegung war. Ein Mensch mit wallendem Umhang, grauen Haaren und einer Last auf den Schultern legte diese gerade auf den Uferboden ab. Wiborg konnte erkennen, wie der Mann am anderen Ufer einen Zauberstab aus seiner Kleidung holte und diesen nun auf den Boden richtete. Das Etwas am Boden wand sich daraufhin wie unter Qualen und blieb schließlich bewegungslos liegen. Der Zauberer lehnte es an einen Baum, und Wiborg konnte jetzt deutlich die Konturen eines jungen Menschen erkennen. Den langen Haaren und dem

Gewand nach, handelte es sich hierbei wohl um ein junges Mädchen und es schien Wiborg so, als hielte ein Zauber sie gefangen. Der Magier an ihrer Seite verschwand kurze Zeit später lautlos im Wald.

Neben ihm regte sich mittlerweile das Einhorn, witterte noch mit geschlossenen Augen und erhob sich langsam. Ohne auch nur im Geringsten auf Wiborg zu achten, machte es sich nun auf den Weg um den Weiher herum und somit geradewegs in die Fänge des Zauberers.

Währenddessen erinnerte sich Wiborg an die zahllosen Lehrstunden mit seinem Vater, der ihm auch vieles über die Fabelwesen der heimischen Wälder beigebracht hatte. Auch über Einhörner, die nie jemand zu Gesicht bekam, die schnell und stark waren und nahezu unsterblich zu sein schienen. Aber erst das Horn brachte die unermessliche Kraft, nach dem so viele schwarze Magier trachteten, denn für einen einfachen Zauberer war es viel zu mächtig.

Wiborg ahnte nicht nur, was sein Gegenüber bezweckte, sondern er wusste es in diesem Augenblick mit größter Sicherheit. So schnell ihn seine Beine trugen, rannte er dem schlafwandelnden Einhorn hinterher und erreichte es noch kurz, bevor es das schlafende Mädchen und die damit verbundene tödliche Falle erreichte.

Mit voller Wucht stieß er gegen das seltene Tier, das daraufhin aus seiner Lethargie erwachte und die drohende Gefahr witterte. Frowin, das Einhorn, ergriff panikartig die Flucht und rettete sich in den nahen Wald, von wo aus es jetzt die nächsten tragischen Minuten aus sicherer Entfernung miterleben konnte.

Der schwarze Magier, der schon so lange nach Frowins Leben trachtete, war furchtbar wütend und sprang nun unbeherrscht aus dem Wald heraus. Der Junge, dem das Einhorn ohne Zweifel sein Leben zu verdanken hatte, hob noch abwährend die Hände, doch der Strahl, der ihn nun aus dem Zauberstab des Magiers traf, raubte ihm sofort den Atem. Nur Augenblicke später lag er still und bewegungslos zu Füßen seines Mörders. Tiefe Trauer erfasste jetzt Frowin, und er verschwand tief in den Wald hinein.

Swidger musste sich erneut geschlagen geben, doch noch verlor er nicht die Hoffnung. Das Mädchen, die Jungfer Gwynith, war immer noch sein größter Trumpf, und zumindest würde er diesen heute nicht verlieren. Wieder schulterte er sie unter Stöhnen und verschwand mit ihr, wie er gekommen war.

Nur Wiborg lag leblos am Ort des Geschehens und hatte seinen Wagemut mit dem Leben bezahlt. Zumindest diese Tat hätte seinen Vater wohl mit großem Stolz erfüllt.

Tief in der Nacht traute sich Frowin wieder an den See heran, denn nichts deutete noch auf die Anwesenheit seines größten Feindes hin.

Immer noch lag der Leichnam des Jungen unberührt an dem Platz, wo er tödlich getroffen worden war. Ihn umgab noch ein Hauch der Aura des Einhorns und hatte seinen Körper zumindest bis jetzt noch vor gefräßigen Tieren beschützt.

Frowin beugte sich gramerfüllt über den Jungen. Noch nie war wegen ihm ein anders Wesen getötet worden, hatte sein Leben für das seine geopfert, und noch nie hatte eine solche Schuld auf ihm gelastet. Es war das erste Mal im Leben des Fabelwesens, dass es anfing zu weinen. Eine einsame Träne entrann seinem Auge und fiel auf den toten Wiborg herunter.

Sekundenbruchteile später schienen gewaltige Kräfte durch dessen geschändeten Körper zu fahren, denn wie von Krämpfen geschüttelt und durchgewalkt kam nun wieder Leben in diesen. Wenige Augenblicke später bereits holte Wiborg mit weit aufgerissenen Augen tief Luft und suchte entsetzt die Umgebung nach dem schwarzen Zauberer ab.

Frowin scharrte ein wenig mit den Hufen, und der junge Magier nahm ihn endlich wahr.

»Hast du mich ins Leben zurückgeholt, Einhorn? Danke, danke dafür. Aber wo ist der Zauberer?«

Die Stimme in seinem Kopf, die weich wie Daunen durch sein Gehirn zu fließen schien, war nicht menschlich und trotzdem so klar wie die süße Stimme eines jungen Mädchens.

»Man nennt mich Frowin, aber ich bin es, der dir zu Dank verpflichtet sein muss. Ohne dich wäre ich dem Magier Swidger sicherlich in die Hände gefallen, und mein letztes Stündchen hätte längst geschlagen. Wie kann ich dir nur dafür danken?«

»Du musst mir nicht danken, kleines Einhorn! Das war doch selbstverständlich! Jeder in meiner Familie hätte so gehandelt.«

Frowin war deutlich anzusehen, dass er hierbei ganz anderer Ansicht war. Doch er schwieg fürs Erste.

Wiborg machte eine kurze Pause.

»War es dieser Swid… dieser Swidger, der mich niedergestreckt hat? Und wo ist das junge Mädchen, das er gefangen hielt? Wir müssen ihr helfen, bevor er sie auch noch tötet!«

»Nun, es stimmt, es war der schwarze Magier Swidger, der dich getötet hat, und die Jungfrau, die mich in ihren Bann zog, ist auch noch bei ihm. Aber ich kann dir nicht helfen, sie zu retten, ohne selber dabei in größte Gefahr zu geraten. Es tut mir leid!«

»Wenn du mir nur den Weg zeigst, wo ich sie finde, dann will ich es auch alleine versuchen. Auch ohne Zauberstab muss es mir irgendwie gelingen, sie zu retten. Ansonsten ist ihr Leben wohl keinen Waldpilz mehr Wert.«

Frowin war äußerst erstaunt über diesen jungen Zauberer, der selbst ohne Waffe einem so gefährlichen Gegner wie Swidger gegenübertreten wollte. Einem Gegner, der ihn sogar schon einmal getötet hatte.

»Warum besitzt du keinen Zauberstab, junger Magier? Mir scheint, du bist längst alt genug dafür.«

»Ich finde ihn einfach nicht, habe nie etwas von seiner Anwesenheit gespürt. Es ist, als ob ich keinerlei Zauberkraft besitze, und er mir deshalb verborgen bleibt. Aber wenn ich nun das Mädchen aus den Klauen dieses Unholds rette, ist mein Vater vielleicht auch so ein wenig stolz auf mich … auch ohne eigenen Zauberstab.«

Der alte Frowin glaubte, in seinen Erinnerungen die richtige Antwort gefunden zu haben und fasste daraufhin einen Entschluss, der wohl einmalig in der langen Geschichte der Einhörner war.

»Es gibt Zauberer, die so mächtig sind, dass sie niemals ihren Zauberstab finden,« sagte er, »denn keiner der Stäbe ist mächtig genug für sie. Sie würden in ihren Händen schon beim kleinsten Zauber zerplatzen oder nur ein kleines Glimmen verursachen. Für diese Zauberer gibt es nur einen einzigen Gegenstand, der ihren Zauberkräften gewachsen wäre.«

»Was könnte das sein?«, fragte Wiborg verdrossen. »Ich habe den gesamten Wald durchkämmt und nicht den kleinsten Hinweis darauf gefunden. Das kann doch nur bedeuten, dass ich keine Magie in mir trage. Ich bin eben kein Zauberer wie mein Vater und werde auch niemals einer sein.«

»Wiborg, ich kann die Macht deiner gewaltigen Zauberkraft in jeder Faser deines Körpers spüren. Aber niemals wirst du einen Zauberstab in Händen halten, wenn nicht einer wie ich ihn dir schenkte, weil du sonst zu mächtig sein würdest. Doch du, Wiborg, du bist anders! Dein Name sagt schon viel darüber aus und wurde von deinen Eltern gut gewählt. Wiborg, der schützende Krieger! Ich tue nun, was ich tun muss, junger Magier, und ich tue es nur für dich. Denn du bist so rein, wie die Jungfrau Gwynith in den Fängen des Swidger.«

Frowin machte plötzlich einen gewaltigen Satz durch die Luft und stieß sein Horn in eine der nahestehenden jungen Weiden. Mit einer heftigen Bewegung seines Kopfes brach es sein magisches Horn ab und unterschied sich nur wenige Sekunden später kaum noch von einem Reh, denn die frische Wunde war sofort wieder verheilt. Eine letzte magische Tat, zu der Frowin noch in der Lage war.

»Nimm mein Horn als Zauberstab, denn nur er ist mächtig genug für dich. Verliere ihn niemals, denn es würde nur den Tod für andere bedeuten! Geh und besiege diesen Zauberer für mich, denn ich bin ihm jetzt schutzlos ausgeliefert! Befreie das Mädchen aus den Händen des schwarzen Magiers und mache damit deinen Vater stolz, denn er hat einen großartigen Sohn, der nun mächtiger ist, als alle anderen Zauberer in diesem Land!«

Ehe sich Wiborg noch dazu äußern konnte, war das kleine braune Wesen im Wald verschwunden, und nur das Horn in der jungen Weide erinnerte noch an dessen kurzen Aufenthalt.

Nur sehr zögernd bewegte sich Wiborg darauf zu, griff vorsichtig danach, und wie von alleine glitt das Horn ohne Anstrengung in seine Hände. Funken sprühten heftig umher, und die Kräfte zwischen den beiden züngelten sich durch seine Finger bis tief in seinen Arm hinein. Aber nicht das leiseste Kribbeln war dabei zu verspüren, und Wiborg erschien es fast so, als wäre er eins mit sich und seinem Zauberstab.

Er dachte nur an einen leichten Heilzauber, aber es reichte schon bei Weitem aus, um die Wunde in der jungen Weide wieder zu verschließen. Wiborg ahnte jetzt, welche unglaublichen Kräfte in diesem Horn, in seinem Zauberstab, zu stecken schienen.

Mit Mut und Zuversicht machte sich der junge Zauberer nun auf den Weg, das junge Mädchen aus den Klauen des Magiers zu befreien.

Swidger war außer sich vor Zorn, als er von seinen beflügelten Spitzeln erfahren musste, dass das Horn nun einem anderen gehörte. Doch er konnte kaum Glauben, wer jetzt der neue Besitzer des magischen Gegenstandes war.

Aber zumindest war das Tier jetzt eine leichte Beute

für ihn, und dazu brauchte er auch nicht mehr das junge Mädchen, das immer noch wie trunken in seiner Hütte lag. Um das magische Horn konnte er sich auch noch später kümmern.

»Kehr zurück zu deinen Ahnen, Jungfrau, denn du bist mir nun zu nichts mehr nütze!«

Der schwarze Magier richtete langsam seinen Zauberstab auf die Bewusstlose und sprach bedächtig eine Formel. Doch bevor diese ihre Wirkung entfalten konnte, wurde wie von Geisterhand die Tür seiner Behausung fortgerissen, und irritiert davon, spaltete der Lichtstrahl aus dem Zauberstab nun seinen Tisch und nicht das junge Mädchen.

»Was zum …«

Ihm blieb keine Zeit mehr zum Überlegen, denn sofort entbrannte ein gnadenloser Kampf zwischen dem erfahrenen Zauberermeister und dem jungen Schüler, der Wiborg eigentlich noch war.

Doch dessen Vater hatte bereits ganze Arbeit geleistet. Kein Zauberspruch von seinem Gegner, den er nicht sofort mit einem anderen unwirksam hatte machen können. Keiner, den er nicht mit gleicher Münze und unbändiger Gewalt erwiderte und seinen Gegner immer tiefer in die Ecke drängte.

Swidger wusste schließlich, dass seine letzte Stunde geschlagen hatte. Zumindest die Jungfrau wollte er noch mit ins Grab nehmen. Doch Wiborg erkannte seine letzte Absicht rechtzeitig und schickte mit aller zur Verfügung stehenden Macht einen letzten todbringenden Strahl in die Hütte des Zauberers. Der schwarze Magier verdampfte mit einem letzten Schrei und entwich endgültig als grauer Nebel dieser Welt.

Wiborg ergriff müde das noch immer schlafende Mädchen und verließ den Ort des Grauens, denn der Gestank nach verbranntem Fleisch würde auch noch Stunden später deutlich zu vernehmen sein.

Erst am Weiher, wo alles begonnen hatte, legte er die

schlafende Gwynith vorsichtig ab und wusch sich sichtlich ermattet das Gesicht und die Hände in dem klaren Wasser.

»Du hast es geschafft, Wiborg, Sohn des Randolf, Sohn der Almut. Du hast mich und die Jungfrau vor dem sicheren Ende bewahrt.«

Erschrocken drehte sich der junge Zauberer um und sah Frowin am Rande des Weihers stehen.

»Jetzt kann ich endlich in Ruhe altern und auch sterben. Aber ich weiß, dass mein Horn bei dir in guten Händen ist. Lebe wohl, Wiborg, du beschützender Krieger! Sei gut zu Gwynith!«

Wieder war Frowin verschwunden, bevor Wiborg überhaupt in der Lage gewesen war, irgendetwas zu erwidern.

Nur mit den Gedanken alleine vermochte er nun Gwynith wieder aus dem Schlaf zu erwecken, doch er brauchte lange, um das weinende Mädchen endlich zu beruhigen.

Erst zwei Tage später erreichten die beiden erschöpft die Hütte seiner Eltern und wurden überschwänglich von den beiden empfangen, denn sie hatten schon Böses befürchtet.

Einen ganzen Tag lang blieb nun jede Arbeit liegen, denn Wiborg hatte viel zu erzählen, wie auch seine Mutter Almut alle Hände voll zu tun hatte, die arme Gwynith zu beruhigen.

Wiborgs Vater Randalf war mehr als beeindruckt und wurde nur wenige Tage später bei einem Scheinduell der beiden geradezu vernichtend von seinem Sohn geschlagen. Randalf machte eine deutlich sichtbar gekünstelte und enttäuschte Grimasse.

»Jetzt brauche ich mir jedenfalls um dich keine Sorgen mehr zu machen, mein Sohn. Nur die anderen Zauberer sollten sich jetzt vor dir in Acht nehmen, denn dich schützt der Zauber des Einhorns«, woraufhin selbst die zarte Gwynith in herzliches Lachen verfiel.

Beate Hill

Der Gnold in der Suppe

Ffflatsch … Dem Lehrer Ernst Ehrlich schwappt eine Ladung Hähnchen-Gemüse-Eintopf ins Gesicht, auf die Hornbrille und auf seinen neuen, dunkelgrauen Strickpullunder. Nahezu zeitgleich ruft ein nicht allzu lautes, doch recht aggressives Stimmchen: »So eine vermaledeite Sseiße! Ich bin Veganer!«

Ehrlichs Mund steht weit offen wie die Höhle eines Steinzeitvolkes. Er pickt mit der Stoffserviette einige Erbsen vom Pullunder und tupft sein Gesicht einschließlich Brille ab, während er auf seinen Eintopf starrt, aus dem zwei kleine blaue Augen wütend zu ihm hoch glotzen. Sie gehören zu einem kleinen, zugegebenermaßen recht attraktiven Gesichtchen und zu einem circa sechs Zentimeter großen Körperchen, das gerade an den Tellerrand krabbelt und sich schüttelt. Das Wesen hat lockiges, goldblondes Haar und trägt ein buntes Stirnband. Unter den hochgekrempelten Hosenbeinen seines pitschnassen, dunkelblauen Overalls schauen nackte Füßchen hervor. Es hebt den rechten Arm in Ehrlichs Richtung, und seine kleine Hand ballt sich zu einer kleinen Faust, als es sich echauffiert äußert: »Wie könnt ihr dummen Menssen dieses Viechzeug essen? Widerlich! Ssäm dich!«

Nun schüttelt sich zur Abwechslung der Körper von Ernst Ehrlich wie eine Waschmaschine im Schleudergang. Er schließt kurz die Augen und öffnet sie wieder, in der Hoffnung, dass diese komische Szene nur Einbildung ist. Oder ein Traum. Oder was auch immer. Nur bitte nicht die Realität! Doch der Winzling ist immer noch da und sitzt inzwischen auf dem Tellerrand von Ernst Ehrlichs Mittagessen, das er wie jeden Tag nach der Schule im Restaurant des Hotels *Goldener Esel* zu sich nimmt. Es liegt nicht weit vom Hans-Thoma-Gymnasium entfernt, wo der brave, doch bei den Schülern unbeliebte Ernst

Ehrlich nun seit sechsunddreißig Jahren Deutsch und Latein unterrichtet.

Und nun lässt diese Kreatur seine Beine von Ehrlichs Tellerrand herabhängen und gafft ihn an. Derartige Zwischenfälle schätzt der Lehrer nicht, jede Störung seines Tagesablaufs ist ihm zutiefst zuwider. Er tauscht seine Hornbrille gegen eine Lesebrille und nähert sich dem kleinen Wesen, das drohend zu ihm aufblickt.

»Wer? Bist? Du?«, fragt Ehrlich mit langen Pausen zwischen den einzelnen Wörtern, um seiner Fassungslosigkeit Nachdruck zu verleihen.

»Olfrido Gnoboldini«, antwortet der kleine Kerl auf dem Teller, als sei das völlig selbstverständlich und die Frage überflüssig. »Wer will das wissen?«, fragt er mit forderndem Unterton.

»Olfrido, aha«, murmelt Ernst Ehrlich, ohne sich selbst vorzustellen. »Und WAS bist du?«

Olfrido hebt die Augenbrauen, und sein Gesicht verzieht sich zu einer zornigen Grimasse.

»Für *dich* bin iss immer noch *Herr* Gnoboldini! Ich bin ein Gnold. Aber ihr dummen Menssen nehmt uns ja zum Glück nicht wahr. Du kannst mich nur sehen, weil ich versehentlich in deinen besseuerten Eintopf gefallen bin, als ich auf dem Kronleuchter ssaukelte. Ich lebe mit den anderen dreiundvierzig Männern meiner siebenundachtzigköpfigen Gnoldenfamilie nun sson seit Generationen hier im Hotel. Die nächsten vierundzwanzig Sstunden sind wir durch meinen blöden Unfall nun leider dazu verdammt, dich zu begleiten. Glaub bloß nicht, dass uns das Sspaß macht! So, und jetzt könntest du dich höflicherweise auch mal vorsstellen!« Endlich holt er Luft.

»Ernst Ehrlich, Deutsch- und Lateinlehrer am Hans-Thoma-Gymnasium«, antwortet Ehrlich schlecht gelaunt, denn er hat keine Lust auf Small Talk. »Wieso redest du so seltsam?«, fragt der Lehrer, in der Hoffnung, mit seiner Frage diesen Olfrido Gnoboldingens zu verärgern und bestenfalls zu verscheuchen.

»Ssetismus!«, antwortet Olfrido, »oder so ähnlich. Ihr Menssen nennt das Ssprachfehler. Wir ssprechen eben so. Sstört es dich, Blödmann?«

Ernst Ehrlich zuckt zusammen. Dieser cholerische kleine Kerl macht ihn nervös. Als der Ober plötzlich vor ihm steht und ihm eine Nachspeise anbietet, erinnert sich Ehrlich, dass er nicht allein im Restaurant ist. Zum Glück sitzt niemand an einem der Nachbartische, sodass man ihn bisher nicht hat sprechen hören. Doch er muss aufpassen. Zu peinlich wäre es, wenn ihn jemand dabei beobachten würde, wie er mit einem Suppenteller redet. Das passt keinesfalls in sein Weltbild.

Ehrlich bestellt eine Tasse Kaffee mit extra Portion Kaffeesahne und die Rechnung. Er muss am Nachmittag seinen Lehrerpflichten nachkommen und den Schülern der 8b ihre Aufsätze bis morgen fertig korrigieren. Ihm graut es vor dem Schwachsinn, den sie wieder einmal zusammenfantasiert haben würden, und insbesondere vor der sprachlichen Katastrophe, mit der ihn seine Schüler regelmäßig quälen. Irgendwann würde er beim Lesen von Klassenarbeiten vor Entsetzen erblinden.

Der Ober bringt den Kaffee, die extra Portion Kaffeesahne und die Rechnung.

Ehrlich zückt seinen dunkelbraunen Ledergeldbeutel, den ihm vor vierundvierzig Jahren seine Mutter – Gott hab sie selig! – zur Konfirmation geschenkt hatte, zählt den Betrag, der auf der Rechnung steht, bis auf den Cent genau ab und reicht dem Ober das Geld.

Da wirbeln auf einmal sieben völlig identisch aussehende Gnolde auf des Obers Schultern und ziehen ihn an den Ohrläppchen und an den Haaren. Schließlich hält der ahnungslose Mann statt des korrekt abgezählten Geldbetrages ein Stück Papier und einige Flaschendeckel in der Hand, lässt beides in seinem abgewetzten Geldbeutel verschwinden und bedankt sich überschwänglich bei Ernst Ehrlich. Dieser wiederum hält sein Geld wieder in der eigenen Hand.

»Warten Sie!«, ruft der rechtschaffene Lehrer dem Ober nach, um ihn auf seinen Irrtum aufmerksam zu machen, doch der nimmt bereits die Bestellung des nächsten Gastes auf.

»Bist du sstill! Sspinnst du? Willst du uns ins Unglück treiben? Wir haben doch nur ein bisschen gezaubert«, faucht Olfrido Gnoboldini, der sich von seinen Familienmitgliedern lediglich dadurch unterscheidet, dass sein Gesicht vor Zorn ständig tiefrot anläuft wie eine Scheibe Blutwurst. Obwohl es Ehrlich widerstrebt, in einen Fall von Betrug hineingezogen worden zu sein, zieht er seinen grünen Lodenmantel an, schnappt seine dunkelbraune Aktenmappe und verlässt mit mürrischem Gesichtsausdruck das Restaurant.

Lustlos und schlecht gelaunt setzt Ehrlich sich zu Hause an die verhassten Korrekturen der Deutschaufsätze seiner abscheulichen Achtklässler. Beim Lesen wird seine Laune immer mieser, und nach einigen mühseligen Korrekturen und hoffnungslosen Versuchen, seine Schüler mit motivierenden Kommentaren doch noch auf den rechten Weg zu bringen, gönnt sich der erschöpfte Lehrer eine Pause und genehmigt sich ein Schaumbad. Er schließt die Augen, lauscht den Klängen von Puccinis *La Bohème* und gleitet in einen unruhigen Schlaf. *Che gelida manina* singt der Tenor, als Ehrlich die Augen wieder öffnet. Geweckt hat ihn allerdings ein diffuses Planschgeräusch, das in seine Musik hinein klingt wie ein hüpfender Jungfrosch.

»Oh nein, nicht schon wieder ihr!«, bemerkt er resigniert und fischt angeekelt vierundvierzig Gnoboldini-Männer aus dem Schaum und setzt sie auf den Wannenrand.

»Was bin ich froh, wenn diese vierundzwanzig Stunden endlich vorüber sind«, sagt Ehrlich mehr zu sich selbst und wirft Olfrido einen bösen Blick zu. Der hebt schon wieder die Augenbrauen, und sein Gesichtsausdruck kündigt das nahende Donnerwetter an.

»Du Sspassbremse! Ich wette, dass dich deine Ssüler nicht mögen. Du bist uncool und kleinkariert.« Der Gnold patscht sich mit der Hand an seine kleine Stirn und funkelt den Lehrer an. »Du langweiliger Sspießer!«, fügt er hinzu.

»Wo sind eigentlich die Frauen deiner Familie?«, fragt Ehrlich, nicht wirklich aus Interesse, sondern eher, um abzulenken, und weil er keine Lust hat zu streiten.

»Ach nee«, sagt Olfrido Gnoboldini, »auf einmal so freundlich? Ssön, dass dich mal was interessiert! Wir Gnoboldini-Männer leben im Hotel *Goldener Esel*, und die Gnoboldini-Frauen wohnen im Hotel *Gütige Gans*. Einmal im Jahr, am 31. Mai, treffen wir uns auf neutralem Boden zur kollektiven Fortpflanzung.«

Ehrlich ist entsetzt und starrt den Gnold mit weit aufgerissenen Augen an. Wie ein Film spielt sich in seinem Kopf diese Szene ab, wie vierundvierzig kleine Gnolden-Männer mit dreiundvierzig kleinen Gnolden-Frauen in einer wilden Orgie eine Massenbegattung betreiben. Abstoßend! Die Bilder würde er nie mehr aus seinen Gedanken vertreiben können.

Müde steigt Ehrlich aus der Wanne, trocknet sich ab und schleppt sich mit Widerwillen an seinen Schreibtisch zurück, um die verbleibenden Aufsätze zu korrigieren.

Am übelsten spielen ihm wie immer die vorlaute Hannah und der Klassenkasper Philipp mit. Schimpfend und kopfschüttelnd kommentiert er Hannahs Aufsatz: »So gehen deine einst soliden Deutschkenntnisse den Bach hinunter!« Unter Philipps Kunstwerk schreibt er: »Deine muttersprachlichen Fähigkeiten sind wohl verlustig gegangen. Um ein Elterngespräch wird gebeten.«

Da stürmt schon wieder dieser kleine Choleriker auf ihn zu, das Gesicht hochrot, und schimpft erneut wie ein tollwütiges Eichhörnchen: »Du miesepetriger Miesemenss! Wie gemein du bist!« Der zornige Kerl spuckt nur knapp an der Fünf vorbei, die der Lehrer in Hannahs

Aufsatzheft gemalt hat, und ein zweites Mal direkt in den Bauch der Sechs unter Philipps Werk.

Am nächsten Tag verteilt Ehrlich in der letzten Schulstunde in seiner achten Klasse die korrigierten Aufsätze. Als er zur Tafel zurückgeht, vernimmt er hinter seinem Rücken zunächst ein leises Raunen und schließlich ein zunehmend fröhliches Lachen, das in einem Allegro Crescendo seinen Höhepunkt erreicht. Was Ehrlich sehr verblüfft, denn stimmungsmäßig passt diese Reaktion keineswegs zu den erteilten Noten. Kaum dreht er sich langsam um, da fällt ihm auch schon Hannah um den Hals und dankt ihm überschwänglich. Wofür eigentlich? Auch Philipp hüpft bereits mit breitem Grinsen neben ihm auf und ab und schwingt dabei sein Aufsatzheft. Da fällt der Blick des verdutzten Lehrers auf die Note: *1*. Er reißt Philipp das Heft aus der Hand und liest den Kommentar: »Lieber Philipp, du bekommst eine 1, da du dir viel Mühe gegeben hast. Damit du auch weiter so gute Noten schreibst, darfst du einmal in der Woche zum Üben zu mir nach Hause kommen. Ich freue mich auf deinen Besuch. Dein Lehrer Ernst Ehrlich.«

»Nicht zu fassen!« Der Lehrer sinkt auf einen Stuhl und rauft sich die Haare. Er muss nicht lange überlegen, wer das wohl war.

Diese kleinen Gnolden-Biester!

Ihm genügt ein Blick auf seine Schüler, die alle durcheinander plappern und *cool* und *danke* und *wie geil ist das denn* rufen, und ihm wird klar, dass jeder von ihnen eine ähnliche Note und einen ähnlichen Kommentar unter seinem Aufsatz stehen hat. »Wie soll ich mich aus dieser Situation nur retten?«, fragt er sich und spürt doch, wie wohl das ungewohnte Gefühl der Beliebtheit seiner Seele tut.

An diesem Tag sitzt im Restaurant des Hotels *Goldener Esel* der Lehrer Ernst Ehrlich nach genau vierundzwanzig Stunden wieder vor seinem Mittagessen und ertappt sich dabei, dass er dieses Mal sehnsüchtig zum Kronleuchter hinaufschaut.

Boris Schneider

Vögel der Rache

»Wer hat bloß die Idee gehabt, hierherzukommen? Nichts als Wald, wohin du nur schaust«, sagte Bleihand. Der Zwerg hob mit theatralischer Geste die Arme und drehte sich einmal im Kreis. Sie standen auf einer kleinen Anhöhe, und so weit das Auge reichte, konnte man nur Bäume erkennen.

»Wenn ich mich recht entsinne, mein lieber Bleihand, dann warst du es doch, der uns geradezu gedrängt hat, nach Ellorien aufzubrechen«, sagte Firina. »Nicht, dass ich dir energisch widersprochen hätte. Ich für meinen Teil liebe den Wald«, fügte die Elfe dann noch hinzu.

»Weiß auch nicht mehr, was mich da geritten hat«, grummelte Bleihand.

»War es vielleicht das hier?«, schaltete sich Aika ins Gespräch ein. Die Streunerin mochte den Wald auch nicht. Natur war einfach nicht ihr Metier. Sie zückte ein verblichenes Stück Papier, bei dem es sich um einen abgerissenen Aushang handelte.

»Du hast ihn mitgenommen?«, empörte sich Firina.

Aika ignorierte den Tadel. »Wenn wir die Belohnung haben wollen, ist es doch umso besser, je weniger Leute sonst noch davon wissen, oder?«

Faramoth, der junge Eismagier, lachte kräftig. »Ja, das ist unsere Aika. Recht hast du! Wir werden das Ding schon hinbiegen.«

»Lies doch noch mal vor!«, sagte Bleihand. »Vielleicht motiviert mich das ja wieder.«

Aika grinste und kam dann der Aufforderung nach:

Höret! Höret! Höret!

Die Baronin zu Ellorien gibt bekannt:

Düstere Wolken liegen über unserer Baronie. Heimtückische Vögel berauben unschuldige Bürger ihres Schmuckes und schrecken nicht vor tätlichen bisweilen gar tödlichen Attacken zurück. Die Lage ist unduldbar.

Es seien daher sechzig Gold-Dukaten an diejenigen zu zahlen, die nachweislich der in der betroffenen Baronie herrschenden Vogelplage ein Ende bereiten.

»Sechzig Gold-Dukaten«, seufzte der Zwerg. »Und dafür müssen wir lediglich ein bisschen die Vogelscheuche spielen. Na los! Was steht ihr hier noch rum? Lasst uns endlich weitergehen! Wie weit ist es denn noch bis zu diesem Ellorien?«

Der Rest der kleinen Truppe seufzte. Trotzdem machten sich alle willig auf den Weg. Ihre Pause war ohnehin schon längst vorbei.

Trotz der sommerlich warmen Temperaturen waren auch in der Stadt nur wenige Leute auf den Straßen anzutreffen. Viele Fensterläden waren geschlossen, und Unrat sammelte sich in den Gassen. Firina rümpfte die Nase bei dem schrecklichen Gestank. Dann und wann begegneten sie einem Mann oder einer Frau, die eine Art Weidengeflecht über ihren Köpfen trugen.

»Es sieht fast so aus, als hätten hier die Vögel die Menschen eingesperrt und nicht umgekehrt«, scherzte Bleihand, aber keiner lachte. An einer Straßenecke trafen sie einen sich geißelnden Prediger, der ihnen das Ende der Welt prophezeite. Wenn noch etwas gefehlt hatte, um ihnen die gute Laune restlos zu verderben, dann war es das.

Sie bezogen im Gasthof *Bärenkeller* ihr Quartier. Der Wirt überschlug sich fast vor Freude und umtänzelte sie von vorne bis hinten, um es ihnen möglichst angenehm zu machen. Bald schon wurde ihnen klar, woran das lag: Sie waren die einzigen Gäste.

Nachdem sie ihre Zimmer bezogen hatten, gingen sie auf Erkundung. Was sie von den wenigen Leuten auf den Straßen erfuhren, war erschreckend. Angefangen hatte alles mit geschickten Diebstählen, die sich in der Folge als von abgerichteten Vögeln durchgeführt herausstellten. Obwohl die Gefahr nun erkannt war, konnte sie dennoch nicht gebannt werden. Die Vögel – vorwiegend große Saatkrähen – begannen mit tätlichen Angriffen auf die Bevölkerung.

In den darauffolgenden Wochen gelang es, einige der Vögel zu erlegen. Ab diesem Zeitpunkt waren dann die Krallen der Krähen mitunter mit einem tödlichen Gift bestrichen. Die Opfer verstarben unter Qualen. Alle Versuche, der Plage Herr zu werden, schlugen fehl, und so hatte man sich mehr oder weniger an das Übel angepasst.

Aber auf die drängendsten Fragen erhielten die Abenteurer keine Antworten. Keiner konnte ihnen sagen, woher die Vögel kamen. Keiner wusste, warum sie sich so verhielten. Es gab unzählige Gerüchte, aber nichts wirklich Handfestes. Das Ganze gestaltete sich schwieriger, als sie gedacht hatten.

Obwohl sie bis spät in die Nacht durch die Straßen zogen, trafen sie auf keinen Vogel. Auch am nächsten Tag ließ sich keines der Biester blicken. Es war fast so, als würden sie ihnen absichtlich aus dem Weg gehen. Irgendwann am Abend hörten sie dann einen Aufschrei aus einer Nebengasse. Als sie um die Ecke bogen, sahen sie gerade noch einen schwarzen Vogel in der Dunkelheit verschwinden. Im Dreck am Boden zuckte eine Gestalt. Der Hals des Armen war angeschwollen, so dass nur noch ein Röcheln aus seinem Mund kam. Firina stürmte zu dem Mann, legte ihm die Hand auf die Stirn und konzentrierte sich auf einen Zauber.

»Gift«, stöhnte sie dann. »Ich weiß nicht, ob ich das schaffe.«

Aika trat bei dem Wort Gift interessiert näher. Fasziniert beobachtete sie, wie sich der Sterbende in Qualen wand. »Sehr interessant«, kommentierte sie teilnahmslos. »Scheint mir ein Lähmungsgift zu sein. Ich würde auf einen Verwandten von Kurare tippen.«

Die Streunerin kannte sich mit Giften aus. Sie hatte schon zahlreiche Leute daran sterben sehen und war sogar bei einigen an deren Tod nicht ganz unschuldig gewesen.

Firina hatte die Hand an den Hals des Fremden gelegt. Ein angenehm weißliches Glühen strahlte aus ihren Fingern. Schweißperlen standen auf ihrer Stirn.

»Steh da nicht so herum!«, funkelte sie Aika an. »Hilf mir lieber!«

»Ich will dich ja nicht demotivieren«, sagte die Streunerin, »aber wenn es sich um Kurare handelt, dann lässt es sich nicht magisch neutralisieren. Du bräuchtest ein Gegengift.«

»Na dann renn los und hole eins!«

»So einfach geht das nicht. Ich müsste eins brauen. Dafür bräuchte ich ein Labor. Außerdem dauert das, und selbst dann wäre noch nicht einmal sicher, ob das Gegengift auch tatsächlich hilft.«

Noch während sie das referierte, zuckte der Sterbende ein letztes Mal heftig zusammen. Dann lag er still. Als sich Firina danach aufrichtete, war ihr Blick eisig.

Als sie am nächsten Abend nach einem weiteren erfolglosen Tag im Bärenkeller zusammensaßen, trat ein Mann durch die Tür. Sein kurzes schwarzes Haar quoll wirr unter einem Zauberhut hervor. Der Wirt hätte beinahe vor Freude einen Purzelbaum geschlagen, weil er in dem Besucher einen neuen Gast vermutete. Zu Unrecht, wie sich wenig später herausstellte.

»Beherbergt Ihr eine Gruppe von Abenteurern mit einer Elfe und einem Zwerg?«, fragte der Fremde.

Mit einem Seufzer der Enttäuschung zeigte ihm der Wirt den Weg.

Wie man aus der Erscheinung des Fremden schon schließen konnte, handelte es sich bei ihm um einen Magier. »Mein Name ist Supprick Patt«, stellte sich der Fremde vor. »Ich suche ebenfalls die Ursache dieser schrecklichen Vogelplage. Ich wollte Euch vorschlagen zusammenzuarbeiten.«

»Vielen Dank«, sagte Faramoth rasch, »aber wir haben schon einen fähigen Magier in unseren Reihen.«

»Danke, wir kommen schon zurecht«, grummelte Bleihand.

»Nun mal mit der Ruhe Jungs«, sagte Aika. »Lasst uns doch erst einmal hören, was Herr Patt zu sagen hat! Woher wisst Ihr überhaupt, dass wir uns um die Vogelplage kümmern?«

Der Magier lächelte. »Bei den Fragen, die Ihr hier jedem gestellt habt, war das nicht wirklich schwer herauszufinden. Es geht mir auch nicht ums Geld, falls Ihr das denkt«, fügte er mit einem Seitenblick auf den Zwerg hinzu.

»Na dann lasst mal hören«, sagte Bleihand und klopfte mit der Faust auf den Tisch.

Supprick nahm Platz und bestellte sich einen Tee. Dann begann er zu erzählen. »Ich bin Magier und habe mein Labor am Stadtrand von Erlenroden. Diese Vogelplage ist magischen Ursprungs und bringt unsere ganze Zunft in Verruf. Diesem Treiben muss dringend ein Ende gesetzt werden!«

»Habt Ihr denn eine Vermutung, wer hinter dem Ganzen steckt?«, wollte Firina wissen.

Supprick nickte. »Vor über fünfzig Jahren gab es schon einmal ähnliche Vorfälle. Damals breitete sich in den Baronien Ellorien und Fenbruch eine seltsame Sekte – der Tyaa-Kult – aus. Die Anhänger sahen in den Vögeln Götter, besonders jedoch in der großen Saatkrähe. Die geflügelte Priesterin verlangte damals aufgrund ihrer eigenen Hässlichkeit von den reichen Frauen der Burgen und Städte Schmuck als Tribut ihrer Schönheit. Weigerte sich eine Frau, diese Abgaben zu entrichten, konnte es passieren, dass ihr bald darauf von einer besonders großen Krähe die Augen ausgepickt wurden. Es kam so weit, dass die Inquisition zusammen mit örtlichen Truppen einschreiten musste. Die Kultisten wurden in einem Scharmützel vernichtet, und der Tempel der Paktierer im Troller Forst nach einer Belagerung geschleift und in Brand gesteckt. Die Priesterin starb in den Flammen. Gefangene Anhänger wurden hingerichtet. Die Bauern erzählen sich jedoch auch heute noch, dass einige der Tyaa-Vögel das jüngste Kind der geflügelten Priesterin mit sich fort trugen und dass es eines Tages wiederkommen wird, um grausame Rache zu üben.«

»Und das glaubt Ihr?«, fragte Aika.

»Oh, das meiste stimmt. Da bin ich mir sicher. Dreiundsechzig Jahre sind noch nicht so lange her, dass sich keiner mehr daran erinnert. Die Frage ist jedoch, ob es diese Tochter der geflügelten Priesterin tatsächlich gibt und ob diese für die aktuellen Vorfälle verantwortlich ist.«

»Und wie sollen wir da helfen?«, fragte Firina.

»Nun, ich habe den Flug der Vögel trianguliert …«

»Ihr habt was?«, fuhr Bleihand dazwischen.

»Er hat die Flugrichtung der Vögel von verschiedenen Orten aus verfolgt. Am Schnittpunkt dieser Fluglinien sollte das Ziel der Vögel liegen. Eine wirklich schlaue Idee«, lobte Firina.

Supprick nickte dankbar und nahm seine Erklärungen wieder auf. »Nun, wie gesagt habe ich den Flug der Vögel trianguliert. Das Ergebnis lässt vermuten, dass sie zum Troller Forst fliegen.«

»Dorthin, wo der Tempel dieser Kultisten lag?«, fragte Faramoth.

Supprick nickte. »So vermute ich. Ich wollte Euch nun vorschlagen, dass Ihr mich in den Troller Forst begleitet.«

»Als Kavallerie«, lachte Bleihand.

»Ja nun, gewissermaßen. Ich bin kein Kämpfer, müsst Ihr wissen. Auf meinen Anteil an der ausgeschriebenen Belohnung würde ich selbstverständlich verzichten. Mir reicht es, wenn dieser Spuk endlich ein Ende nimmt und ich wieder ungestört arbeiten kann. Was haltet Ihr davon?«

»Habt Ihr ein Labor?«, fragte Aika.

»Selbstverständlich«, sagte Supprick. »Obwohl mir allmählich einige Zutaten ausgehen. Wegen dieser verfluchten Vögel kommen keine Händler mehr her.«

Schweigen breitete sich in der Runde aus. »Könntet Ihr uns bitte einen Augenblick allein lassen«, wandte sich Firina an den Magier. »Wir müssen uns zuerst beraten.«

»Natürlich!« Supprick stand auf und zog sich zurück.

»Was haltet ihr von ihm?«, fragte die Elfe, als er außer Hörweite war.

»So lange er kein Geld will, geht das von mir aus in Ordnung«, sagte Bleihand und zwirbelte an seinem Bart. »Wir treten hier ja ohnehin gerade auf der Stelle.«

»Wenn er mich sein Labor benutzen lässt, könnte ich versuchen, ein Gegengift zu brauen«, warf Aika ein.

»Also mir erscheint er ein wenig verdächtig«, sagte Faramoth. »Vielleicht will er uns in eine Falle locken. Außerdem brauchen wir keinen weiteren Magier mehr!«

»Hmm«, meinte Firina und verkniff sich ein Grinsen. »Mir erscheint er vertrauenswürdig.«

Sie einigten sich darauf, den Magier zu unterstützen, wenn Aika in dessen Labor für jeden von ihnen ein Gegengift herstellen durfte. Außerdem ließ Bleihand den Magier hoch und heilig versprechen, dass er keinen Anteil an der Belohnung verlangen würde.

Zwei Tage später brachen sie auf und ließen den Wirt allein im leeren Bärenkeller zurück. Es war immer noch drückend heiß, und der Schweiß rann in Strömen an ihren Körpern hinab. Gegen Mittag des darauffolgenden Tages erreichten sie bereits die ersten Ausläufer des Troller Forstes.

»Nicht schon wieder Wald«, stöhnte Bleihand.

»Was hattest du denn vermutet, wie es in einem Forst aussieht?«, fragte Firina.

Der Zwerg tat die Frage mit einer Handbewegung ab. »Wenigstens ist es hier etwas kühler. Aber dass es auch immer gleich so viele Bäume sein müssen. Wie sollen wir denn hier diese Ruine finden?«

»Ich habe eine Karte«, offenbarte Supprick. »Zu den Hochzeiten des Klosters führte eine Straße dorthin. Ich hoffe, dass wir die Überreste davon entdecken.«

Es dauerte einen weiteren Tag, bis sie auf etwas stießen, das vielleicht einmal eine Straße gewesen war. Das Unterholz hatte sich schon den Großteil des Weges zurück erkämpft, aber hier und da konnte man noch einige Markierungen entdecken. Sie waren diesem Pfad bereits einen halben Tag lang gefolgt, als der Wald wieder etwas lichter wurde. Plötzlich hielt Firina an. Sie stand am Rand einer flachen Senke und blickte in die Tiefe. Die anderen traten an ihre Seite. Am Boden der Senke waren die Überreste eines ehemals großen Gebäudes zu erkennen.

Rote Sandstein-Brocken ragten hier und da wie Grabsteine aus dem Gras. Lediglich ein dreieckiger Turm hatte dem Wüten der Inquisition und dem nagenden Zahn der Zeit so weit widerstanden, dass man ihn noch erkennen konnte. Ein beißend animalischer Gestank drang in ihre Nasen. Ein genauerer Blick offenbarte, dass die Ruine offensichtlich bewohnt wurde. Einige Trampelpfade führten hier und da über das Gelände. Um den Turm herum lagen Fellfetzen und Knochenreste verstreut.

»Ist dies das Kloster?«, fragte Bleihand und deutete auf die Haufen roter Sandsteine unterhalb von ihnen.

»Ich denke schon«, sagte Supprick. »Ich meine irgendwo gelesen zu haben, dass der Turm des Tyaa-Klosters dreieckig war.«

»Na dann los!«, sagte Bleihand. Er war vollkommen durchgeschwitzt und wollte die Sache so schnell wie möglich erledigen. »Schauen wir nach, was da los ist!«

Faramoth hielt den Zwerg an der Schulter fest. »Was haust hier denn überhaupt?«

Keiner der anderen kam dazu, ihm eine Antwort zu

geben. Ein Krachen und Stampfen drang hinter dem Turm hervor. Gebannt starrten alle hinüber. Ein riesiger zotteliger Kopf tauchte über dem Rand des Turmes auf. Er wackelte fröhlich hin und her, als das Wesen näher kam. Es trug einen ausgewachsenen Hirsch, den es sich unter die Achsel geklemmt hatte. Es schleuderte das tote Tier auf den Boden. Dann wischte es sich mit einem Seufzen den Schweiß von der Stirn und blickte in ihre Richtung.

Faramoth zögerte keinen Augenblick. Noch bevor ihn einer der anderen aufhalten konnte, schrie er *Congelé!* und deutete auf das Untier. Eine Art Eiswolke schoss auf das Wesen zu.

»Schade«, sagte Firina.

»Was ist schade?«, fragte Faramoth.

»Da gelingt dir einmal ein Zauber und dann nutzt er nichts. Trolle lassen sich nicht verzaubern.«

Gebannt starrten alle Beteiligten auf die Eiswolke, die sich schnell dem Troll näherte. Bleihand hatte bereits eine Wurfaxt gezückt. Das Untier hatte erst eine verdutzte, dann eine zornige Miene aufgesetzt. Faramoth rutschte das Herz in die Hose. Was hatte er nur wieder angestellt? Alles Bedauern half nichts, die Wolke raste unaufhaltsam weiter. Als sie den Troll erreichte, gab es ein Geräusch, ähnlich dem Rauschen einer Welle. Dann löste sich das Eis auf. Der Troll seufzte. Dann lächelte er und atmete erfrischt ein. »Nettes Menschlein«, brüllte er herüber, »machen es Borkfaust kalt an heißem Tag.«

Alle blickten den Troll verdutzt an. »Trolle können sprechen?«, fragte Aika.

Firina nickte nur. Sie war viel zu fasziniert, um etwas zu erwidern. Borkfaust lächelte immer noch und winkte ihnen zu wie ein Kind, das gerade den Bonbon-Verkäufer entdeckt hat. Dann nahm er den Hirsch wieder auf. Er riss wie beiläufig einen Hinterlauf ab und stapfte auf sie zu. Eine Gestankwolke wehte ihm voraus.

»Für nettes Menschlein«, sagte er und schmetterte

Faramoth die Keule vor die Füße. Der Eismagier starrte das blutige Stück Fleisch an. Borkfaust machte eine einladende Geste. »Lecker«, sagte er und tat so, als würde er kauen. Dann hob er die Keule wieder auf und drückte sie dem entsetzten Magier in den Arm. »Für nettes Menschlein. Sein lecker!«

»Äh, Danke.«

»Du wollen sehen Sammlung von Borkfaust?« Der Troll wartete keine Antwort ab, sondern schnappte sich den Magier samt Hirschkeule und trug ihn zum Turm. Grinsend folgten die anderen.

Die Sammlung entpuppte sich als einige Steine und Wurzeln mit mehr oder weniger interessanten Formen. Mit viel Fantasie konnte man in dem ein oder anderen eine Figur oder ein Tier erkennen. Borkfaust war offenbar sehr stolz auf diese Kuriositäten. Auch Firina begeisterte das Ganze sehr. Ihr Bild von Trollen hatte sich gerade radikal verändert. »Kannst du einen Eisblock machen?«, fragte sie Faramoth.

Der Eismagier blickte von der Trollsammlung zur Waldelfe. »Wofür um alles in der Welt brauchst du einen Eisblock?«

Firina setzte ihr verführerischstes Lächeln auf. »Das soll eine Überraschung werden.«

Faramoth zuckte mit den Schultern. »Eine meiner leichtesten Übungen.« Er räusperte sich und brachte sich in Pose. Dann rief er: »Aquafrigo …«

Bläulicher Nebel bildete sich um seine Hand. Es gab einen winzigen Lichtblitz. »Mist, verdammter!«, fluchte der Eismagier. Seine rechte Hand war bläulich angelaufen. Firina musste die Finger magisch wärmen, um sie vor dem Abfrieren zu bewahren.

»Das war schon nicht schlecht«, lobte die Waldelfe und deutete auf einen haselnussgroßen Eiswürfel am Boden. »Probier es noch einmal!«

Einige Versuche später hatten sie tatsächlich einen Eisblock von der Größe eines Kürbisses, und Firina war zufrieden. Nachdem auch die Elfe etwas Magie angewandt hatte, war das Eis zwar noch immer kühl, es schmolz aber nicht mehr. Außerdem hatte sie aus dem Block eine Skulptur geformt, die Faramoth zeigte, wie er gerade einen Zauber wirkte. Alle waren hellauf von diesem Kunstwerk begeistert. »Das ist für deine Sammlung«, sagte Firina schlicht und übergab die Skulptur Borkfaust.

»Nettes Elflein«, sagte der Troll und wischte sich unauffällig über die Augen. »Sein so ein nettes Elflein. Kann Borkfaust helfen?«

»Das kannst du in der Tat«, sagte Firina. »Wohnen in deinem Wald noch andere Menschen? Menschen mit Vögeln?«

Der Troll kratzte sich am Kopf. »Hier sein keine Vöglein. Vöglein haben Angst vor Borkfaust. Fliegen weg.«

Firina seufzte enttäuscht.

»Elflein nicht sein traurig. Borkfaust fangen Vöglein.«

»Nein, vielen Dank Borkfaust, das ist nicht nötig. Wir suchen nur nach Menschen, die Vögel haben.«

Der Troll wirkte geknickt.

Als sie aufbrechen wollten, bemerkten sie zum ersten Mal, dass Bleihand fehlte.

»Ha«, sagte Faramoth, »da ist mal etwas ein bisschen größer als er, und schon macht sich dieser Zwerg aus dem Staub.«

Nach einigem Rufen tauchte Bleihand schließlich hinter einem der roten Sandsteinblöcke wieder auf. »Und?«, sagte er, als ihn alle wütend anstarrten. »Seid ihr weiter gekommen?«

»Nein, aber vielleicht wären wir das, wenn du uns geholfen hättest«, entgegnete Faramoth.

Bleihand setzte eine beleidigte Miene auf. »Oh, wenn das so ist, dann interessiert euch sicherlich nicht, was ich herausgefunden habe.«

Nach einigem Betteln ließ sich der Zwerg aber dann

doch zu einer Erklärung herab. »Fällt euch an diesem Kloster irgendetwas auf?«, fragte er.

»Nun, es ist ziemlich heruntergekommen – wenn du das meinst«, sagte Faramoth.

»Nein, ich meine das Material, aus dem dieses Kloster gebaut wurde. Habt ihr hier irgendwo in Ellorien bei irgendeinem anderen Gebäude jemals roten Sandstein entdeckt?«

Alle dachten einen Augenblick nach und schüttelten dann die Köpfe.

»Und was soll uns das nutzen?«, fragte Aika.

»Nun, irgendwo müssen die Steine ja hergekommen sein. Und da ich nicht glaube, dass sie aus Gilgal importiert wurden, muss es hier irgendwo einen Steinbruch geben. Das wiederum heißt, dass dieser Tyaa-Kult neben dem Kloster noch einen zweiten geheimen Ort gehabt haben muss, nämlich einen Steinbruch.«

Noch während Bleihands Erläuterungen hatte Supprick bereits seine Karte aus dem Rucksack gekramt. Er legte sie auf einen der Sandstein-Blöcke und beugte sich darüber. »Da! Ich glaube, dieses Zeichen könnte einen Steinbruch bezeichnen. Er liegt etwa zwei Tagesreisen südlich von hier und war über einen Pfad mit dem Kloster verbunden. Was meint Ihr, sollen wir da unser Glück versuchen?«

»Was bleibt uns sonst anderes übrig?«, fragte Firina. Die anderen nickten.

Nachdem sie sich von Borkfaust verabschiedet hatten, brachen sie in Richtung Süden auf.

Je weiter sie vorankamen, umso lebhafter wurde es im Wald um sie herum. Vor allem die Zahl an Vögeln stieg drastisch. Überall zwitscherte es im Geäst und hopste es in den Zweigen. Der Verdacht, dass sie auf dem richtigen Weg waren, erhärtete sich immer mehr.

Schon bald hatten sie das Gefühl, beobachtet zu werden.

Wann immer sie einen Blick zwischen den Bäumen

hindurch auf den Himmel erhaschten, kreiste ein Schwarm Krähen über ihnen.

»Mit einer heimlichen Ankunft wird das wohl nichts werden«, sagte Aika.

Bleihand nickte. »Ja, ich befürchte auch, dass man uns bereits erwarten wird. Haltet die Augen offen, dass wir nicht in eine Falle tappen.«

Die Falle war nicht schwer zu entdecken. Sie standen am Rand des Waldes und blickten auf einen Steinbruch, in dem vorzeiten roter Sandstein abgebaut worden war. In die Felswand war eine Art Gebäude gehauen, von dem nur eine Türöffnung auf ebener Erde und mehrere Fensteröffnungen auf verschiedenen Höhen in der glatten Abbruchkante erkennbar waren. Überall an den Felsen und Ästen saßen Krähen. In großen Scharen drehten sie am Himmel ihre Kreise. Dann und wann verschwand eines der Tiere mit etwas Glänzendem im Schnabel im Turm. Sie hatten tatsächlich den Ausgangspunkt der Vogelplage erreicht, aber es war eigentlich klar, was passieren würde, wenn sie sich nähern sollten. Sobald sie das schützende Dach des Waldes verlassen hätten, wären sie den Vögeln hilflos ausgesetzt. Gegen eine solche Übermacht hatten sie keine Chance.

»Was sollen wir tun?«, fragte Firina.

»Da hinauszugehen bedeutet Selbstmord«, sagte Aika.

»Kannst du die Vögel besänftigen, dass sie uns nicht angreifen?«, fragte Bleihand und blickte dabei Firina an.

»Ich glaube nicht, dass meine Zauber hier viel helfen. Diese Vögel stehen bereits unter irgendeiner Art von Bann.«

Bleihand knirschte mit den Zähnen. »So kurz vor dem Ziel und wir müssen umkehren und Hilfe holen!«

»Vielleicht kann ich helfen«, erbot sich Supprick. »Es ist zwar riskant, aber es könnte funktionieren. Wenn ich Euch richtig verstanden habe«, dabei blickte er zu Firina, »stehen diese Vögel unter einem Bann. Wenn man nun die Person, die diesen Bann gelegt hat, ausschaltet, dürfte von den Vögeln eigentlich keine Gefahr mehr ausgehen, oder?«

Die Waldelfe nickte. »Aber dazu müssten wir irgendwie in dieses Gebäude gelangen.«

»Ich beherrsche einen Schutzkuppel-Zauber«, erklärte der Magier weiter. »Ich wäre in der Lage, die gesamte Gruppe mit einer undurchdringlichen magischen Barriere zu umgeben. Die Vögel könnten uns darin nichts anhaben.«

»Klingt sehr gut«, sagte Bleihand, »aber wo ist der Haken?«

»Eine solche Schutzkuppel aufzubauen und zu erhalten kostet sehr viel magische Energie. Ich weiß nicht, wie lange ich sie aufrechterhalten kann.«

»Wärt Ihr denn bereit, es zu versuchen?«, fragte Firina.

Der Magier nickte.

Geschützt durch eine rötlich glänzende Kuppel verließen sie wenig später den Wald. Augenblicklich stürzten sich die ersten Vögel auf sie. Instinktiv zuckten alle zurück, aber der magische Schild hielt, was Supprick versprochen hatte. Mit ausgestreckten Händen stand der Magier im Zentrum der Kuppel. Die Krähen prallten mit einem knisternden Geräusch zurück. Sehr bald roch es ekelerregend nach verbrannten Federn. Nach einer gewissen Zeit zogen sich die Krähen zurück und umkreisten ihre Schutzkuppel aus sicherer Entfernung. Langsam näherten sie sich dem Eingang.

Mit einem Stöhnen zuckte plötzlich Supprick zusammen. Nur mit Mühe hielt er sich auf den Beinen.

»Was ist los?«, fragte Firina.

»Ein Gegenzauber«, presste Supprick zwischen zusammengebissenen Lippen heraus. »Jemand versucht, die Kuppel magisch zu zerstören.«

»Da!« Faramoth deutete auf das Fenster, das zum dritten Stock gehören musste. Eine abgrundtief hässliche, alte Frau reckte ihre runzligen Hände aus der Öffnung. Ein grünlicher Schimmer ergoss sich daraus und zerrte von außen an ihrer Schutzkuppel.

»Ich kann nicht mehr«, stöhnte Supprick.

Firina stützte den Magier und schickte ihm etwas von ihrer Kraft. Voller Schrecken spürte sie, wie rasch diese dahinschwand. Diese Hexe musste über extrem mächtige Magie verfügen.

»Zurück!«, schrie die Elfe. Aber es war schon zu spät. Mit einem Knall zerplatzte die magische Schutzkuppel. Sie hörten das hässliche Lachen der Alten. Die Vögel begannen, sich ihnen jetzt wieder vorsichtig zu nähern.

Faramoth trat einen Schritt vor und schrie: »Glacon!« Ein Eiszapfen schoss aus seiner Hand auf die Hexe zu.

Die Alte lachte schallend. Mit einer neckischen Handbewegung sandte sie einen Feuerball, der den Zapfen mitten im Flug schmolz und sich dann zischend in eine Sandsteinwand fraß. Dann machte sie mit der Hand eine würgende Geste in Richtung Faramoth. Augenblicklich schnürte es dem Eismagier die Kehle zu. Voller Schrecken sahen die anderen, wie er mit hochrotem Kopf langsam in die Höhe schwebte. Dann ging auf einmal alles ganz schnell. Mit einem unbändigen Aufschrei stürmte ein riesiges Wesen aus dem Wald.

»Borkfaust!«, schrie Firina.

Der Troll raste heran, dass der Boden bebte. Er pflückte Faramoth aus der Luft, der mittlerweile genau auf Augenhöhe des Trolls schwebte. Vorsichtig legte er den Magier auf den Boden und wandte sich dann der Hexe zu. Firina rannte zu Faramoth und kümmerte sich um ihren Kameraden.

Gebannt folgten die anderen dem Schauspiel. Während Borkfaust sich dem Turm näherte, prallte ein Zauber nach dem anderem von ihm ab. Die Vögel umhüllten den Riesen wie ein Schwarm Mücken und stießen immer wieder auf ihn ein. Aber der Troll ließ sich nicht beirren. Blut tropfte überall an ihm herunter. Lila, grün und rot leuchtende Zauber umhüllten ihn wie ein Regenbogen, aber er schritt unbeirrbar voran. Krachend schlug seine Faust durch die Öffnung, dass der Stein splitterte. Borkfaust schwankte. Mit letzter Kraft packte er die Alte und knickte sie in der Mitte durch wie einen Halm.

In diesem Moment ertönte ein Krächzen aus Hunderten von Vogelkehlen. Sofort ließen die Krähen von Borkfaust ab und stoben in alle Richtungen davon. Dann krachte der Troll mit einem ohrenbetäubenden Schlag auf den Boden.

Bleihand war als erster bei dem gefallenen Riesen. Voller Schrecken sah er, dass der Hals des Trolls rot angeschwollen war und dieser nur noch mühsam röchelte.

»Aika! Das Gegengift! Borkfaust ist vergiftet.«

Die Streunerin eilte herbei. Hastig kramte sie fünf Phiolen aus ihrem Rucksack. »Wie viel soll ich ihm geben?«

»Alles!«

»Aber ich weiß nicht, ob es auch bei Trollen hilft. Ich weiß ja noch nicht einmal, ob es bei mir helfen würde.«

»Nun mach schon! Wir haben keine Zeit. Du wirst es einfach ausprobieren müssen!«

Aika nickte. Sie kletterte bis zum Mund des Trolls hinauf und schüttete nacheinander die Flüssigkeit aus den fünf Phiolen hinein. Dann warteten sie. Firina und Faramoth, der sich einigermaßen erholt hatte, gesellten sich irgendwann zu ihnen.

Supprick und Bleihand durchsuchten dann den Turm. Die beiden kamen gerade mit zwei schweren Kisten wieder aus dem Gebäude, als Borkfaust die Augen aufschlug. Ächzend wälzte er sich zur Seite und klaubte eine plattgedrückte Krähe vom Boden auf, die er unter sich begraben hatte. »Da!«, sagte er und gab den Kadaver Firina. »Vöglein für Elflein!«

Andreas L. Thiel

Der Weg

Die Nacht war hereingebrochen, und Jorn war froh, auf seiner Wanderschaft durch diese einsame Gegend auf einen anderen Menschen zu treffen. Ein alter Mann, der in eine seltsame Kleidung aus allerlei Fellen gehüllt war, hatte hier am Wegesrand einen Lagerplatz eingerichtet. Einladend züngelten die Flammen seines Feuers an den knisternden Holzscheiten und verbreiteten eine wohlige Wärme. Der Fremde schien nicht überrascht zu sein, den Jungen zu sehen. Fast schien es dem Reisenden so, als hätte der Alte schon auf ihn gewartet.

»Entschuldigt bitte, mein Herr! Darf ich mich heute Nacht zu Euch ans Lagerfeuer gesellen?«

Schweigend wies der Mann mit einer einladenden Geste dem Jungen einen Platz am Feuer zu. Jorn setzte sich und versuchte höflich, ein Gespräch anzufangen. »Mein Name ist Jorn. Ich komme aus Köhlerheim. Kennt Ihr Euch hier in der Gegend aus? Wisst ihr etwas über den Weg, der vor uns liegt?«

Der alte Mann bekam einen seltsamen Gesichtsausdruck. Dann sprach er mit einer tiefen, fesselnder Stimme, die den Jungen in den Bann zog und nicht mehr losließ: »Du fragst mich nach dem Weg, der vor uns liegt? Du tust gut daran, gerade mich zu fragen, denn ich kenne den Weg, den du beschreiten musst. Wenn du nach dem Weg fragst, dann ist es der große Wandel in deinem Leben, der dich erfassen wird, ohne dass du davon weißt. Wenn ich dir nun davon berichte, so muss ich dir sagen, dass du sehr viel von mir verlangst. Es ist nicht unbedingt meine Art, über mein Leben mit jemandem zu sprechen, den ich nicht kenne und dem ich nicht vollkommen vertraue. In deinem Fall will ich eine Ausnahme machen, denn ich erkenne in dir einen verwandten Geist und vertraue auf das, was ich in dir sehe. Also lausche meinen

Worten, denn eine solche Gunst werde ich niemandem sonst gewähren. Es liegt an dir, mich nicht zu unterbrechen, denn wer weiß, ob ich mich jemals wieder dazu durchringen kann, mein Herz so weit zu öffnen. Deine Neugier, alles zu erforschen, steht dir ins Gesicht geschrieben, denn du bist jung und trachtest danach, möglichst alles zu erfahren. Nein, antworte mir nicht! Ich kann es sehen. Es schlummert in dir, und für diejenigen, die sehen können, brennt es so hell wie ein einsames Feuer in der dunklen Nacht. Die Frage nach dem Weg scheint dich sehr zu quälen. Du bist schon weit gereist durch dieses Land und kennst jeden Weg und Ort, von denen die Menschen dir erzählt haben. Aber dieses Reich, von dem ich dir berichte, kannst nur du allein betreten.

Dorthin führen nur zwei Wege, der Tod und der, von dem ich Euch jetzt erzählen werde. Schon immer hatte mich der alte Geistheiler und Schamane unseres Stammes mit seinen seltsamen Ritualen und Gebräuchen fasziniert. Deshalb ist es nicht weiter verwunderlich, dass mich gerade seine Hütte ständig angezogen hatte wie ein Napf voll Fressen einen Hund. Es muss zu der Zeit in meinem Leben gewesen sein, als die Bäume im Wald gerade zum vierzehnten Mal ihr grünes Kleid erneuert hatten. Ich hatte inzwischen herausbekommen, dass unser Schamane vor seinen Reisen in *das Reich der Geister*, wie er es nannte, von den verbotenen Pilzen aß. Verbotenes hatte nun einmal die Eigenschaft einen besonderen Reiz auf meine Neugier auszuüben, und da man sogar noch echte Geister sehen konnte, gab es keinen Grund mehr für mich zu zögern.

Viele Stunden verbrachte ich damit, im Wald nach diesen seltenen Pilzen zu suchen. Doch all meine Bemühungen blieben ohne Erfolg. So entschloss ich mich eines Tage,s ein kleines Stückchen dieser Pilze von dem Schamanen auszuborgen. Da er zufälligerweise nicht anwesend war, erübrigte sich eine weitere lästige Nachfrage und ich nahm mir einfach etwas aus seiner Hütte mit. Mit meiner

Beute brach ich heimlich zu einem kurzen Spaziergang in den Wald auf. Auf einer kleinen Lichtung unweit des Dorfes wagte ich dann das lang geplante Experiment. Mit dem Rücken an einen hohen Baum gelehnt, setzte ich mich auf den Waldboden und betrachtete neugierig das Stück getrockneten Pilz in meiner Hand. Hierin waren alle meine Sehnsüchte verborgen. Ich brauchte nur noch den letzten kleinen Schritt zu wagen. Langsam keimten Zweifel in mir auf. Zuerst zögerte ich noch ein wenig, doch dann aß ich hastig den verbotenen Pilz und wartete darauf, dass etwas passieren würde.

Geduldig ließ ich die Zeit verstreichen und war auf alles gefasst, doch es passierte nichts. So saß ich eine Weile herum, beobachtete den Wald und die Vögel und genoss einfach das neue Glücksgefühl in meinem Kopf. Irgendwann kam mir in den Sinn, dass ich ja in das Reich der Geister hätte reisen müssen. Doch etwas Derartiges war nicht geschehen. War alles, was man sich über den Schamanen erzählte, etwa nur erfunden und gelogen? Ich war ziemlich verärgert und wollte sogleich meinen Freunden von dieser ungeheuerlichen Entdeckung berichten. Also beschloss ich aufzustehen und schnell nach Hause zu laufen. Kaum wollte ich meine Tat in die Realität umsetzen, bemerkte ich, dass mir meine Beine nicht mehr gehorchten. Ich konnte auch meine Arme nicht mehr bewegen. Der Wald drehte sich vor meinen Augen. Schließlich kippte ich zur Seite weg und starrte bewegungslos in den langsam rotierenden Himmel.

Die Zeit wurde bedeutungslos für mich. Die dichter werdenden Wolken zogen mit unglaublicher Geschwindigkeit am Himmel vorüber. Irgendein Tier schien an meinem Körper zu schnuppern. Wie in einem rätselhaften Traum konnte ich mich plötzlich von meinem bewegungslosen Körper lösen. Ich fühlte mich so frei und glaubte mich in der Lage, gemeinsam mit den Vögeln in den Himmel aufzusteigen. Dann stürzte ich plötzlich in einen tiefen Traum. Mein Blick löste sich von mir selbst, und ich wurde mir einer seltsamen Welt bewusst. Ich träumte von Tieren, die sprechen konnten, von meinen verstorbenen Familienangehörigen und von Wesen, die ich noch nie zuvor gesehen hatte. Sie alle hatten mir etwas sehr Wichtiges zu sagen, doch ich konnte sie nicht verstehen und konnte ihnen nicht antworten. Ihr Drängen wurde immer stärker. Ich war verzweifelt, weil mich niemand verstand. Tränen liefen von meinen Wangen und fühlten sich eiskalt an auf meiner Haut. Es waren ein paar Wassertropfen gewesen, die mich aus diesem Traum herausgerissen hatten. Inzwischen war es finstere Nacht, und es fing gerade an, in Strömen zu regnen. Völlig durchnässt und verstört beeilte ich mich, endlich nach Hause zu kommen.

Ich erzählte niemandem von meinem kleinen Ausflug und dem, was ich erlebt hatte. Seit jenem Tag war ich nicht mehr allein. Immer wenn ich zum Schlafen die Augen schloss, hörte ich das unverständliche Murmeln der Stimmen aus dem seltsamen Traum. Immer wieder schreckte ich mit lauten Schreien aus dem Schlaf, und meine Mutter musste mich erst beruhigen, bevor ich weiterschlafen konnte. Es blieb nicht aus, dass sich meine Eltern um mich sorgten. Sie schleppten mich unter lauten Protesten meinerseits ausgerechnet in die Hütte unseres Dorfschamanen.

Voller Ehrfurcht bat meine Mutter den heiligen Mann um Hilfe. Sie erzählte ihm mit herzerweichenden Worten von der Schwere meiner unerklärlichen Krankheit. Der Schamane ließ die Redeflut geduldig an sich vorübergehen, während er meine Mutter mit einem gelassenen Gesichtsausdruck fixierte. Dann sah er langsam von meiner Mutter zu mir und durchbohrte mein schlechtes Gewissen mit einem allwissenden Blick. *Ihr müsst uns jetzt alleine lassen!* Das war alles, was er zu meinen Eltern mit beruhigender Stimme sagte. Zu meinem Entsetzen gehorchten sie ohne zu zögern und ließen mich mit ihm allein zurück.

Das Gesicht des alten Mannes blieb ausdruckslos, keine Regung verriet etwas über seine Stimmung. Ich weiß nicht, wie lange er mich stumm betrachtete. Es können Stunden und Tage oder auch nur ein paar Minuten gewesen sein. Mein schlechtes Gewissen kochte in mir hoch, bis ich schließlich aus purer Verzweiflung meine Tat gestand und alles bis ins kleinste Detail aus mir heraussprudelte. Die Reaktion auf meinen Wortschwall war nicht die, die ich erwartet hatte. Ich sah nur ein bestätigendes, leichtes Nicken des Alten, während er mich begutachtete. Ich kam mir fremd und verwundbar vor und war kurz davor, in Panik auszubrechen, als er das drückende Schweigen endlich brach.

Also ist deine Zeit tatsächlich gekommen. Ich wusste, dass es bald passieren würde. Nur wenige Auserwählte überleben die Berufung, und noch wenigeren wird die Gnade zuteil, als Suchender zu erwachen.

Den Sinn der seltsamen Worte des alten Mannes hatte ich nicht verstanden. Was hatte das alles zu bedeuten?

Du hast die Grenzen zu einem Land überschritten, das nur die Auserwählten betreten dürfen. Du hast dies ohne die Erlaubnis der Geister getan, dennoch bist du zurückgekehrt. Erneut musst du dich ihnen nun stellen. Dein Denken, dein Handeln und dein Leben werden fortan von den Wrohnen, den Waldgeistern bestimmt sein. Du musst dich zunächst deinem Totem stellen, denn dein Totem ist dein Führer in der Geisterwelt.

Die Worte klangen nach einer magischen Beschwörung und brannten sich wie ein Schmiedefeuer in mein Bewusstsein ein. Ich war mir der Bedeutung der Worte nicht im Klaren, aber ich spürte, dass dies meine eigene Wahrheit war, der ich mich stellen musste. Also stellte ich die einzige Frage, die ich für richtig hielt und die mir über die Lippen kam: Was soll ich tun?

Du wirst dich zum Platz der Wrohnen und Waldgeister, dem Herz des Waldes, begeben. Dort wirst du so lange bleiben, bis du weißt, dass es Zeit ist zu gehen. Du wirst nichts mit dir mitnehmen, sonst würdest du den Wald beleidigen, denn der Wald ist dein Leben und ist alles, was du von nun an benötigst.

Dies waren die Anweisungen, die mir der Schamane mit auf meinen Weg gab. Und es waren auch die einzigen, denn er beantwortete mir keine der tausend Fragen, die mir noch immer auf der Seele lagen. Nun wollte ich keine Zeit mehr verlieren, erzählte meiner Mutter mit kurzen Worten, was ich zu tun hatte und zog, so wie ich war, zum Herzen des Waldes.

Ich bereute es schon am ersten Abend, dass ich nichts zu essen und kein Wasser mitgenommen hatte. Meine anfängliche Vorfreude und Abenteuerlust wurde schnell verdrängt von den Strapazen der Reise. Meine Wanderung dauerte insgesamt sieben Tage, die ereignislos an mir vorüberzogen.

Mit großer Ehrfurcht und gehörigem Respekt betrat ich endlich mit vorsichtigen Schritten das Ziel meiner weiten Reise, eine helle große Lichtung im Wald, die bei den Stämmen als das Herz des großen Waldes bekannt war. Ein wenig Angst hatte ich schon, denn die Geschichten über diesen Ort waren geheimnisvoll und zugleich bedrohlich. Doch ich erblickte weder Geister noch Wrohnen. Das Einzige, was ich sah, war eine Rotte Wildschweine, die bei meinem Anblick davontrotteten. Froh, mein Ziel erreicht zu haben, stellte ich mich in die Mitte der Lichtung, blickte mich erwartungsvoll um und wartete. Nach einiger Zeit setzte ich mich auf einen nahen Baumstumpf und beobachtete die kleinen Insekten und Himmelstänzer, die im Licht der Sonne von einer Blüte zur nächsten schwirrten. Es herrschte eine friedliche Ruhe auf der einsamen Lichtung in der Mitte des Waldes. Niemand hatte mir gesagt, wer oder was mich hier erwartete. Also stand ich wieder auf und beobachtete aufmerksam mit suchenden Augen den Waldrand. Nichts geschah.

Der Abend kam, und die Nacht hüllte das Herz des Waldes in ein unheimliches Sternenlicht. Die friedliche

Ruhe an diesem Ort passte nicht so recht zu dem sonst so regen Treiben im Wald. Wieder keimte unaufhaltsam die Angst vor fremden Wesen in mir auf. Die vielen Geschichten über Wrohnen und Waldgeister an diesem Ort hielten mich die Nacht über wach. Dunkle Schatten, die das Mondlicht auf die Lichtung zauberte, tanzten einen stillen Reigen, doch die von mir so gefürchteten Wesen ließen sich zum Glück nicht blicken. Der Morgen kam, und mit ihm kam die Rotte Wildschweine, um auf der Lichtung nach Futter zu suchen. Sie schienen mich nicht zu wittern. Erst als ich von meinem Wachposten aufstand, bemerkten sie mich und liefen langsam davon.

Völlig erschöpft von der langen Nachtwache schlenderte ich zum nahen Bach, löschte schnell meinen Durst und setzte mich an die Uferböschung in die Morgensonne. Die wärmenden Strahlen der Sonne streichelten sanft über meinen Rücken und hinterließen ein wohliges Gefühl der Geborgenheit. Es dauerte nicht lange und ich war im weichen Gras eingeschlafen.

Es war bereits später Nachmittag und die Sonne stand hoch am Himmel, als ich erwachte. Mit zusammengekniffenen Augen blinzelte ich dem himmlischen Feuerball entgegen, als mich ein plötzlicher Gedanke durchzuckte. Ich sprang mit einem entsetzlich flauen Gefühl im Magen augenblicklich auf und rannte so schnell ich konnte zurück zur Lichtung. Oh, ihr Götter, dachte ich mir. Ich habe eine große Aufgabe zu bestehen und soll hier jemanden treffen, und dann verschlafe ich womöglich den wichtigsten Moment in meinem Leben. Was bin ich doch für ein Narr! Bitte, bitte lasst mich nicht zu spät kommen!

Die Lichtung war leer und verlassen. Nichts regte sich, und nichts deutete darauf hin, dass jemand in der Zwischenzeit hier gewesen war. Ich kam mir fremd vor. Ich gehörte nicht an diesen Ort. Enttäuscht begann ich damit, mir etwas Essbares zu suchen. Auf diese Weise verging auch der zweite Tag, ohne dass etwas Bemerkenswertes geschah. Des Nachts hielt ich Wache am Feuer, bis ich endlich am nächsten Morgen in der Frühe von den Wildschweinen begrüßt wurde. Die Rotte hatte sich zunächst vorsichtig und scheu auf der Lichtung zum Fressen eingefunden, begnügte sich aber später damit, mich aus sicherem Abstand mit wachsamen Augen zu beobachten.

An diesem Tag kämpfte ich einen harten Kampf mit dem Schlaf. Ich wollte um nichts in der Welt den gleichen Fehler begehen wie am Vortag. Die Zeit dehnte sich, und die Sonne schleppte sich nur langsam und träge über ihre Himmelsbahn. Es kam mir vor wie der längste Tag in meinem Leben. Die Nacht brach schließlich doch noch an, und all mein Warten war umsonst gewesen. Da ich die Nacht zuvor und den ganzen Tag nicht geschlafen hatte, fiel es mir immer schwerer, die Augen offen zu halten. Ich hatte trotz meiner Wut im Bauch und dessen, was ich mir selbst einredete, noch immer einen ehrfürchtigen Respekt vor diesem Ort. Ich wagte nicht zu schlafen, aus Angst die Geister könnten erscheinen. Deshalb wehrte ich mich mit allen Mitteln gegen die Müdigkeit, und es gelang mir dank des kalten Wassers des nahen Bachlaufs, auch diese Nacht zu überstehen.

Den neuen Tag begrüßte ich mit einem lauten Gähnen und zittrigen Beinen. Die Anstrengung der letzten Tage schien jeden Moment ihr Opfer von mir zu fordern. Das Erscheinen der vertrauten Wildschweine fesselte für kurze Zeit meine Aufmerksamkeit. Sie hatten mich sicherlich gesehen, aber sie nahmen kaum noch Notiz von mir. Müde sah ich dem Spiel der Frischlinge auf der Lichtung zu, bis mir meine Augen vor Erschöpfung zufielen.

Eine nahe Bewegung ließ mich aus meinem Dämmerzustand aufschrecken. Eine schwarze, haarige Gestalt sprang von mir weg. Ich sah dem flüchtenden Wildschwein mit ängstlichen Blicken hinterher. Es dauerte eine Weile, bis ich wieder einigermaßen bei Sinnen war. Als ich mich umsah, stellte ich fest, worauf es der Schwarzkittel abgesehen hatte. Meine mühsam gesammelten Nahrungsvorräte lagen fast völlig aufgefressen weit verstreut auf dem Boden herum. Was soll es schon, dachte ich mir. Ich werde spätestens Morgen hier verschwinden. Heute bin ich noch zu müde. Also beschloss ich den Tag zu schlafen und dann noch am besten während der Nacht oder am nächsten Morgen nach Hause aufzubrechen.

Ich wollte mich gerade zum Schlafen legen, da vernahm ich ein leises Rascheln, das sich vorsichtig näherte. Es dauerte nicht lange, bis ich den Urheber der Geräusche entdeckte. Ein neugieriges oder vielleicht auch nur verfressenes, großes Wildschwein bewegte sich vorsichtig in Richtung der kläglichen Überreste meines kleinen Nahrungsvorrates. Na warte, dachte ich mir. So einfach kommst du nicht an mein Essen. Ich griff nach einem Stück Holz und fasste es wie eine Keule. Dann sprang ich auf, wedelte wild mit den Armen und rief dem Tier laute Verwünschungen entgegen. Die aufgestaute Wut der letzten Tage ließ mich so mutig werden, dass ich dem Wildschwein sogar ein paar Meter entgegenlief. Was dann geschah, kam zu schnell für mich. Ich spürte einen entsetzlichen Schmerz, als mich der wilde Keiler überrannte. Dann verlor ich das Bewusstsein.

Ich erwachte, öffnete die Augen und stand langsam auf. Die Welt um mich herum sah plötzlich so seltsam aus. Die Farben des Waldes hatten sich verändert, und auch die Gerüche und Geräusche waren anders. Ich spürte alles so intensiv und so nah. Fast glaubte ich, das Rauschen der Blätter wäre wie ein leises Flüstern. Selbst die Sträucher und die … Aber was war das? Als ich auf den Boden sah, lag ich noch immer dort im Gras. Ich war mir ganz sicher, dass ich es war. Mein regloser Körper befand sich zu meinen Füßen. Es war, als würde mein Bewusstsein ohne Form und Körper wie ein Geist über mir selbst schweben. In mir wuchs eine ernüchternde Erkenntnis. Ich war tot.

Weder packte mich Entsetzen noch Panik. Wenn dies der Tod war, dann würde ich nichts daran ändern können.

Dann hörte ich plötzlich eine Stimme, die nach mir rief: Suchender.

Ich richtete mein Blick oder vielmehr mein Bewusstsein auf die Stelle, von der aus ich die Stimme zu vernehmen glaubte. Über der Lichtung schwebte, einer Wolke gleich, ein leuchtendes, weißes Etwas. Ohne es bewusst zu wollen, bewegte ich mich schwebend darauf zu. Unwillkürlich musste ich an das Wildschwein denken, das mich überrannt hatte. Ich dachte an meine Familie, an alles, was ich gelernt hatte, an meine tiefsten Ängste und meine größten Hoffnungen. Meine Gedanken waren völlig verwirrt. Es war, als ob ich keine Kontrolle mehr über mein Denken oder mich selbst hätte. Mir schien es fast, als ob irgendjemand gezielt meine Erinnerungen und Gedanken durchstöberte wie eine Bibliothek nach einem alten Buch. Alles wurde dem Betrachter über mich offenbart, und nichts blieb ihm verborgen. Während dieser Gedankenflut schwebte ich immer näher zu dieser Wolke, bis ich schließlich so nahe herangekommen war, dass ich das leuchtende Etwas mit meinen Händen berühren konnte.

Aus der Wolke heraus sprach wieder die Stimme zu mir: Bist du bereit, Suchender?

Ich wusste nicht, was die Stimme von mir wollte, was ich antworten sollte oder was ich tun sollte. So seltsam und unbeschreiblich diese Situation auch war, so wenig wunderte ich mich darüber. Es schien alles seine Richtigkeit zu haben und musste wohl so sein. Langsam hob ich eine Hand, oder was immer ich nun dafür hielt, um den leuchtenden Nebel zu berühren. Meine Hand drang, ohne einen Widerstand zu fühlen, durch den Nebel ein. Dies war der Weg, den ich gehen musste, so viel war gewiss. Ich warf ein letztes Mal einen Blick zurück zu meinem weit entfernten Körper, dann tat ich den endgültigen Schritt in das unbekannte Licht hinein.

Augenblicklich erfasste mich ein starker Sog. Ein wilder Strudel riss mich mit sich fort. Ich schleuderte herum wie ein trockenes Blatt in einem tobenden Wirbelsturm von ungezügelter Kraft. Nur dieser Strudel war nichts Materielles, nichts Greifbares. Es waren unzählige bunte Bilder und Erinnerungen. Ich sah die fremden Wesen und Geister aus meinen Ängsten und Träumen an mir vorbeiziehen. Wieder schienen sie zu mir zu sprechen, doch konnte ich immer noch nichts verstehen. Ich war gefangen in dem wilden Tanz der Wrohnen und Waldgeister. Seltsamerweise verspürte ich weder Schmerzen noch Angst. Es waren keine Gefühle mehr vorhanden, nur ein klares Denken blieb an der Oberfläche meines Selbst zurück. Mit der Zeit begannen mich, die Gestalten zu faszinieren. Neugierig sah ich sie mir näher an. Die Wesen ähnelten den verschiedensten Tieren und Pflanzen mit intelligenten, ja fast menschlichen Zügen, aber auch dämonische Gestalten tanzten in dem Wirrwarr aus Leibern und lockten mich mit unausgesprochenen Verheißungen von großer Macht und Reichtum.

Dann, so plötzlich wie mich der Sog erfasst hatte, so plötzlich spie er mich auch wieder aus. Er schleuderte mich in ein unbegreifliches Nichts. Es herrschte nur das Nichts um mich, eine völlige Leere, weder Licht noch Schatten. Der krasse Unterschied zwischen der Flut von bunten Bildern aus dem Tanz der Wrohnen und dem jetzigen Nichts traf mich wie ein Schlag. Doch der Moment währte nur kurz. Übergangslos stürzte ich in eine abgrundlose Dunkelheit. Ich spürte, wie ich beschleunigte und auf einen nicht vorhandenen Boden zuraste. Ich wurde immer schneller und schneller, und nirgends konnte ich etwas finden, um mich festzuhalten oder um den Fall zu bremsen. Die Stimme sprach zu mir: Warum hast du dich nicht entschieden, Suchender? Noch ist es nicht zu spät. Willst du sterben?

Sterben? Also war ich noch nicht tot. Die Erkenntnis konnte ich nicht recht fassen. Was geschah mit mir? Es war alles so seltsam. Ich versuchte, über die eigenartigen Geschehnisse nachzudenken. Meine wirren Gedanken zogen mich an einen bestimmten Punkt. Ich musste immer wieder an diesen Keiler denken. An seine Kraft und Entschlossenheit, an seine Neugier und Furcht, an seine Verbundenheit zur Familie und seinen Kampfgeist und seine Intelligenz. Mir fielen alle Begebenheiten ein, die ich während der letzten Tage auf der Lichtung beobachtet hatte, und diese wurden immer deutlicher. Vor meinen geistigen Augen formte sich ein deutliches Ziel, auf das ich zusteuerte. Ich wollte mir diese herrlichen Tiere noch eingehender betrachten. Ich wusste nicht, woher es auf einmal gekommen war, aber ich sah es so deutlich, als ob es schon immer dagewesen wäre und nur auf mich gewartet hätte.

Die starken Muskeln zuckten spielerisch unter dem dicken, grauschwarzen Borstenfell. Die Wachsamkeit, mit der Augen, Ohren und Nase die Umgebung beobachteten, war unüberwindlich. Die Weisheit und Intelligenz des Tieres war fast greifbar. Und ich gehörte dazu. Ich war eben so ein Teil seiner Welt geworden, wie dieses Wildschwein ein fester Teil von meinem Wesen geworden war. Ich konnte die Welt durch seine Augen sehen und das Denken und Handeln des Tieres ergründen. Dann begann sich langsam das Aussehen des Wildschweins zu ändern. Das Fell wurde weiß wie Schnee, die Züge menschlicher, und das ganze Tier verwandelte sich zu einer geisterhaften Erscheinung.

Er war die Stimme, die mich während all der Zeit auf meiner Suche begleitet hatte. Du hast mich gefunden und ich werde dich an mich binden. Von nun an bin ich dein Totem, Suchender! Ich konnte die Tragweite dieser Worte zunächst noch nicht begreifen.

Was in den nächsten Stunden geschah, darf und vermag ich nicht zu erzählen, denn es ist nur mir und meinem Totem erlaubt, dieses Wissen zu teilen. Ich hatte viel zu lernen und schwierige Prüfungen zu bestehen. Die Wrohnen und Waldgeister führten mich durch ihr Reich, und mein Totem wachte über mich wie eine Bache über ihre neugeborenen Frischlinge. Unsere Wesen verschmolzen zu einer komplexen Verbindung, die sich selbst durch meinen Tod nicht mehr trennen wird. Es war eine lange Zeit, die ich dort verbrachte, doch in der Welt der Geister hat die Zeit keine Bedeutung. Als ich von meiner Wanderung zurückkehrte, war dies, als ob mein Körper ein neues Leben erhalten hätte. Von nun an war ich ein Schamane, der dem Pfad des Wildschweins folgte.

Jetzt kennst du meine Geschichte. Den Weg, der vor dir liegt, kannst nur du erkennen. Die Kräfte, die in dir schlummern, sind Segen und Fluch zugleich. Willst du noch immer diesen Weg einschlagen? Du wirst sie bald sehen. Die Geister und Wrohnen rufen bereits nach dir. Hörst du sie?«

Während der ganzen Zeit war Jorn von der Erzählung des Schamanen wie gefesselt. Mit den letzten Worten des komischen Kauzes fiel auch der nahezu magische Bann von dem jungen Mann. Er kniff mehrmals die Augen zusammen, rieb sich mit dem Handrücken über die Lider und schüttelte heftig den Kopf. Er hatte den alten Kerl doch bloß nach dem Weg fragen wollen, der noch vor ihm lag. Die Geschichte des Zaubermannes klang zu fantastisch, um wahr zu sein. Das Gerede von den Waldgeistern, die angeblich nach ihm riefen, bereitete ihm großes Unbehagen. Vielleicht war es doch keine so gute Idee gewesen, sich in dieser gottverlassenen Gegend zu einem einsamen Fremden ans Lagerfeuer zu gesellen. Dabei hatte der Alte zunächst so harmlos ausgesehen. Was hatte den Jungen nur dazu getrieben? Die Dunkelheit der wolkenverhangenen, sternenlosen Nacht verschluckte inzwischen alles, was hinter dem hellen Schein des Lagerfeuers verborgen lag. Der Weg verschwand in der Finsternis, und das nächstgelegene Dorf lag einige Tagesmärsche entfernt.

Dem Jungen wurde es immer unheimlicher. Er wollte nicht mehr länger mit dem verrückten Alten an ein und demselben Ort verweilen. Dies konnte nicht gut gehen. Hier war kein gewöhnliches Lagerfeuer, an dem sich einsame Wanderer für die Nacht gemeinsam niederließen. Langsam schob sich die Geschichte des Alten in das Denken des Jungen. Warum hatte er ihm all das erzählt? Was sollte dieses Gerede von Geistern und Wrohnen, die ihm begegnen würden? Seine Angst wuchs ins Unbeschreibliche, schlich sich wie ein langsames Gift durch den ganzen Körper und übernahm schließlich die Kontrolle über sein Denken und Handeln. Der Junge starrte den Fremden schweigend an. Ein wissendes Lächeln zierte dessen Gesicht und verzerrte es im Schein der tanzenden Flammen zu einer geisterhaften Fratze. Es war mehr, als der Junge ertragen konnte. Lieber wollte er in die Ungewissheit der dunklen Nacht fliehen, als eine Minute länger bei dem unheimlichen alten Schamanen am Feuer zu sitzen. Ohne eine einzige Vorwarnung sprang der Junge auf, griff nach seinem Bündel und rannte der trügerischen Sicherheit des Dunkels entgegen. Nicht einmal ein Wort des Erstaunens rief der Fremde ihm nach. Es folgte ihm nur das leiser werdende Knacken der brennenden Äste im Feuer und das Knirschen der Steine unter seinen Füßen. Der Knabe rannte aus Leibeskräften den Weg entlang, der Atem ging schwer, und bald schon schmerzte ihm die Seite. Doch er rannte und rannte und wagte es nicht, sich umzudrehen, aus Angst, die Geister des alten Mannes würden ihn verfolgen. Endlich, als die Schmerzen fast unerträglich wurden und die Lungen brannten wie flüssiger Stahl, brachen die Beine des Jungen kraftlos unter ihm zusammen, und er ließ sich erschöpft auf dem harten Boden des Weges sinken.

Laut schnaufend konnte der Junge ein wenig durchatmen. Der Schweiß rannte ihm kalt den Rücken herab. Unsicher ließ er seinen Blick über die Umgebung wandern, doch das Dunkel hinter den Bäumen vermochte er nicht zu durchdringen. Der Himmel war versteckt hinter dicken Wolken, und selbst der Mond konnte die Schwärze kaum erhellen. Ein leises Knacken tief im Wald ließ den Jungen erneut den Atem anhalten. Er lauschte angestrengt in die Stille der Nacht. Das Knacken wiederholte sich, diesmal etwas näher, und dann waren plötzlich von der anderen Seite leise Geräusche zu hören. Etwas schien sich ihm zu nähern, sich an ihn heranzuschleichen, ihn zu umkreisen. Panik keimte in dem Jungen auf. Sein gehetzter Blick drehte sich in alle Richtungen, doch nirgendwo schien sich ihm ein sicherer Ort zu offenbaren. Völlig erschöpft zwang sich der Knabe erneut auf die Beine und lief um sein Leben, so schnell er konnte, weiter den Weg entlang, tiefer in die Finsternis, in der Hoffnung, bald ein rettendes Licht zu finden.

Mehr stolpernd als rennend schleppte sich Jorn immer weiter vorwärts. Er würde nicht anhalten, bis der tröstende Schein des Morgens den Horizont erhellen würde. Die Erschöpfung wurde zu einer unerträglichen Last, die mit jedem Schritt zu wachsen schien. Seine Beine wurden schwerer und schwerer, und jeder weitere Schritt kostete mehr Kraft als der vorangegangene. Ein kühler Lufthauch ließ für kurze Zeit die Wolkendecke aufreißen, und der einsame, volle Mond am Himmel schickte seine Strahlen ein Stück weiter den Weg entlang. Im bleichen Licht des Mondes schälte sich ein düsterer Schatten aus der Dunkelheit der Nacht. Kraftvoll und majestätisch drehte sich der Kopf der Gestalt in Richtung des Jungen. Der Blick eines riesenhaften Wolfes traf auf das Entsetzen in den Augen des Knaben. Langsam kam der Wolf mit lauernder Haltung auf Jorn zu. Während dieser unsicher ein paar Schritte zurücktaumelte, fiel ihm sein Bündel aus den kraftlosen Händen. Der muskulöse Leib des mächtigen Jägers glänzte geisterhaft im fahlen Licht des trüben Mondes. Intelligente, gelbe Augen folgten jeder Bewegung des Jungen. Nicht Willens, sich dem Unvermeintlichen zu stellen, drehte sich der Junge in die Richtung, aus der er gekommen war, um erneut zu fliehen. Doch seine Beine waren schwer wie Blei und wollten seinem Willen nicht mehr gehorchen. Noch bevor er den nächsten Schritt tun konnte, ertönte ein lautes, schauerliches Heulen hinter seinem Rücken. Wie ein Unheil verheißender Chor stimmten unzählige weitere Kehlen ein in das nächtliche Konzert der Waldgeister und Wrohnen. Dann schloss sich der Kreis der Wölfe um den Knaben.

Dörte Müller

Der Fluch der Bäckersfrau

Ich war nie abergläubisch oder glaubte an irgendwelche Geister oder Flüche. Doch dann geschah etwas in meinem Leben, das meine Einstellung von Grund auf verändern sollte …

Meine Geschichte beginnt an einem verregneten Sonntagmorgen im Februar. Ich war umgezogen und richtete gerade meine neue Wohnung ein. Die Wohnung war ein regelrechter Traum: wundervoll gelegen mit weitem Blick über Felder und Wiesen. Doch an diesem Tag sah die Welt trist und grau aus, und es schien wieder einmal ein Winter zu sein, der niemals enden wollte. Nach einer anstrengenden Arbeitswoche beschloss ich an diesem Sonntag, das Renovieren sein zu lassen und mir ein paar Brötchen zu gönnen. So radelte ich durch die Einöde zu dem nächstgrößeren Ort und hielt bald vor einer Bäckerei, die hell erleuchtet war. Ich stieg von meinem Rad und betrat den Laden. Ein kleines Glöckchen kündigte meinen Besuch an, und bald darauf hörte ich schon die schlürfenden Schritte der Bäckersfrau. Als ich sie sah, gefror mir das Blut in den Adern. Irgendetwas stimmte mit dieser Frau nicht. Sie sah mich wütend und mit verquollenen Augen an. Ihre ungepflegte Dauerwellenfrisur stand wild nach allen Seiten ab, ihr Blick war kalt und geistesabwesend. Kein Gruß kam von ihren schmalen, eng aufeinander gepressten Lippen. Plötzlich war ich froh, dass ich nicht hier arbeiten musste und einen interessanteren Job hatte als diese Frau. Ich war nämlich Grafikdesignerin, arbeitete in einem schicken Büro und musste nicht sonntags in einem kleinen miefigen Laden stehen. Plötzlich hatte ich das Gefühl, dass die Frau meine Gedanken lesen konnte. Eine Gänsehaut lief mir über den Rücken. Doch ich fasste mich schnell wieder und bestellte sieben Brötchen.

»Zwei Euro zehn«, knurrte sie überaus unfreundlich und packte die Brötchen in eine Tüte.

Schnell reichte ich ihr einen Fünf-Euro-Schein. Kaum hatte ich das Wechselgeld in den Händen, lief ich aus dem Laden und radelte nach Hause.

Einige Wochen waren inzwischen vergangen. Ich hatte meine Wohnung renoviert und den Vorfall im Bäckerladen schon fast verdrängt, da bekam ich irgendwann im März einmal wieder Lust auf Sonntagsbrötchen. Inzwischen war es schon etwas wärmer, und fast fröhlich radelte ich los. Es dauerte auch nicht lange, da stand ich wieder vor der Bäckerei.

Vielleicht wird ja heute alles besser, versuchte ich mir einzureden und betrat fröhlich den Laden. Wieder ertönte die kleine Glocke. Doch wieder erschien die furchtbare Frau mit der ausgewachsenen Dauerwelle und dem missmutigen Gesicht. Sie schien mir fast noch ein bisschen unfreundlicher zu sein als beim letzten Mal. Ich bekam eine Gänsehaut und bestellte mit zittriger Stimme meine sieben Brötchen. Während die Bäckersfrau die Brötchentüte packte, wühlte ich in meinem Portemonnaie herum und wollte die zwei Euro zehn schon passend bereithalten. Doch ich versteinerte. Wie konnte das möglich sein? Ich hatte nur einige Cent und einen fünfzig Euro Schein!

»Zwei Euro zehn«, hörte ich die alte Frau sagen und blickte in zwei Augen aus Stahl, die mich förmlich durchbohrten.

Nervös sah ich mich um. Kamen nicht auch andere Leute hier in diesen Laden? Wieso liefen auf der Straße keine Passanten herum? Ich zitterte und hüstelte. Schließlich musste ich es ihr sagen. »Ich habe nur einen Fünfzig-Euro-Schein.« Meine Stimme klang ungewohnt heiser.

Mein Gegenüber erstarrte. »Kann nicht wechseln«, raunte die Frau. »Muss ich anschreiben. Name und Anschrift?«

Ich nannte ihr meinen Namen und meine Adresse und hatte das merkwürdige Gefühl, ihr meine Seele verkauft zu haben. Dann stürmte ich kopfüber aus dem Laden.

Eine Woche später radelte ich zum dritten Mal in den kleinen Ort. Diesmal war ich gut vorbereitet. Ich hatte das Geld in einen beschrifteten Umschlag eingetütet und zugeklebt, wie damals in der Grundschule. Nachdem ich mein Fahrrad abgestellt hatte, öffnete ich mutig die Ladentür. Das Glöckchen bimmelte. Doch dieses Mal erschien nicht die verhärmte Bäckersfrau, sondern ein kleines, rothaariges Mädchen von ungefähr sieben Jahren. Ich war überglücklich.

»Hallo!«, sprudelte es aus mir heraus. »Kannst du diesen Umschlag deiner Omi geben? Das ist das Geld, was ich ihr noch schulde!«

Da fing das kleine Mädchen an zu heulen. »Meine Omi ist letzte Nacht gestorben.«

Der Umschlag in meiner Hand fing an zu zittern. »Das tut mir aber leid«, brachte ich mühevoll hervor. Ich fühlte mich wie vor den Kopf gestoßen. Wie in Trance legte ich das Geld auf den Tresen und wollte gerade gehen, da rief das Mädchen hinter mir her: »Meine Oma hat kurz vor ihrem Tod gesagt, dass die Frau, die ihr noch zwei Euro zehn schuldet, bis in alle Ewigkeit verflucht sein soll.«

Mir blieb fast das Herz stehen. Jetzt war ich also verflucht. Wegen zwei Euro und zehn Cent! Zunächst spürte ich Ärger und Groll in mir aufsteigen. »Aber ich habe das Geld doch zurückgegeben«, sagte ich leise aber bestimmend und sah das Mädchen dabei durchdringend an. Doch die Kleine hielt meinem Blick stand und verzog keine Miene. Irgendetwas in ihrem Blick war nicht normal. Ich fühlte mich so, als träfen mich helle Lichtstrahlen, die aus ihren auffallend grünen Augen schossen.

»Wir sind Hexen. Wir haben Zauberkräfte und wissen, was du in Wirklichkeit über uns denkst«, hörte ich plötzlich die Stimme des Mädchens, das mich immer noch anstarrte, ohne den Mund aufzumachen.

Schnell verließ ich den Laden und radelte nach Hause. So ein Blödsinn! Ich ließ mir doch den Tag nicht vermiesen, nur weil ein merkwürdiges Mädchen merkwürdige Dinge gesagt hatte.

Am nächsten Morgen erzählte ich meinen Arbeitskollegen das Erlebnis und wurde von allen Seiten misstrauisch angesehen. Statt gemeinsam darüber zu lachen, hatte ich plötzlich das Gefühl, dass mich die Leute mieden. Sogar in der Mittagspause saß ich ganz allein an einem Tisch. Ich ärgerte mich über meine Geschwätzigkeit und nahm mir vor, nichts mehr von der Bäckersfrau zu erzählen. Doch dann passierte noch etwas Entsetzliches: Aus heiterem Himmel wurde mir gekündigt, und ich wusste nicht, wovon ich noch meine Miete für die teure Traumwohnung bezahlen sollte. Verzweifelt radelte ich zur Jobagentur.

»Leider haben wir zurzeit nur einen einzigen Job auf der Liste«, sagte die nette Frau hinter dem Schreibtisch, die mich durch ihre Brille mitleidig ansah.

»Ist egal, ich nehme ihn!«, antwortete ich schnell.

»Sie können hier in der Bäckerei im Ort anfangen!«

Sophie Müller

Gläserspiel

»Hast du Haustiere?«

»Haustiere?«

»Ja, Hund, Katze, Maus?«

Am liebsten hätte Elena ihm in das gehässige Gesicht schlagen können. Da saß er vor ihr, wie ein wohlhabender Konzernchef, zurückgelehnt, den einen Arm lässig auf den Tisch gelegt und mit dem halbvollen Rotweinglas spielend.

»Nein«, antwortete er mit einem spöttischen Unterton und einem Blitzen in den Augen, das vielleicht seine Sekretärin, aber nicht Ciara attraktiv fand.

Sie wunderte sich nicht unbedingt, dass kein *Und du?* folgte. Wahrscheinlich wollte er eher ihren Kontostand diskutieren. Doch anhand ihres billigen Kleides musste er gleich zu Anfang gemerkt haben, dass dieses Blind Date für ihn in die Hose ging.

Der schlimmste Fehler meines Leben, dachte Ciara sich ebenfalls. Als der Hauptgang gebracht wurde, legte sie provokant das Besteck beiseite und pulte mit den lackierten Fingern die Pelle von dem Hühnchen.

Christopher – er bestand darauf, dass sein Name Englisch ausgesprochen wurde – hob verwundert und leicht angeekelt seine Augenbrauen.

Ciara unterdrückte ein amüsantes Grinsen und schaute ihrerseits nur fragend zu ihm auf. Als würde sie erst in diesem Moment ihr schlechtes Benehmen bemerken, sagte sie schulterzuckend zu ihm: »Ich mache das immer so.« Und hob das Stück Fleisch vor ihre Nase, um es dann genüsslich in ihren Mund fallen zu lassen.

Aus dem Augenwinkel sah sie ein Paar blaue Augen aufblitzen.

Ein Tisch stand im Weg, sodass sie den Fremden nicht genau hinter einem wackelnden Lockenkopf erkennen konnte, doch sein süffisantes Grinsen entging ihr dennoch nicht.

Christopher starrte sie einen Augenblick mit weit aufgerissenen Augen an, hin- und hergerissen, ob er seine Coolness über Bord werfen und sich provozieren lassen sollte. Stattdessen führte er das Spiel fort: »Lass mich raten, wie alt du bist!«

»Über das Alter spricht man mit einer Frau nicht.« Sie griff grob nach ihrem Weinglas und kippte den rot glänzenden Inhalt mit einem Mal runter.

Christopher verlor nicht das Gesicht. »In deinem Alter macht das doch nichts aus.«

Diese charmante Schleimerei kannst du dir sonst wohin stecken, hatte sie sagen wollen, doch sie schaute ihn nur von unten herab an, während sie ihre Schultern sinken ließ und wie ein bockiges Kind auf dem Stuhl kauerte.

»Vierundzwanzig.«

»Nope.«

»Älter oder jünger?«

Da Christopher seinen Fisch nicht angerührt hatte, langte sie nun mit der Gabel über den Tisch. Als ob ihr die Frage entgangen sei, stellte sie gespielt beschämt: »Ich darf doch, oder?« Aus der Ferne sah sie das Blitzen eines Lächelns.

Langsam begann seine Selbstkontrolle zu bröckeln. »Älter oder jünger?«, wiederholte er, ohne die Zähne zu lösen.

Sie schob den Fisch in eine Ecke ihres Mundes und fragte kauend: »Was denkst du denn?«

»Ich dachte, dass ich diesen Abend mit einer Dame verbringe und nicht mit einem Kleinkind, das beim Essen sabbert.« Mit diesen Worten fuhr er sich durch das schmalzige Haar und warf theatralischen die Serviette auf seinen gefüllten Teller.

Ciara bemerkte, wie auch bei ihr der Geduldsfaden riss, nicht vor Scham, sondern vor Wut über den verkorksten

Abend. Sie hätte lieber an der Seite ihrer Schwester gesessen. Stattdessen hatte sie die letzten zwei Stunden mit einem aufgeblasenen Gockel verbracht. Aus dem Augenwinkel nahm sie wahr, wie Christophers Rotweinglas schwankte.

»Nein, bloß nicht. Nicht hier. Nicht jetzt«, murmelte sie leise.

Ihr Gegenüber war zu sehr in Rage, um irgendetwas zu hören. Er schnappte sich seine Jacke vom Garderobenständer, winkte den Kellner ran und gab ihm ein paar Scheine, bevor er zurück zu ihr an den Tisch hetzte.

Ciara hörte nicht eines seiner zornig gespuckten Wörter. Das Rotweinglas vibrierte immer stärker. Je mehr er sprach, desto weiter schwankte der Wein, bis die ersten Tropfen auf das weiße Tischtuch fielen.

»… und wir werden uns ganz bestimmt nie wieder sehen.«

Das Rotweinglas zerplatzte wie eine Bombe. Die Scherben flogen zu allen Seiten, ließen die feinen Damen und Herren aufschreien.

Gleich drei Kellner eilten heran, hörten sich die Beschwerden von allen Seiten an, die kreuz und quer durch das Restaurant wehten, und brachten die Schaulustigen zurück zu ihren Plätzen.

Während Christopher vehement abstritt, dass er an dem Scherbenmeer schuld war, kamen Ciara die Tränen. Zu geschockt, um etwas zu sagen, klammerte sie sich an ihre Tasche und suchte das Weite. Wie das Rettungsboot eines untergehenden Schiffes sah sie endlich die Ausgangstür in Reichweite und streckte schon die Hand nach ihr aus, als sich ihr jemand in den Weg stellte. Er sagte nichts, aber die blauen Augen des Fremden sprachen Bände. Er hatte alles gesehen: ihre Wut, das Zittern des Glases und die Explosion.

Die Besucherzeiten missachtend stürmte Ciara ins Krankenhaus. Eine Schwester hielt sie halbherzig auf, doch da irgendwie jeder auf der Station Mitleid mit ihr hatte, ließ man sie mit den strengen Worten *Nur noch eine halbe Stunde, Frau Blum* passieren.

Als hätte Lissy sie erwartet, saß sie aufrecht in ihrem Bett. Sie war dürr und blass. Zwei Jahre hatte ihr der Arzt am Anfang gegeben. Anderthalb waren verstrichen, und von Tag zu Tag wurde Ciara bewusster, dass der Doktor recht haben könnte.

»Hey, Liebling! Wie geht's dir?« Sie gab ihrer Schwester einen Kuss auf die Wange.

»Es ist okay.«

Erleichtert atmete Ciara aus. Lissy war nicht der Typ, der schwindelte, um andere zu beruhigen. Sie weinte, wenn sie Schmerzen litt und lächelte, wenn dieselben in den Hintergrund traten.

»Wie war das Date?«

Ciara seufzte leise und ließ sich erschöpft auf einen pastellgrünen Plastikstuhl fallen.

»Es ging in die Hose«, schloss Lissy kurzerhand und verzog die dünnen, trockenen Lippen zu einem aufmunternden Lächeln, als Ciara nickte.

»Katastrophal. Christophöör …« – sie blinzelte ihrer Schwester verschwörerisch zu – » … war widerlich.« Sie senkte ihren Blick, um Lissy nicht den Schmerz in ihren Augen zu zeigen.

»Es ist wieder passiert, richtig?«

Ciara schwieg, seufzte schließlich noch einmal und legte dann das Kinn in ihre rechte Hand. »Ja.«

»Du Arme, komm her!«

»Es macht mir Angst, Lissy«, murmelte sie in die Haare ihrer Schwester und blinzelte verzweifelt die Tränen weg.

»Es muss ihm Angst gemacht haben«, kicherte Lissy.

Als Ciara auf ihren Witz nichts entgegnete, strich sie ihr eine Strähne aus dem Gesicht. »Mein Gott, mach dir doch keine Sorgen wegen dieses Missgeschickes.«

»Es ist ein Fluch, Lissy.«

»Nein, ein Gottesgeschenk. Es ist eine Gabe, die kein anderer Mensch besitzt.«

Der Stuhl schabte über den Boden, als Ciara aufgewühlt aufstand und durchs Zimmer lief. Sie biss sich auf die Unterlippe in der Hoffnung, dass der Schmerz ihre Tränen aufhalten würde.

»Hat es denn jemand bemerkt?«, fragte ihre Schwester nach einigem Ticken der Uhr.

»Wir waren in einem Restaurant«, antwortete Ciara verbittert.

»Ja und?«

Ciara schniefte und strich die Tränen eilig von ihrem Gesicht, bevor sie sich umdrehte. Ihre Hände waren nass, als sie sich auf das Bett setzte.

»Ich glaube, Christopher dachte selbst, dass er daran schuld war.«

»Dann ist doch alles gut.«

Ciara kaute unsicher auf ihrer malträtierten Unterlippe und griff hastig in ihren Mantel. »Nicht ganz. Da war ein Mann. Er gab mir seine Telefonnummer. Ich soll ihn anrufen.«

Ciara hatte den gelben Twingo vor ihrem dunklen Haus geparkt. Sie fühlte sich ausgelaugt und überfordert. Seit sie denken konnte, besaß sie diese Kräfte. Gegenstände zersprangen, wenn sie sich aufregte. Ihre Eltern hatten die Schuld immer auf Lissy geschoben. Nur die Schwestern wussten, warum die Scherben der Vase auf dem Boden lagen.

In der Schule hatte Ciara einmal das Mathebuch der Lehrerin zerfetzen lassen, als sie auf einem Test nicht einmal einen Punkt bekommen hatte. Doch ihre Kräfte hielten nicht vor Gegenständen halt.

Plötzlich tauchte da dieser Fremde auf. »Ich kann dir helfen«, hatte er gesagt.

Grübelnd griff Ciara nach dem Handy und zog den Zettel mit der Telefonnummer aus ihrem Mantel. Die

Zahlen verschwammen vor ihren Augen. »Kann er nicht.« Kopfschüttelnd drückte sie die Nummer weg und warf das Handy in ihre Tasche, bevor sie aus dem Auto aussteigen wollte. Durch die mit Regen besetzte Scheibe sah sie den Mann erst beim zweiten Hinschauen.

»Was wollen Sie hier?« Sie wollte wütend klingen, doch Verzweiflung und Panik färbte ihre Stimme.

Er schaute sich um, als würde er verfolgt werden. »Komm mit!«

»Ich werde ganz bestimmt nicht einem Fremden folgen«, rief sie entrüstet, doch der Mann umfasste ihr Handgelenk und zog sie an seine Brust.

»Sie werden dich töten«, flüsterte er in ihr Ohr, bevor sie sich lösen konnte.

Ciara starrte ihn entsetzt an. »Ich rufe die Polizei. Sie sind verrückt!«

»Ich bringe keine Gläser zum Zerspringen.« Er blickte nicht sie an, sondern beobachtete eine Frau, die mit Regenschirm durch den Nieselregen hastete.

»Ich … ich kann Ihnen nicht vertrauen. Ich weiß selbst nicht, was ich tat.«

Endlich wandte er sich ihr zu. »Tut mir leid. Ich bin Milán.« Er beugte sich zu ihr herunter. »Sie werden dich finden. Mit Hexen machen die kurzen Prozess. Das ist heute nicht anders als im Mittelalter. Du kennst doch die Geschichten, oder?«

»Nein.«

»Nein? Feuer? Hexenprobe et cetera? Hattest du schon einmal einen historischen Roman in der Hand gehabt? Jeder zweite handelt davon.«

Sie schluckte, bevor sie ihren ganzen Mut sammelte. »Es gibt keine Hexen.«

»Doch«, antwortete er unbekümmert. »Und du bist das beste Beispiel. Eine Hexe wie sie im Buche steht. Okay, das war wahrscheinlich übertrieben. Dir fehlt die Hakennase, der Buckel und das zerzauste Haar.«

»Danke für das Kompliment.«

»Es war keines.«

Sie blieb verwundert stehen. »Okay, ich würde jetzt in mein Haus gehen, wenn Sie nichts dagegen haben. Heute habe ich genug merkwürdige Personen kennengelernt. Langsam ist meine Schmerzgrenze erreicht.«

»Ich würde da nicht reingehen.«

Ciara ignorierte ihn und eilte mit großen Schritten über die Straße.

Er folgte ihr, doch sie versuchte, ihn abzuschütteln.

»Wanzen. Eine unterm Küchentisch, die andere in deinem Schlafzimmer. Die haben dich schon lange auf dem Kieker.«

Ihn ignorierend suchte sie nach ihrem Haustürschlüssel, fand ihn und suchte im Dunklen nach dem Schlüsselloch.

»Die Nachbarn sind Spione.«

Sie schaute kurz genervt zu ihm auf, fummelte jedoch ungehindert weiter an ihrer Haustür herum.

»Können Sie die nicht aufzaubern oder so? Wozu brauchen Hexen einen Schlüssel?«, fragte er nach einigen Sekunden irritiert.

Erleichtert stieß Ciara die Tür auf, schlüpfte hinein und betätigte den Lichtschalter. Sie hatte vor, die Tür vor seiner Nase zuzuschlagen, aber als hätte Milán es geahnt, lehnte er seinen Arm dagegen.

»Tu mir einen Gefallen! Bitte! Einen einzigen!«

»Was?«, fragte sie genervt.

»Pass auf Lissy auf. Deine Eltern sind bereits gestorben. Deine Schwester ist die Nächste.«

Ciara hatte nicht gut geschlafen.

Miláns eindringliche Worte gingen ihr nicht aus dem Kopf.

»Vielleicht ist er Autor. Fantasyautor«, sagte sie am Frühstückstisch zu ihrer Katze, die sich maulend zu ihren Füßen niedergelassen hatte.

»Oder eine Mutprobe. Verwirre eine fertig aussehende

Frau. Aber aus den Kinderspielen wird er wohl rausgewachsen sein.«

Sie nahm einen großen Schluck Milch. »Meinst du, er war betrunken?«

Sich den weißen Bart wegwischend grübelte sie über diese Möglichkeit nach. »Immerhin war er in einem Restaurant gewesen. Aber zu fein, als dass man sich dort besaufen möchte, oder, Max? Ach, weißt du was? Ich bleib bei der Version, dass er mir einen üblen Scherz spielen wollte. Vielleicht kam er vom Fernsehen.«

Sich mehr Milch eingießend hörte sie, wie Max mit einem Mal zum Fenster sprang.

»Was ist, mein Kleiner?«

Im letzten Moment sah sie jemanden in schwarzen Klamotten vorbeihuschen. Hastig zog sie sich einen Morgenmantel über und eilte zur Haustür.

»Guten Morgen, Frau Blum.«

»Frau Kellner«, rief Ciara überrascht. Ihre Nachbarin stand neben ihrem Beet mit einem bedeckten Tablett in der Hand.

»Was suchen Sie in meinem Garten?«, fragte sie freundlich, doch ihre Stimme schwankte vor Unsicherheit.

»Einen Kuchen wollte ich ihnen bringen. Für das Fräulein Lissy, weil sie immer so schwach aussieht.«

»Lissy ist schwer krank, Frau Kellner.« Obwohl Ciara ihr das mehrmals gesagt hatte, wollte die alte Frau das nicht wahrhaben.

»Vielen Dank. Heute Abend werde ich ihn gleich ins Krankenhaus bringen. Sie wird sich bestimmt sehr darüber freuen.«

»Du bist so ein liebes Kind, Ciara. Schade, dass deine Eltern …«

»Es ist okay. Ich komme klar. Danke.«

Ciara schloss die Tür, stellte den Kuchen in der Küche ab. Nach einigen Minuten lief sie zurück in den Flur, um aus den Gartenlatschen und der übergehangenen Jacke zu schlüpfen. Vor der Tür stand noch immer derselbe Umriss. Ihre Nachbarin hatte sich keinen Zentimeter gerührt.

Als sie nach der Arbeit den Kuchen abholen wollte, fiel ihr ein schwarzer BMW auf, der ihr, seit sie in die Goethe–Straße abgebogen war, gefolgt war.

Um ihn vorbeizulassen, hielt sie in einer Nebenstraße für ein paar Minuten und wühlte in ihrer Tasche herum, um ihr Handy zu finden. Wahllos über das Display wischend, beobachtete sie den BMW, der ihr zwar nicht in die Nebenstraße folgte, aber auch nicht auf der Hauptstraße geradeaus weitergefahren war. Seufzend warf sie das Handy zurück auf den Beifahrersitz und startete das Auto. »Jetzt werde ich noch paranoid«, murmelte sie und drehte das Radio lauter, bevor sie mit durchdrehenden Reifen startete und einen Umweg nach Hause fuhr. Erleichtert erkannte sie, dass ihr kein schwarzes Auto länger folgte.

Schon mit den Gedanken im Krankenhaus bei ihrer Schwester parkte sie vor ihrem Haus, schloss nicht ab und eilte in die Küche, um Frau Kellners Kuchen mitzunehmen.

Als sie auf dem Rückweg war, sah sie einen Mann vor ihrem Auto stehen. Erstarrt blieb sie für einige Sekunden auf dem Gehweg stehen, bis sie anhand seines unruhigen Blickes erkannte, dass es sich um Milán handelte.

»Hey, was suchen Sie hier?«

»Ciara!« Er kam ihr mit einem breiten Grinsen entgegen. »Endlich bist du da. Sie sind dir auf den Fersen.«

»Wer?«

»Die Regierung. Wer sonst? Sie jagen Hexen. Sie haben Angst vor deinen Kräften.«

»Ich habe keine Kräfte, Milán. Es ist nett, dass Sie sich solche Sorgen machen, aber sie sind unbegründet.«

Er schwieg und sah sie mit einem Blick an, der von tiefer Enttäuschung zeugte. »Dann pass wenigstens auf deine Schwester auf! Bitte!«

Ciara konnte das aufgeregte Klopfen ihres Herzens nicht mehr ignorieren, als sie ins Krankenhaus stürzte. Natürlich war die Besuchszeit vorbei – aber das war sie bei ihren letzten fünf Aufenthalten auch gewesen. Diesmal begegnete ihr keine Schwester, die Flure waren leer. Sie hörte nichts, nur eine leise, gedämpfte Stimme aus einem der Zimmer.

»Lissy, du wirst nicht glauben, wen ich gerade wieder getroffen habe«, sagte sie schon, bevor sie in den Raum stürzte. Doch er war leer.

»Lissy?« Als hätte sich ihre Schwester unter dem leeren Bett versteckt, sah Ciara im ganzen Zimmer nach. Keine Kleidung in dem Schrank, kein Buch auf dem Nachttisch. Ihr Herz klopfte nicht länger, es trommelte wie verrückt gegen ihre Brust.

Panisch verließ sie das Zimmer und sah sich auf dem Flur um. »Hallo? Ist hier gar keine Schwester?«

In ihrer Verzweiflung bemerkte sie nicht, wie die Glasscheiben der Fenster erbebten, als hätte ein Riese das Gebäude in seinen Armen. Mit einem Male platzten die Lampen. Ein Funkenregen ließ sie erschrocken zusammenzucken. »Nein«, murmelte sie gefangen zwischen Furcht und Wahn.

Überstürzt verließ sie das Krankenhaus und fuhr wie eine Verfolgte nach Hause. Milán hatte es gewusst. Er hatte sie gewarnt. Sie war eine Hexe. Und man wollte ihr alles nehmen. Ihre Familie, ihre Schwester und nicht zuletzt ihr Leben.

Als würde ihr nun alles klar werden, saß sie wie versteinert am Küchentisch. Mit Mantel und Mütze, mit schlammigen Schuhen und der umgehängten Tasche.

Der Kuchen, fiel es ihr plötzlich ein. Da sie ihn nicht hatte abgeben können, hatte sie ihn wieder mitgenommen. Eilig kramte sie in einem Schubfach nach einer Gabel und nahm einen winzigen Bissen. Säure alarmierte ihre Geschmacksknospen.

»Dachte ich es mir doch«, rief sie. »Vergiftet.« Mit einem einzigen Ruck wurde die Süßspeise in den Mülleimer gestoßen.

Ciara ließ sich auf den Knien nieder und robbte unter den Tisch.

»Die Wanzen … wo sind die Wanzen?« Sie fand etwas kleines Schwarzes an der einen Ecke, pulte es ab und warf es angewidert in das Spülbecken. Auf der Suche nach der zweiten Wanze tigerte sie durch ihr Schlafzimmer, durchwühlte ihren Kleiderschrank, warf Kissen und Bettzeug auf den Boden, untersuchte akribisch die Lampe und den kleinen Fernseher.

In ihrer Aufregung bemerkte sie nicht, wie sie versehentlich auf einen Knopf kam und die Stimme der Nachrichtensprecherin klar und deutlich durch das Zimmer hallte.

Als Ciara immer noch nichts fand, tastete sie das Fensterbrett ab. Am Boden zerstört blieb sie auf ihrem Teppich sitzen. Tränen stiegen ihr in die Augen. Ihr Kopf brummte, sie konnte die Schmerzen beinahe nicht mehr aushalten und presste ihre Stirn gegen die kühle Wand.

Milán! Sie musste jetzt mit Milán reden. In ihrer Manteltasche befand sich nach wie vor der Zettel mit seiner Telefonnummer. Mit zittrigen Fingern drückte sie die Tasten und hielt atemlos das Handy an ihr Ohr. Doch es ertönte nur eine elektronische Stimme: »Kein Anruf unter dieser Nummer.«

Sie kontrollierte die Zahlen noch einmal und ließ verwundert das Telefon sinken. Es gab nur eine Antwort auf diese Frage: Man hatte ihn gefangen genommen. Und sie war schuld.

Wieder vibrierten die Gegenstände in ihrem Schlafzimmer. Die Vase, die Bücher, die Kissen – alles bewegte sich in einem verrückten Gleichtakt.

»Vor zwei Tagen ist er der Irreanstalt entflohen. Man geht davon aus, dass er sich in der Umgebung befindet. Eine Bedrohung geht nicht von ihm aus.«

Ciara war für einen Augenblick abgelenkt. Sie starrte auf den Bildschirm, auf dem eine junge Psychotherapeutin eingeblendet wurde.

»Milán Weizenäcker leidet an Schizophrenie. In der Regel ist er sehr ausgeglichen und verhält sich jedem freundlich gegenüber. Er ist der Meinung, er arbeite als Geheimagent gegen eine Verschwörung der Regierung, die es auf das Töten von magischen Wesen abgesehen hat. Falls Sie Milán gesehen haben, melden Sie sich bitte unter folgender Telefonnummer.«

Das eingeblendete Bild zeigte einen jungen, hochgewachsenen Mann mit meerblauen Augen. Ein Riss zog sich durch den Bildschirm. Miláns Nase war für einen winzigen Moment gespalten. Doch seine blauen Augen fesselten sie weiterhin. Dann wurde der Bildschirm schwarz.

Stephanie Piehlmeier

Menschlich

Ihre Haare verfärben sich rot, als sie von dem vielen Blut getränkt werden. Tränen mischen sich hinzu, Schweiß und noch mehr Tränen.

Zitternd wiegt sie seinen verstümmelten Körper hin und her, sinkt auf den schlammigen Boden. Die kleinen Hände hängen schlapp herab, aus seinem Mund strömt ununterbrochen Speichel mit metallisch riechendem Blut.

»Er kommt gleich. Er ist gleich da. Kommt gleich …«, hauchen ihre Lippen an das fleischige Loch, das einmal sein Ohr war.

»Crrrsz …« Die blauen Augen stieren ziellos in der Luft umher, während seine Brust von unkontrolliertem Husten geschüttelt wird und noch mehr von der scharlachroten, zähen Flüssigkeit in ihren verklebten Wellen verteilt.

Schluchzend nimmt sie seine drei verbliebenen Finger in ihre dreckigen Hände. »Nicht mehr lange, dann ist er da. Er kommt gleich«, murmelt sie erneut, drückt sein zerbeultes Köpfchen vorsichtig an ihre Brust, in der ihr Herz wild pocht, flehend auf sein Erscheinen wartend.

Sanft streicht sie ihm die verschwitzten Haare aus der Stirn, wischt das Blut notdürftig aus seinem zarten Gesicht, bewegt das Häufchen Schmerz in ihren Armen von rechts nach links und wieder von links nach rechts, als sie plötzlich eine Bewegung in ihrem Augenwinkel ausmachen kann.

Blitzschnell wirbelt ihr Kopf herum, während sie das blutende, halb wimmernde, halb vor Qualen erstarrte Etwas in möglichst gleichmäßiger Drehung zu der Gestalt wendet, die sich nun vor den beiden emporhebt.

»Endlich«, entfährt es ihren wund gekauten Lippen.

»Was ist mit ihm passiert?«, fragt er unverwandt, kniet sich neben dem Kind nieder und mustert den verwundeten, einen üblen Geruch ausstoßenden Körper vom Haaransatz bis zu dem Überbleibsel seines rechten Beins.

»Er hat geübt …«

In seinen Augen blitzt für den Bruchteil einer Sekunde etwas auf, das nur schwer einzuordnen ist. Vielleicht Reue, vielleicht Schuld. »Er hat sich das selbst angetan?«, fragt er mit monotoner Stimme und starrt entsetzt auf das viele Blut, das aus und um den kläglichen Körper des Jungen fließt.

Wimmernd nickt sie.

Er schluckt.

»Ihr könnt ihn doch wieder heilen, nicht wahr?« Verzweifelt blickt sie zu ihm auf, streckt hilfesuchend ihre schleimig schimmernde Hand, mit der sie nicht das Kind umklammert hält, nach seinem schwarzen Mantelsaum aus.

Leere breitet sich in seinem Blick aus. Eine zitternde, alte Hand legt sich über die tiefrote Brust, die sich nur matt auf und ab bewegt. »Sanitatum«, murmelt die raue Stimme konzentriert.

Das aus allen Körperöffnungen quellende Blut ändert schlagartig seine Richtung und drängt sich zurück in die zahlreichen Wunden, die sich daraufhin schließen. Die verklebten Nasenlöcher des Kindes öffnen sich und saugen Luft ein, in der der Gestank von versengter Haut liegt.

»Sanitatum«, wiederholt er und presst seine Augen fest zu.

Ein Zusammenspiel aus Keuchen, Wimmern und Aufatmen steigt aus dem blutverschmierten Mund. »Ma...ma...«

Tränen ziehen nasse Schlieren durch den Dreck und Schweiß auf ihrem Gesicht, hinterlassen farblose Spuren. »Ich bin da, Liebling, ich bin da.« Schniefend wendet sie sich erneut an den großgewachsenen Mann, der noch immer neben dem verwundeten Jungen kniet. »Er … Wird er es überleben?«

Sein Gesicht verzieht sich zu einer schmerzvollen Grimasse. »Ich konnte zwar seine äußeren Wunden heilen, aber seine Organe …«

»Das heißt, er … er wird …«

Er nickt langsam, senkt qualvoll seinen Kopf. »Seine Chancen sind minimal.«

Entgeistert starrt sie ihn an, dann zuckt ihr Blick zu ihrem röchelnden Sohn, dessen Augen kraftlos umherirren. »Aber …«, setzt sie krächzend an. »Aber … aber ihr könnt ihn doch heilen! Ihr könnt ihn doch retten!«

Dunkles Haar fällt ihm in die Stirn und streift dabei die kleinen verstümmelten Finger in ihrem Schoß.

»Ihr seid ein Zauberer!«, kreischt sie hysterisch, und Tränen über Tränen rollen wild über ihr Gesicht, tropfen auf die nach außen gekehrte, dunkle, feuchte Haut seines Arms. »Wie viel habt Ihr schon für uns Menschen getan, wie viel habt Ihr ihm nur schon beigebracht! Und jetzt könnt Ihr nicht einmal euren eigenen Schüler retten?«

Stumm schüttelt er nur den Kopf.

»Rettet ihn oder Ihr seid kein richtiger Zaubermeister! Rettet ihn, bitte!«

»Hhmrtss«, stößt das Kind leidvoll aus, während seine blutverschmierten Hände nach Halt suchend zucken.

»Bitte«, wimmert sie leise und schließt ihre Arme schützend um den verletzten Kindeskopf.

Langsam erhebt er sich.

»Nein, bitte, bleibt hier! Rettet ihn!«, schreit sie zu ihm hinauf, doch er schüttelt nur erneut seinen Kopf.

»Ich bin nicht Gott. Ich kann nicht über Leben und Tod entscheiden«, sagt er heiser, dann wendet er dem Überbleibsel eines Kindes und seiner haltlos schluchzenden Mutter den Rücken zu und schreitet davon, der Mantel blutdurchtränkt, während hinter ihm zwei Leben auseinanderbrechen.

Nadine Peneder und Nina Romantini

Mission Froschprinz

In den letzten Sonnenstrahlen des Tages erglühten die unzähligen Fenster der majestätischen Türme, während die massiven Mauern bereits von dunklen Schatten verschlungen wurden. Die Wachen von Schloss Drachenfels eilten über den Burghof, um das Tor mit einem dumpfen Knall zu schließen. Aber bevor die Flügel ganz zufielen, huschte eine kleine, blaue Eidechse unbemerkt durch den verbleibenden Spalt. Flink flitzte sie zwischen den schweren Stiefeln der Soldaten hindurch, verwandelte sich nach einigen Metern in ein Eichhörnchen derselben Farbe und sauste eine uralte Esche hinauf. Einen Augenblick später raschelte das Laub, worauf eine Nachtigall in die Dunkelheit herausschoss. Mit schnellen Flügelschlägen flatterte sie durch das nächste offene Fenster.

Sobald ihre Klauen den Boden berührten, veränderte sich ihre Gestalt erneut, sodass nun eine zierliche junge Frau auf dem kostbaren Teppich purzelte. Über ihre unsanfte Landung fluchend richtete sie sich auf und versuchte vergeblich, ihr Wirrwarr aus hüftlangem, blauem Haar zu bändigen. »Lucrezia, du musst nur die Flügel schön gespreizt halten, dann kann nichts schiefgehen«, ahmte sie ihre Lehrerin nach. »Pah! Von wegen!« Mürrisch wischte das Mädchen sich den Dreck von ihrer Schürze. Wieder einmal war ein Rat von Mentorin Gundula zu nichts zu gebrauchen, außer um Lucrezias Sammlung blauer Flecken zu erweitern.

Und wenn Gundula ihre Weisheiten nicht gerade zum Besten gab, schickte sie ihre Schülerin auf Missionen, die nur einer garstigen, alten Hexe einfallen konnten. Lucrezia wusste, dass es zu ihrer Ausbildung gehörte, aber bei Aufträgen wie dem heutigen hörte ihr Verständnis einfach auf. Ein riesiges Lebkuchenhaus im Wald zu bauen konnte ja noch lustig sein, die Schönste vom ganzen Land für ihre Eitelkeit mit Pickeln zu strafen war sogar befriedigend, aber einen unschuldigen Prinzen in einen Frosch zu verwandeln, ging definitiv zu weit. In solchen Momenten verfluchte Lucrezia ihre Zauberkräfte und wünschte sich, erst gar keine zu besitzen, doch sie war als Hexe geboren worden und konnte sich ihrem Schicksal nicht entziehen.

Seit jeher war es die Aufgabe der Hexen, ihre Mitmenschen mit Flüchen zu belegen, um sie entweder zu bestrafen oder ihnen einfach aus Spaß das Leben zu erschweren. Letzteres verabscheute sie zutiefst, da es nicht ihrem Naturell entsprach, jemandem aus purer Boshaftigkeit Leid zuzufügen. Dumm gelaufen für Lucrezia, denn Gundula verordnete mit Freude unzählige solcher Aufträge. Dieses Mal hatte Lucrezia sich vehement geweigert, die fiese Mission auszuführen. Sie hatte geschrien, gestampft, gedroht und trotzdem stand sie jetzt im Zimmer des Königsohns Adriano. Gundulas Macht konnte niemand trotzen.

Unwillig blickte Lucrezia sich im Gemach nach einem Versteck um, wo sie ihrem Opfer auflauern konnte, als sie erschrocken bemerkte, dass der Thronerbe bereits auf seinem Bett lag. Das war gar nicht gut! Sobald ihr jedoch das dümmliche Grinsen auf seinem Gesicht auffiel, entspannte sie sich wieder. Da er keine Notiz von seiner unangemeldeten Besucherin zu nehmen schien, trat sie neugierig an sein Himmelbett. Abgesehen von seinem apathischen, dämlichen Blick an die Decke, war er ziemlich attraktiv. Vor allem das Grübchen an seinem Kinn ließ ihr Herz höher schlagen. Jetzt bereute sie es noch mehr, ihn in einen hässlichen, warzigen Frosch verwandeln zu müssen. Doch bevor sie sich ihrer unangenehmen Aufgabe widmete, wollte sie herausfinden, was mit Adriano nicht stimmte. Mit einem gezielten Handgriff in ihre lederne Umhängetasche brachte sie einen kleinen Beutel zum Vorschein, aus dem sie eine Prise grünen Pulvers entnahm und über den jungen Mann streute:

»Libellensalz, mach sichtbar,
was zuvor verborgen war!
Versteckte Magie am Ort,
offenbare dich bei diesem Wort!«

Knisternd entfaltete der Zauber seine Wirkung. In einem wilden Strudel verwandelte sich das Pulver in dunklen Rauch, der sich zu einem schwarzen Herz verdichtete. Die Stirn in Falten gelegt betrachtete Lucrezia das Zeichen. Großartig, jemand hatte einen Liebeszauber über ihn verhängt! Dies konnte nur bedeuten, dass eine andere Hexe ihre Finger im Spiel hatte, was definitiv nicht dazu beitrug, Lucrezias Laune zu heben. Fremde Zauberinnen mochten es nicht, wenn man ihnen ins Handwerk pfuschte. Aber da Gundula auf der Schreckensskala bei weitem an erster Stelle stand, hatte Lucrezia gar keine Wahl. Sie konnte dem Königssohn sein Schicksal als quakendes Amphibium nicht ersparen. Allerdings brachte sie es nicht übers Herz, Adriano in diesem hilflosen Zustand zu verwandeln, also musste sie wohl oder übel den Liebesbann lösen.

Nach einem schicksalsergebenen Seufzer fischte sie das elfenbeinerne Horn eines Einhorns aus ihrer Tasche, mit dem sie das dunkle Herz über dem Prinzen durchstieß:

»Des Einhorns strahlende Pracht
soll lösen die fremde Macht.
Verhängter Bann, entschwinde,
zerstreue dich in alle Winde!«

In einem letzten Versuch, sich gegen Lucrezias Zauber zu wehren, streckte das Herz schwarze Tentakel nach dem jungen Mann aus, doch als das Horn noch tiefer in das brodelnde Gebilde gedrückt wurde, breitete sich der dunkle Rauch erneut aus, bevor er mit einem Knall implodierte. Fasziniert beobachtete Lucrezia, wie das Leben in Adrianos Augen zurückkehrte, was ihn noch ein Stück attraktiver machte. Es war wirklich eine Schande, ihn in einen Frosch verwandeln zu müssen.

Ehe sie jedoch zur Tat schreiten konnte, sprang er aus dem Bett, schnappte sich sein Schwert und drückte ihr die Klinge an die Kehle. »Du hast mich verflucht, Hexe! Dafür wirst du mir büßen.«

Unbeeindruckt schob Lucrezia die Waffe weg. »Verflucht? Ich habe dich gerade von einem Liebesbann erlöst, aber deine Manieren habe ich offenbar nicht wiederherstellen können. Eigentlich solltest du mir dankbar sein, dass du nicht mehr wie ein besoffener Maikäfer an die Decke grinst!«, entrüstete sie sich, wobei sie ihm jedoch verschwieg, dass ein erneuter Fluch auf ihn wartete.

Verwirrt ließ sich der Prinz aufs Bett sinken, während er sich mit der freien Hand die Schläfe massierte. »Ich kann mich nur schlecht erinnern«, murmelte er. Danach richtete sich sein Blick auf sie, und er musterte sie von oben bis unten. Als seine Augen wieder zu ihren blauen Haaren zurückkehrten, stahl sich ein verschmitztes Lächeln auf seine Züge. »Auch wenn ich nicht mehr weiß, wer mich verzaubert hat, an deine farbige Mähne könnte ich mich bestimmt erinnern. Es tut mir leid, dass ich dich bedroht habe.«

Lucrezias Gedanken, wie sie ihren Auftrag doch noch erfüllen könnte, zerflossen bei seiner charmanten Entschuldigung.

Zum Teufel mit Mission Froschprinz! Dann musste sie sich eben Gundulas Zorn stellen, aber wenigstens der Auseinandersetzung mit der fremden Zauberin wollte sie entgehen.

Unauffällig schob Lucrezia sich Richtung Fenster. »Da wir diese Angelegenheit nun geklärt haben, werde ich mich dann mal verabschieden.«

Bevor sie sich jedoch wieder in eine Nachtigall verwandeln konnte, griff Adriano nach ihrem Arm: »Warte! Geh noch nicht! Ich habe keine Lust gleich nochmals mit einem Liebesbann belegt zu werden. Wenn du mich von dem Zauber hast befreien können, bist du bestimmt auch fähig, die verantwortliche Hexe zu finden.«

Sie wollte ihn schon abwiegeln, als sie seinen flehenden Blick bemerkte. So ein Hundeblick war gegen jede Regel. Worauf hatte sie sich da bloß eingelassen? Mit einem Seufzer führte sie ihn zurück zum Bett, wo sie sich nebeneinander niederließen.

»Also gut, versuchen wir, deinem Gedächtnis auf die Sprünge zu helfen. Hast du irgendwelche Feinde? Vielleicht eine Frau, die du vor den Kopf gestoßen hast?«

Ratlos schüttelte er den Kopf, hielt dann aber plötzlich in der Bewegung inne. »Vor ein paar Wochen habe ich einer Adligen einen Korb verpasst, weil ich auf den ersten Blick erkannt habe, dass sie nur auf den Thron aus ist. Ich habe mich am nächsten Tag von ihr verabschiedet, und von da an sind meine Erinnerungen verschwommen.« Mit gerunzelter Stirn dachte er eine Weile angestrengt nach, bis er plötzlich geschockt aufsprang. »Verdammt, sie hat mir das angetan!« Auf einen Schlag waren all seine Erinnerungen wieder da. »Ich habe mich unter ihrem Bann sogar mit ihr verlobt. Die kann was erleben!«

Sogleich nahm Adriano Lucrezias Hand und zerrte sie ungeduldig hinter sich her aus dem Zimmer. Vergeblich redete sie auf ihn ein: »Nicht so hastig! Wir müssen uns zuerst einen Plan zurechtlegen. Ich kann nicht ohne Vorbereitung gegen eine andere Hexe antreten.«

Ohne auf sie zu hören, stürmte er durch die nächste Tür in den Thronsaal hinein. Erst dort gelang es ihr, sich vom Königssohn loszureißen. Ehe sie ihrem Unmut Luft machen konnte, knallten die Türen auf der gegenüberliegenden Seite der Halle auf, und eine vor Zorn sprühende Blondine rauschte herein. Anklagend richtete sie ihren Finger auf Lucrezia. »Du! Wie hast du es wagen können, meinen Fluch zu brechen?«

Bevor die junge Hexe sich erklären konnte, wollte sich Adriano sogleich auf seine betrügerische Verlobte stürzen, aber das ließ Lucrezia nicht zu. Wenn es ging, wollte sie einen Kampf unbedingt vermeiden. Blitzschnell packte sie den Prinzen am Kragen und streute Schattenstaub über ihn.

»Diene mir, finst'rer Schattenstaub,
sollst vollziehen den Stimmenraub.
Des Prinzen Gehorsam sei mein,
bleib unbeweglich wie ein Stein.«

Augenblicklich erstarrte Adriano in seiner Bewegung. Nur seine Augen bewegten sich noch und straften Lucrezia mit einem stummen, wütenden Blick. Den beleidigten Prinzen ignorierend schob Lucrezia sich vor ihn, um sich der anderen Hexe zu widmen. »Ich bin in Gundulas Auftrag hier«, sagte sie, wobei sie besänftigend die Hände hob. »Wir können uns bestimmt friedlich einigen.«

Ihre Kontrahentin schien jedoch anderer Meinung zu sein, und die Erwähnung von Lucrezias Lehrmeisterin machte sie nur noch zorniger. »Der Thron gehört mir!«, kreischte die blonde Hexe.

Vor den Augen von Lucrezia und Adriano begann sich ihr zierlicher Körper aufzublähen und ihr makelloses Gesicht zu einer Fratze zu verzerren, bis sich ein goldener Drache brüllend vor ihnen aufbaute. Hastig schnippte Lucrezia mit den Fingern, um den Königssohn aus seiner Starre zu erlösen, worauf dieser erschrocken zurückwich. Währenddessen kramte sie hektisch in ihrer Tasche. Sobald sie das Glas mit Eiskraut gefunden und geöffnet hatte, streute sie die Blätter in einem Kreis um den Thronfolger und sich herum.

»Das Eiskraut ein Ende schafft
der gierigen Flammen Kraft.
Schütze vor loderndem Feuer,
was mir lieb und teuer!«

Im nächsten Augenblick schleuderte der Drache seinen Opfern bereits ein gewaltiges Inferno entgegen. Ohne zu zögern, stellte Adriano sich schützend vor Lucrezia, aber die Flammen erreichten sie erst gar nicht, sondern prallten gegen eine Mauer aus Eis, die in letzter Sekunde aus dem Boden geschossen war. Zischend verflüchtigte sich das Feuer, während das wütende Brüllen des Ungeheuers über die misslungene Attacke durch den Saal hallte. Lucrezia blieb jedoch keine Zeit zum Aufatmen, denn im nächsten Moment krachte sein stachelbewehrter Schwanz gegen den Schutzwall. Mit lautem Klirren zerbarst das Eis unter der Wucht des Schlags, wobei die junge Hexe mit dem Prinzen gegen die Wand katapultiert wurde.

Ächzend richtete sie sich wieder auf und rieb sich die schmerzende Schulter. Gerade wollte der Drache nach ihr schnappen, als Adriano dem Monster sein Schwert in den Rachen stieß. Das Untier wich fauchend zurück. Während es sich vor Schmerzen wand, nutzte Lucrezia die Gelegenheit, um das Schwert des Prinzen zu verzaubern, indem sie ein glitzerndes Stahleichenblatt auf die blutverschmierte Klinge drückte.

»Der Schutz des Drachen weiche
vor der Macht der Stahleiche.
Der verzauberten Klinge Stoß
legt des Ungetüms Schwäche bloß.«

Das Schwert erstrahlte in silbernem Licht. Staunend betrachtete Adriano die Waffe, welche durch die Stahleiche nun jede Panzerung, selbst die Schuppen eines Drachens, durchdringen konnte, bis Lucrezia ihm einen Stoß gab.

»Halt mir das Biest vom Leib, damit ich mich auf meinen Zauber konzentrieren kann!«, rief sie ihm zu, worauf er sich in den Kampf stürzte. Geschickt wich er dem schnappenden Maul des Drachens aus, rollte zur Seite und schlug ihm eine klaffende Wunde in die Flanke. Ein markerschütterndes Brüllen ließ den Thronsaal erzittern.

Einen Augenblick später sauste der Schwanz des Monsters auf Adriano hinab, der sich gerade noch mit einem Sprung retten konnte. Der Drache setzte sogleich mit einem weiteren Schlag nach, doch dieses Mal klammerte sich der Prinz mutig an den Schwanz. Während die Bestie versuchte, ihn abzuschütteln, holte Lucrezia ein klebriges Froschherz, das sie eigens für Gundulas Auftrag beschafft hatte, hervor und begann mit dem Zauberspruch:

»Ereilen soll dich der Fluch,
geschrieben im schwarzen Hexenbuch.
Mit meiner magischen Gewalt
ändere ich deine Gestalt.«

Aus den Augenwinkeln sah sie, wie Adriano durch den Raum geschleudert wurde und hart neben ihr auf dem Boden aufschlug. Unbeirrt fuhr sie mit ihrem Zauberspruch fort.

»Auf den Froschkörper fällt meine Wahl,
und an ihn binde ich dein Schicksal.
Nur der wahren Liebe Kuss
führt herbei des Bannes Schluss.«

Dann zerquetschte sie das Herz des Frosches in ihrer Hand, worauf in ihrer Faust ein Licht zu glühen begann, das sie auf den Drachen richtete. Als die Magie ihre Wirkung tat, erstrahlte das Ungeheuer, während es zusammenschrumpfte und seine Form veränderte. Das markerschütternde Brüllen ging langsam in ein jämmerliches Quaken über.

Befriedigt wischte sich Lucrezia die Hände ab. Das war ein Ende nach ihrem Geschmack. Diese Hexe würde in nächster Zeit keinem Menschen mehr Leid zufügen. Lucrezia liebte es, jemanden für seine Untaten zu bestrafen, weil sie sich dabei immer ein wenig rechtschaffend vorkam.

Und das war ein entzückendes Gefühl, denn mit den Zauberkräften Gutes zu tun, war sonst meist den Feen vorenthalten.

Plötzlich wurde sie gepackt und fand sich in Adrianos Armen wieder. Überschwänglich wirbelte er sie herum. »Du hast es geschafft!«, rief er freudig. Dann stellte er sie wieder auf ihre Füße und gab ihr einen langen Kuss, den sie überrascht erwiderte. Wenn ab jetzt jeder Auftrag eine so angenehme Belohnung bereithielt, würde sie ihre Zauberkräfte nie mehr verfluchen. Eine Hexe zu sein hatte eben doch seine Vorteile.

Henning Brunke

Walpurgisnacht

Wenn der April zu Ende geht
und schon ein Maienlüftchen weht,
dann, liebe Leute, gebt bloß Acht,
ist wieder mal Walpurgisnacht,
wo Hexen aus der ganzen Welt
zum Oberharzer Brockenfeld
auf schnöden Reisigbesen reiten
und blitzschnell durch die Wolken gleiten.

Doch auch auf Gabeln und auf Stöcken,
auf Hunden sogar und auf Böcken
kommen die Hexen angeflogen –
das ist verbürgt und nicht gelogen:
In Goethes *Faust* kann man es lesen –
es sind, laut Goethe, nicht nur Besen,
auf denen eine Hexe fliegt
und sicher jede Kurve kriegt!

Damit die Hexenfahrt gelingt
und eine Hexe dorthin bringt,
wo ihr geliebter Teufel thront,
der sie durch seine Gunst belohnt
hoch oben auf der Brockenkuppe
bei Ringeltanz und Krötensuppe,
bestreicht ein solches Hexenweib
mit Zaubersalbe seinen Leib.

Dies Zeug aus Fett und Pflanzengift
wirkt wie ein wahrer Zauber-Lift:
Es lässt die Hexe magisch schweben
und sich von dieser Erde heben.
Derart *geliftet* gibt sie Gas –
vor Neid würde selbst Schumi blass –

und ist null Komma nichts am Ziel
auf ihrem Reisigbesenstiel!

Mit Affenzahn geht's hin zum Brocken,
wo höllische Vergnügen locken
wie Hexentanz und Hexenmahl;
ohne ein Fünkchen von Moral
sieht man sie sich mit Teufeln paaren
und um den Oberteufel scharen,
dem sie sogar den Hintern küssen –
was alle Hexen machen müssen!

Die neuen Hexen weiht der Fürst
der Finsternis jedoch zuerst
einmal in alle Künste ein –
dann dürfen sie ihm dienstbar sein
und sind offiziell aufgenommen,
bei Hexentreffen stets willkommen:
Dann zaubern sie, was das Zeug hält
und wie's dem Beelzebub gefällt.

Den jede Hexe Meister nennt
und jeder Christ als Teufel kennt,
ist auch bekannt als Urian –
man sieht ihm seine Bosheit an:
Halb Mensch, halb Tier – ein Albtraumgeist,
der Luzifer und Satan heißt,
mit Hörnern, Hufen, Zottelhaar,
der stets des Guten Gegner war.

Der Hexensabbat auf dem Brocken
lässt die Dämonen kurz frohlocken –
doch nur in der Walpurgisnacht,
die manchem Angst und Bange macht.
Denn all der Spuk ist längst vorbei
noch vor dem ersten Hahnenschrei,

der unten in den Tälern tönt
und Schläfern in den Ohren dröhnt.

Der Ursprung dieser Hexensage
reicht weit zurück in Heiden-Tage:
Den Brocken ehrten die Germanen
(so künden Sagen uns'rer Ahnen)
als heil'gen Göttersitz und -hort
und ihre Priester brachten dort
auf mehr als einem Felsaltar
an Feiertagen Opfer dar.

Das höchste Fest, der erste Mai,
galt bald als schlimmste Ketzerei,
weil die Mission, die jetzt begann,
auf christliche Bekehrung sann.
Dies' Frühlingsfest der alten Heiden
konnten die Christen gar nicht leiden,
zumal geheim und unerschrocken
der Kult noch blühte auf dem Brocken.

Man wusste sich letztendlich Rat
und schritt recht unverschämt zur Tat:
Man brandmarkte als Teufelswerk
das ganze Treiben auf dem Berg
und rief auch die Walpurgis an –
die Heilige schützt jedermann
vor der Magie der Teufelsbräute
mit Sicherheit sogar noch heute!

Antje Steffen

Überraschung für Saskia

Verflixt! Schnell blickte Saskia um sich. Hoffentlich war Margaret nicht in der Nähe. Sie würde Ärger bekommen, wenn die gesehen hätte, was gerade passiert war. Saskia musste endlich herausfinden, was mit ihr los war, und versuchen, diese Dinge abzustellen. Die anderen in der Schule guckten sie manchmal komisch an. Dabei wusste Saskia selber nicht, was da passierte.

Bis vor ein paar Wochen war sie ein normales Mädchen gewesen. Das änderte sich an ihrem dreizehnten Geburtstag. Zuerst hatte Saskia alles für einen Zufall gehalten. Sie hatte mit ihren Freunden gefeiert, und als Martin Ärger gemacht hatte, hatte Saskia sich gewünscht, dass er in den kleinen Bach fallen sollte. Einen Moment später war es passiert. Martin turnte an der Böschung herum und *Platsch* landete er im Wasser. Das konnte passieren, und Saskia dachte sich nichts.

Als sich in den Wochen danach diese Zufälle häuften, kamen Saskia Zweifel, ob es Zufälle waren. Das Mädchen wusste nicht, mit wem es darüber reden konnte. Ihr Vater war oft unterwegs, und ihre Stiefmutter, Margaret, war nicht gerade Saskias beste Freundin. Also versuchte das Mädchen, diese Dinge, so gut es ging, zu unterdrücken.

Immer wieder passierten ihr kleine Unfälle. Nichts Schlimmes, nur Kleinigkeiten, die nicht normal waren. Margaret hatte bereits etwas gemerkt und war sehr wütend geworden. Deshalb versuchte Saskia umso mehr, diese Dinge zu vermeiden.

Jetzt galt es, die Folgen ihres letzten *Denkunfalls* zu beseitigen. Saskia war sicher, dass Margaret sich aufregen würde. Die beiden hatten gestritten und nachdem Margaret Saskia in ihr Zimmer geschickt hatte, war diese wütend abgezogen. Auf ihrem Weg kam das Mädchen am Schlafzimmer der Eltern vorbei. Und bevor Saskia noch wusste, was los war, war es passiert. Margarets Lieblingsbluse hing auf einem Bügel am Kleiderschrank. Saskia, die dieses Teil nicht leiden konnte, wünschte sich, dass ein großer Rotweinfleck erscheinen würde. Kaum gedacht, war es bereits geschehen. Saskia bekam einen Schreck. Das würde Riesenärger geben. Schnell blickte das Mädchen sich noch einmal um. Sie ging zum Schrank, um die Bluse an sich zu nehmen. Der Fleck war groß, und Margaret würde ihn sicherlich nicht entfernen können. Saskia war zwar noch wütend, doch die Sache mit der Bluse tat ihr leid. Sie überlegte, was sie tun konnte, um es ungeschehen zu machen.

Plötzlich kam Saskia ein Gedanke. Bisher hatte sie nur Unfälle verursacht. Nie war ihr die Idee gekommen zu versuchen, diese rückgängig zu machen. Kurz entschlossen wünschte das Mädchen die Bluse in ihren ursprünglichen Zustand. Und siehe da, es funktionierte. Erleichtert hängte Saskia die Bluse an ihren Platz und ging in ihr Zimmer. Sie wollte allein sein und nachdenken.

In ihrem Zimmer angekommen setzte Saskia sich an ihren Schreibtisch. Hier stand ihr ganzer Stolz. Ihr Vater hatte ihr zum Geburtstag einen eigenen Laptop geschenkt. Margaret war damit nicht einverstanden gewesen. Ihr Vater meinte jedoch, damit könnte sie Kontakt zu ihm halten, wenn er unterwegs war. Saskia hatte sich über das Geschenk gefreut und ihrem Vater versprochen, sich nicht zu oft an den Computer zu setzen. Tatsächlich nutzte sie ihn für die Hausaufgaben und den Kontakt zu ihrem Vater. Andere Dinge waren ihr nicht wichtig. Es gab genug, womit Saskia ihre Zeit verbringen konnte.

Heute jedoch wollte sie versuchen, etwas über ihre *Begabung* herauszufinden. Vielleicht gab es die Möglichkeit, über das Internet Näheres zu erfahren. Saskia wollte zu gerne wissen, was mit ihr los war.

Nachdem Saskia den Computer hochgefahren hatte, öffnete sie als Erstes das Mail-Programm. Das tat sie jedes Mal, um zu sehen, ob ihr Vater ihr geschrieben hatte.

Es war eine Nachricht von ihm gekommen. Saskia öffnete die Mail, um diese zu lesen. Darin stand:

»Hallo mein Sternchen,

leider habe ich schlechte Nachrichten für dich. Wie du weißt, wollte ich am nächsten Wochenende bei euch sein. Die Gespräche hier laufen nicht gut, sodass ich noch bleiben muss. Ich versuche, alles schnell zu erledigen, um bald bei euch zu sein.

Dein Paps«

Traurig blickte Saskia auf den Bildschirm. War ja klar! Sie hatte sich so auf das Wochenende gefreut. Es wäre das erste Mal nach ihrem Geburtstag gewesen, dass ihr Vater zwei volle Tage hier gewesen wäre. Jetzt musste sie wieder alleine mit Margaret klarkommen. Es war ungerecht! Am liebsten hätte Saskia … Bevor sie den Gedanken zu Ende gedacht hatte, bremste sie sich. Sie wusste ja, was passierte, wenn sie sich etwas wünschte.

Statt sich weiter aufzuregen, versuchte Saskia, sich auf ihr Problem zu konzentrieren. Sie schloss das Mail-Programm und öffnete das Internet. Saskia überlegte. Welchen Suchbegriff sollte sie eingeben? Es musste etwas sein, was sie so gut es ging in die richtige Richtung brachte.

Nach einer Weile beschloss Saskia, es zu versuchen. Sie gab ihr Suchwort ein und drückte auf *Enter*. Gleich darauf erschienen Vorschläge, die Saskia zu einer Lösung führen sollten. Sie las sich diese gründlich durch. Einige der Seitennamen hörten sich nach ziemlichem Schrott an. Saskia wollte aufgeben, da fiel ihr Blick auf eine Seite, die anders war. Saskia zögerte kurz und rief sie auf.

Was dann passierte, versetzte Saskia in Staunen. Auf der Startseite der Website erschien ein freundlicher, alter Mann. Dieser saß an einem Schreibtisch und war in ein Schriftstück vertieft. Als Saskia zu ihm schaute, schien es, als ob der Mann sie bemerkt hätte. Er hob den Kopf und blickte in Saskias Augen. Ein Lächeln breitete sich auf seinem Gesicht aus, und er sagte: »Hallo, Saskia! Ich habe auf dich gewartet. Schön, dass du endlich zu mir gekommen bist.«

Ungläubig blickte Saskia auf ihren Computer. Das konnte nicht wahr sein! Dieser Mann kannte ihren Namen und hatte auf sie gewartet. Das Lächeln auf dem Gesicht des Alten vertiefte sich. »Ich verstehe, dass du verwundert bist. Ich kann dir alles erklären. Das ist es doch, warum du zu mir gekommen bist? Du möchtest wissen, was mit dir passiert.«

Saskia nickte. »Wieso wissen Sie das, und woher kennen Sie mich?«

Ernst blickte der Mann in Saskias Gesicht. »Ich kenne dich bereits dein ganzes Leben lang. Du hast die ganzen Jahre unter unserem Schutz gestanden. Ich habe deiner Mutter versprochen, dir zu erklären, wer du bist, wenn du im richtigen Alter bist.«

Saskia unterbrach den Mann. »Sie kannten meine Mutter?«

Er nickte. »Deine Mutter war eine von uns. Sie hat uns verlassen, als sie sich in deinen Vater verliebt hat. Leider war ihr Glück von kurzer Dauer. Ich musste ihr auf dem Sterbebett versprechen, auf dich aufzupassen. Mein Name ist Gangang, und ich bin ein Zauberer aus dem Land Arabaz.«

Saskia konnte das alles kaum fassen. Der alte Mann behauptete, ein Zauberer zu sein. Und was bedeutete es, dass er ihre Mutter als eine von ihnen bezeichnete? Saskia sah den Mann an und fragte: »Was heißt das? Wer war meine Mutter?«

Gangang lächelte. »Deine Mutter war eine Hexe. Sie war wunderschön und hatte großes Talent. Du siehst ihr sehr ähnlich. Und, da du jetzt hier bist, denke ich, dass du ihr Talent geerbt hast.«

Saskia war verwirrt. Wie konnte das sein? Wusste ihr Vater davon? Und wenn er es wusste, warum hatte er ihr nie etwas gesagt?

Es gab so viele Fragen, dass Saskia nicht wusste, wo sie anfangen sollte.

Gangang merkte, was in Saskia vorging. Er räusperte sich und erklärte: »Ich weiß, du hast viele Fragen. Gern will ich dir diese beantworten. Das geht besser, wenn wir uns persönlich sehen. Ich schlage vor, du besuchst uns am Wochenende. Hier in Arabaz werde ich dir alles sagen, was du wissen musst.«

Saskia war hin- und hergerissen. Natürlich wollte sie mehr erfahren. Margaret würde nie zulassen, dass sie nach Arabaz fuhr. Wie sollte sie dorthin kommen? Bedauernd blickte sie zu Gangang. »Ich möchte gern kommen, aber meine Stiefmutter wird es nicht erlauben.«

Gangang sagte: »Keine Angst! Ich werde dafür sorgen, dass du uns besuchen kannst. Verlass dich auf mich! Ich freue mich auf dich. Jetzt muss ich gehen. Bitte komme morgen wieder, dann sage ich dir, wie du zu uns kommen kannst.«

Saskia nickte. Sie würde wiederkommen. Allerdings bezweifelte sie, dass Gangang es schaffen konnte, Margaret zu überreden, Saskia in dieses Zauberreich fahren zu lassen. Die beiden verabschiedeten sich und Saskia schaltete den Computer aus.

Sie hatte viel erfahren, worüber sie in Ruhe nachdenken musste. Gern hätte sie sich auf ihr Bett gelegt und nachgedacht. Da ertönte die Stimme ihrer Stiefmutter. Margaret wollte, dass Saskia zu ihr in die Küche kam. Als Saskia dort ankam, bat diese sie, sich zu setzen.

»Sicher hat dein Vater dir mitgeteilt, dass er am Wochenende nicht zu uns kommen kann. Das ist schade, und nun habe ich ein Problem. Ich habe gerade einen Anruf von meiner Chefin bekommen. Wie du vielleicht weißt, findet an diesem Wochenende eine Messe in München statt. Normalerweise sollte eine meiner Kolleginnen dort sein.

Leider ist Karin krank geworden. Ich muss kurzfristig einspringen. Es ist nicht möglich, dich mitzunehmen. Wir müssen eine Lösung finden, weil du nicht das ganze Wochenende allein bleiben kannst.«

Saskia konnte nicht glauben, was sie gerade gehört hatte. Gab es solche Zufälle? Steckte Gangang dahinter? Aber wie sollte das sein? Was sollte sie tun? Saskia konnte unmöglich sagen, dass sie nach Arabaz fahren würde. Margaret würde das nie zulassen. Wie sollte sie es schaffen, trotz allem dorthin zu kommen?

Bevor Saskia auf Margarets Ankündigung reagieren konnte, klingelte es an der Tür. Margaret stand auf, um diese zu öffnen. Kurz darauf kam sie mit einem Brief in der Hand zurück in die Küche. Margaret setzte sich an den Tisch und öffnete den Umschlag. Nachdem sie den Inhalt kurz überflogen hatte, fing sie an zu lächeln. »Der Brief ist von deiner Tante Britta. Ist es zu glauben? Sie kommt am Wochenende in die Stadt und möchte dich gerne besuchen. Das ist die Lösung! So kann ich beruhigt zur Messe fahren, und du bist in guten Händen.« Margaret freute sich sichtlich über diese unerwartete Wendung der Dinge.

Saskia war sich nicht sicher, ob sie sich über den Besuch ihrer Tante freuen sollte. Natürlich war es toll, dass Britta kommen wollte. Doch wie sollte Saskia es schaffen, nach Arabaz zu fahren, wenn Britta hier war. Trotz ihrer Bedenken setzte Saskia ein freudiges Gesicht auf. »Toll! Britta war lange nicht mehr hier. Bestimmt hat sie eine Menge zu erzählen.«

Nachdem alles zu Margarets Zufriedenheit geklärt war, schickte sie Saskia nach oben. Margaret hatte noch einiges zu erledigen, bevor sie zur Messe fahren konnte.

In ihrem Zimmer angekommen, setzte Saskia sich auf ihr Bett. Was sollte sie machen? Gab es eine Möglichkeit, ihre Tante dazu zu bringen, sie nach Arabaz fahren zu lassen? Saskia überlegte hin und her, doch ihr fiel kein Weg ein, um ihr Ziel zu erreichen. Da es bereits spät war, beschloss sie, schlafen zu gehen. Sie würde am nächsten Tag Gangang um Rat bitten.

Vielleicht konnte der Zauberer ihr helfen, dieses Problem zu lösen.

In dieser Nacht träumte Saskia davon, in einem Zauberreich zu sein. Das Land gefiel ihr, und als sie am Morgen aufwachte, fragte Saskia sich, ob es in Arabaz so sein würde wie in ihrem Traum. Gern hätte sie noch weiter geträumt, doch ein Blick auf die Uhr sagte ihr, dass es Zeit wurde, sich für die Schule fertigzumachen.

Saskia stand auf und ging ins Badezimmer. Nachdem sie gewaschen und angezogen war, machte sie sich auf den Weg in die Küche. Dort stand ihr Frühstück auf dem Tisch mit einer Nachricht von Margaret daneben. Diese war bereits aus dem Haus, da sie im Büro weitere Vorbereitungen für ihre Reise treffen wollte. Da es am Abend spät werden würde, sollte Saskia sich nach der Schule ihr Mittagessen aufwärmen und ihre Hausaufgaben erledigen.

Saskia war froh, dass Margaret nachmittags nicht da sein würde. So konnte sie in aller Ruhe mit Gangang sprechen.

Nach dem Frühstück stellte Saskia das Geschirr in die Spülmaschine und machte sich auf den Weg in die Schule.

Saskia war erleichtert, als der Unterricht endlich vorbei war. Heute waren ihr die Schulstunden wie eine Ewigkeit vorgekommen. Schnell machte Saskia sich auf den Weg nach Hause. Dort angekommen ging sie in die Küche, um sich etwas Auflauf in der Mikrowelle aufzuwärmen. Saskia nahm ihren Teller mit nach oben. Sie wollte mit Gangang sprechen. Essen konnte sie nebenbei, und Hausaufgaben hatte sie sehr wenige. Die würde sie später machen.

Saskia setzte sich an den Schreibtisch und fuhr ihren Computer hoch. Heute verzichtete sie darauf, als Erstes nach Mails zu sehen. Sie ging gleich ins Internet auf die Seite, auf der sie Gangang gefunden hatte. Nachdem die Verbindung hergestellt war, erschien Gangang, der an seinem Schreibtisch saß. Er hatte auf Saskia gewartet.

Die beiden begrüßten sich, und es sprudelte aus Saskia heraus: »Gangang, ich weiß nicht, wie ich zu dir kommen soll. Zwar ist Margaret am Wochenende nicht zu Hause, aber dafür kommt meine Tante Britta zu Besuch. Wie soll ich hier wegkommen, wenn sie auf mich aufpasst?«

Gangang hob beschwichtigend die Hände und lächelte Saskia an. »Ich weiß, dass Britta zu dir kommt. Ich habe sie darum gebeten, nachdem ich dafür gesorgt hatte, dass deine Stiefmutter verreisen muss. Ich kenne Britta schon lange. Sie war eine gute Freundin deiner Mutter. Durch sie haben sich deine Eltern kennengelernt. Nachdem wir gestern miteinander gesprochen haben, habe ich mich mit Britta in Verbindung gesetzt und ihr von unserem Problem erzählt. Sie war sofort bereit, uns zu helfen. Du kannst ruhig anfangen, dir zu überlegen, welche Sachen du für deinen Besuch bei mir einpacken willst. Britta wird dich begleiten, und wir werden ein schönes Wochenende miteinander verbringen.«

Saskia musste diese Informationen erst verarbeiten. Britta wusste von Arabaz und davon, dass Saskias Mutter eine Hexe gewesen war. Warum hatte sie nie mit ihr darüber gesprochen?

Natürlich freute Saskia sich, dass sie die Möglichkeit bekam, mehr über sich und ihre Familie zu erfahren. Ein bisschen enttäuscht darüber, dass ihre Lieblingstante Geheimnisse vor ihr hatte, war das Mädchen allerdings auch. Sie überlegte. »Gangang, warum hat Britta nie etwas gesagt? Sie muss wissen, dass mich das alles interessiert hätte.«

Gangang nickte. »Du hast recht. Allerdings musste Britta deiner Mutter versprechen, nichts zu sagen. Du solltest nicht zu früh mit allem konfrontiert werden. Außerdem wusste keiner von uns, ob du magisches Talent hast. Du musst wissen, diese Fähigkeiten zeigen sich erst mit dreizehn Jahren. Wir wollten dich nicht vorher damit belasten. Sicher hätten wir dir von deiner Mutter und ihrer Welt erzählt, aber ohne magisches Talent wäre es noch nicht nötig gewesen. Es tut mir leid, wenn du böse bist. Wir wollten alle dein Bestes.«

Saskia sah Gangang in die Augen. »Werdet ihr mir jetzt die ganze Wahrheit sagen? Werde ich alles über meine Mutter und mein Talent erfahren?«

»Wir werden keine Geheimnisse vor dir haben. Du wirst die Heimat deiner Mutter kennenlernen, und ich werde dir erklären, was es mit deiner Magie auf sich hat. Bestimmt hast du viele Fragen. Ich werde alle beantworten. Nach dem Wochenende werden wir sehen, wie es weitergeht.«

»Was meinst du damit? Wie es weitergeht?«, fragte Saskia.

Gangang holte Luft und erklärte: »Da du über das magische Talent deiner Mutter verfügst, wäre es gut, wenn du hier bei uns in die Schule gehen würdest. Du solltest lernen, deine Kräfte zu kontrollieren. Bevor wir uns jedoch darum Gedanken machen, sollst du als Erstes alles über dich erfahren. Ich freue mich darauf, dich zu treffen. Britta wird am Freitagnachmittag zu dir kommen. Wenn du aus der Schule kommst, wird sie da sein, und ihr könnt hierherkommen. Britta weiß, wie sie nach Arabaz kommt. Leider muss ich mich jetzt verabschieden. Ich muss zu einer Versammlung der Zauberer und Hexen. Bis Freitag ist es nicht mehr lang. Ich wünsche dir noch einen schönen Tag!«

Bevor Saskia reagieren konnte, war Gangang verschwunden. Er hatte den Raum verlassen und das Licht ausgeschaltet, sodass Saskia nur noch einen dunklen Bildschirm vor sich hatte. Sie fuhr den Computer herunter und setzte sich auf ihr Bett, um über das Gehörte nachzudenken.

Wie stellte Gangang sich das vor? Saskia konnte nicht in Arabaz zur Schule gehen. Ihr Vater wäre damit nicht einverstanden, und was Margaret sagen würde, konnte Saskia sich auch ausrechnen. Ob sie wusste, dass Saskias Mutter eine Hexe gewesen war? Es konnte sein, dass ihr

Vater seiner neuen Frau diese Tatsache lieber verschwiegen hatte. Saskia wünschte sich, dass endlich Freitag wäre. Vielleicht konnte Britta ihr ein bisschen weiterhelfen. Sie schien mehr zu wissen. Saskia hätte gern mit ihrem Vater geredet. Aber der war weit weg, und per Mail konnte sie ihm nicht erklären, was los war. Das Mädchen beschloss, erst mal Hausaufgaben zu machen. Das würde sie ablenken. Zum Glück war bereits Mittwoch. Saskia brauchte nur noch zwei Tage durchhalten, dann würde sie mit Britta zu Gangang fahren und endlich mit jemandem reden können.

An diesem Abend kam Margaret spät nach Hause. Saskia war im Bett, und ihre Stiefmutter schaute kurz ins Zimmer, um ihr eine gute Nacht zu wünschen. Saskia konnte allerdings nur schlecht einschlafen. Zu viele Gedanken schwirrten in ihrem Kopf umher. Nachdem sie eine Weile umhergewühlt hatte, schlief Saskia endlich ein und träumte, wie in der vergangenen Nacht, von dem Zauberland.

Der Donnerstag schleppte sich für Saskia zäh dahin. Die Schule wollte nicht zu Ende gehen, und der Nachmittag war nicht viel besser. Zwar hatte Saskia einige Hausaufgaben, aber die erledigte sie schnell. Als sie versuchte Gangang zu erreichen, erschien auf dem Bildschirm eine Nachricht, in der der Zauberer ihr mitteilte, dass er heute keine Zeit hatte. Weiter stand da, dass er sich darauf freute, Saskia am nächsten Tag zu treffen. Enttäuscht schaltete Saskia den Computer aus.

Der nächste Tag war endlich Freitag. Saskia ging zur Schule und versuchte, die Stunden dort, so gut es ging, hinter sich zu bringen. Als die Schulklingel das Ende des Schultages verkündete, schnappte Saskia sich ihre Tasche und lief schnell nach Hause. Sie hatte noch nicht packen können, da Margaret sich darüber gewundert hätte, und so musste das Mädchen jetzt schnell ihre Tasche fertig machen. Saskia hatte bereits einige Dinge zusammengesucht. Im Haus angekommen lief sie sofort in den Keller, um ihre Reisetasche zu holen. Danach ging es in ihr Zimmer, um alles einzupacken, was sie brauchte. Als sie fast fertig war, klingelte es an der Tür.

Saskia lief nach unten und öffnete. Mit einem Freudenschrei fiel sie ihrer Tante in die Arme. »Hallo, Britta! Ich freue mich, dich zu sehen!«

Britta hielt Saskia auf Abstand, um sich ihre Nichte anzusehen. »Hallo, meine Süße! Du wirst deiner Mutter immer ähnlicher. Genau so hübsch! Ich habe gehört, dass du ihr besonderes Talent geerbt hast.«

Saskia nickte. »Stimmt. Ich bin mir nur nicht sicher, ob das gut ist. Mir passieren immer blöde Dinge, und ich weiß nicht, was ich dagegen machen kann.«

Britta lächelte. »Mach dir keine Sorgen, wenn du erst mit Gangang gesprochen hast, wirst du dich besser fühlen. Er wird dir erklären, wie du diese Sachen beeinflussen kannst. Gangang hat deine Mutter unterrichtet, sie war eine tolle Hexe!«

Saskia grinste. »Ich würde gerne mehr darüber wissen. Warum durfte ich nicht wissen, wer meine Mutter war?«

Britta zuckte die Schulter. »Sie hat es so gewollt. Deine Mutter war der Meinung, du solltest eine unbeschwerte Kindheit haben. Wenn sie noch leben würde, würde sie dir jetzt alles erklären. Leider geht das nicht, und deswegen bringe ich dich jetzt nach Arabaz. Wir beide machen das schon! Du wirst sehen, bald kannst du deine Zauberkräfte beherrschen.«

Saskia hoffte, dass ihre Tante recht hatte. Dass ihr diese Unfälle passierten, war nervig und außerdem war Saskia sicher, dass sie damit Aufsehen erregen würde. Ihre Freunde guckten jetzt schon komisch. Saskia wollte das nicht. Sie wollte normal mit ihren Freunden zusammen sein und sich keine Sorgen machen, was ihr als nächstes passierte.

Britta ging mit Saskia nach oben, damit das Mädchen fertig packen konnte. In der Zeit erzählte Britta ihrer

Nichte von ihrer letzten Reise, die sie nach Australien geführt hatte. Britta war Geologin und hatte überall auf der Welt Aufträge. Australien war ein Traumziel von ihr gewesen, und begeistert erzählte sie ihrer Nichte, was sie dort alles gesehen hatte.

Als Saskia fertig war, gingen die beiden nach unten. Brittas kleines Auto stand vor der Tür, und sie luden Saskias Gepäck in den Kofferraum. Nachdem beide eingestiegen waren, fuhr Britta los. Saskia war gespannt auf die Reise. Sie hatte keine Vorstellung davon, wie sie nach Arabaz kommen sollten. Britta schien genau zu wissen, wohin sie fahren musste.

Einige Zeit später erreichten sie ihr erstes Ziel. Saskia fuhr in einen Wald und stellte das Auto auf einen versteckt liegenden Parkplatz. Sie stiegen aus und nahmen das Gepäck aus dem Kofferraum. Britta sagte: »Von hier müssen wir ohne Auto weiter. Keine Angst, es ist nicht weit!«

Die zwei machten sich auf den Weg. Bald kamen sie an einen großen Baum. In diesem befand sich eine Höhle. Britta zögerte nicht, sondern bewegte sich direkt auf diese Höhle zu. Saskia blieb kurz stehen und folgte ihrer Tante in die Baumhöhle. Sowie das Mädchen die Höhle betreten hatte, war sie in einer anderen Welt. Staunend blickte Saskia sich um.

Bevor sie richtig begriffen hatte, was geschehen war, entdeckte sie Gangang. Der Zauberer kam auf Britta und Saskia zu und begrüßte seine Gäste. »Ich freue mich, euch zu sehen. Danke Britta, dass du Saskia zu uns gebracht hast.«

Britta lächelte dem alten Magier zu. »Das habe ich gern gemacht. Ich freue mich, dich gesund zu sehen.«

Gangang wandte sich zu Saskia. »Schön, dich kennenzulernen. Bestimmt bist du schon ganz gespannt darauf, was dich hier erwartet. Ich werde euch als Erstes eure Unterkunft zeigen. Danach gibt es Essen, und ich werde dir deine Fragen beantworten.«

Saskia bedankte sich für die freundliche Begrüßung. Das Mädchen folgte Gangang und Britta zu einem Häuschen, das aussah wie ein Hexenhäuschen aus dem Märchen. Gangang öffnete die Tür und führte die beiden in das Haus. »Hier werdet ihr wohnen. Macht es euch bequem! Wenn ihr so weit seid, kommt bitte in mein Haus!«

Britta nickte. »Wir kommen bald. Ich danke dir, Gangang.«

Gangang verließ das Haus, und Britta und Saskia verstauten ihr Gepäck. Nachdem sie sich frisch gemacht hatten, machten sie sich auf den Weg zu Gangangs Haus. Britta, die bereits in Arabaz gewesen war, kannte den Weg, und bald waren sie am Ziel.

In Gangangs Haus duftete es wunderbar. Saskia lief das Wasser im Mund zusammen. Sie hatte gedacht, dass sie vor Aufregung nichts essen könnte, aber als sie den gedeckten Tisch sah, bekam sie Hunger. Gangang bat seine Gäste, Platz zu nehmen. »Setzt euch und greift zu! Es ist genug da.«

Britta und Saskia ließen sich nicht zweimal bitten. Sie setzten sich und machten sich über das köstliche Essen her.

Gangang beobachtete Saskia. Das Mädchen sah seiner Mutter sehr ähnlich. Der alte Mann freute sich, dass Saskia keine Scheu zeigte. Sie schien sich hier wohlzufühlen. Gangang ließ Saskia in Ruhe essen. Hinterher war genügend Zeit, mit ihr über ihre Begabung und ihre Zukunft zu sprechen.

Als alle satt waren, verabschiedete Britta sich. Sie wollte alte Freunde besuchen. Außerdem wusste sie, dass Gangang und Saskia viel zu besprechen hatten.

Gangang führte Saskia in sein Arbeitszimmer. Es war der Raum, den Saskia kannte. Hier hatte Gangang gesessen, als sie ihn in ihrem Computer gesehen hatte. Gangang ging zu seinem Schreibtisch. Er setzte sich und bat Saskia, sich ihm gegenüberzusetzen. Das Mädchen folgte Gangangs Aufforderung und sah sich in dem Raum um.

Hier gab es viele Bücher, die sehr alt waren. Überall lagen sie. Selbst Gangangs Schreibtisch war mit Büchern und Schriftrollen gefüllt.

Gangang ließ Saskia Zeit, sich alles in Ruhe anzusehen. Als er merkte, dass Saskia bereit war, räusperte er sich und begann. »Ich bin sicher, du hast viele Fragen. Lass mich versuchen, dir zu erklären, was mit dir vorgeht. Wie du bereits weißt, war deine Mutter eine Hexe. Sie hatte großes Talent und war eine gute Frau. Als sie deinen Vater kennenlernte, beschloss sie, ihr Leben zu ändern. Sie verließ Arabaz, um in der Welt der Menschen zu leben. Bald darauf wurde sie schwanger, und ein paar Monate später kamst du auf die Welt. Deine Eltern waren sehr glücklich. Leider wurde Leia kurz darauf schwer krank. Es gab keine Möglichkeit, ihr zu helfen. Nicht einmal meine Zauberkräfte reichten aus. Ich verbrachte viel Zeit mit ihr, und sie bat mich, ein Auge auf dich zu haben. Wir wussten damals noch nicht, ob du ihre Fähigkeiten geerbt hattest. Du musst wissen, die magischen Fähigkeiten kommen erst mit dem dreizehnten Geburtstag. Leia wollte, dass du eine normale Kindheit hast. Für den Fall, dass du magische Begabung haben solltest, bat sie mich, dir alles zu erklären. Ich habe dich die ganzen Jahre beobachtet, und als ich merkte, dass du Leias Begabung in dir trägst, habe ich gewartet, dass du den Weg zu mir findest. Ich möchte dir helfen zu lernen, mit deinen Fähigkeiten umzugehen. Ich weiß, es ist nicht leicht. Bestimmt sind dir Dinge passiert, die du nicht kontrollieren konntest. Das ist normal. Aus diesem Grund wäre es gut, wenn du hier zur Schule gehen würdest.« Gangang machte eine Pause. Er wollte Saskia die Chance geben, über alles nachzudenken und Fragen zu stellen.

Saskia freute sich, endlich mehr über ihre Vergangenheit zu erfahren. Zwar kannte sie die Fotos ihrer Mutter, aber nie wäre das Mädchen auf die Idee gekommen, dass die fröhliche, junge Frau eine Hexe gewesen war. Saskia überlegte einen Moment und fragte: »Weiß mein Vater über die Vergangenheit meiner Mutter Bescheid? Und weiß er, dass die Möglichkeit besteht, dass ich ebenfalls eine Hexe bin?« Gespannt blickte sie Gangang ins Gesicht.

Der Magier erwiderte Saskias Blick. »Dein Vater hat von Anfang an gewusst, wer deine Mutter ist. Sie hat es nie verheimlicht. Sie wollte ehrlich zu ihm sein und hat ihn mit nach Arabaz genommen. Er hat sie geliebt, wie sie war, und war glücklich, dass sie ihm in seine Welt gefolgt ist. Auch von der Möglichkeit, dass du eine Hexe sein könntest, weiß er. Wir haben ihm alles erklärt, und er hat es akzeptiert. Ich weiß nicht, ob er sich gewünscht hat, dass du ein *normales* Mädchen bist. Allerdings bin ich sicher, dass er keine Probleme damit hat, wenn er jetzt erfährt, dass du wie deine Mutter bist. Er hat sie geliebt und wird auch dich weiter lieben.«

Saskia nickte. »Wird er damit einverstanden sein, dass ich in Arabaz zur Schule gehe? Ich kann mir nicht vorstellen, dass seine neue Frau begeistert ist, dass sie eine Hexe als Stieftochter hat.«

Gangang lächelte. »Wir haben vor langer Zeit mit deinem Vater gesprochen. Er hat uns sein Einverständnis gegeben, dich hierher zu holen, um dich auszubilden, wenn du magische Fähigkeiten haben solltest. Um deine Stiefmutter brauchst du dir keine Gedanken machen. Dein Vater hat ihr offen und ehrlich von deiner Mutter erzählt. Sie weiß Bescheid und hat sich für dich und deinen Vater entschieden. Du siehst, es wird alles gut werden.«

Saskia konnte es kaum fassen. Margaret wusste alles. Nie hätte das Mädchen geglaubt, dass ihre Stiefmutter sich auf so etwas eingelassen hätte.

Nachdem Gangang und Saskia noch einige Dinge geklärt hatten, schickte Gangang eine Nachricht an Saskias Vater. Kurze Zeit später meldete dieser sich über die Internetseite, über die auch Saskia Kontakt zu Gangang aufgenommen hatte.

»Hallo, Saskia! Verehrter Gangang! Wie ich sehe, ist

Saskia in Arabaz. Was das bedeutet, kann ich mir denken. Ich hätte dir früher alles erklärt, aber deine Mutter hat mich versprechen lassen, es nicht zu tun. Ich hoffe, du bist mir nicht böse, Sternchen?«

»Nein, Paps! Ich bin nicht böse. Es ist zwar alles ein bisschen viel. Gangang hat mir alles erklärt. Er möchte, dass ich hier zur Schule gehe. Würde dir das etwas ausmachen?«

Ihr Vater schmunzelte. »Nein, mein Sternchen. Ich wusste, dass diese Möglichkeit eines Tages kommen würde. Ich möchte, dass du glücklich bist und lernst, deine Fähigkeiten richtig einzusetzen. Ich weiß, dass es passieren kann, dass eine Hexe viel Unheil anrichtet, wenn sie nicht richtig ausgebildet ist. Gangang hat deine Mutter unterrichtet, und sie war ein wundervoller Mensch. Wenn du es möchtest, werde ich dafür sorgen, dass alles geregelt wird, damit du deine Ausbildung in Arabaz machen kannst.«

Saskias Augen strahlten. »Ich würde gerne alles lernen, was Gangang mir beibringen kann. Bis jetzt kommt mir meine Begabung noch nicht hilfreich vor. Ständig passieren mir Dinge, die ich nicht unter Kontrolle habe. Ich habe immer Angst, was als Nächstes geschieht.«

Saskias Vater grinste. »Dann sollten wir lieber dafür sorgen, dass Gangang sich um dich kümmert. Ich werde alles Nötige in die Wege leiten. Genieße dein Wochenende und grüße Britta von mir!«

Nach diesem Gespräch schickte Gangang Saskia ins Bett. Das Mädchen war müde, und Gangang versprach ihr, am nächsten Tag mit ihrer Ausbildung zu beginnen. Außerdem wollte er ihr ihre neue Heimat zeigen. Für Saskia würde ein neues Leben beginnen, und nachdem sie hier in Arabaz angekommen war, wusste sie, dass es kein Fluch war, der sie getroffen hatte. Die Zauberkräfte, die sie hatte, waren gut, und sie würde lernen, mit ihnen Gutes zu tun.

Lily Beier

Nach der Schlacht

Als Makenna nach zwei schlaflosen Nächten und drei viel zu langen Tagen Carrick's Creek erreichte, war der Kampfeslärm längst verstummt. Bereits aus weiter Ferne hatte sie das Geschrei der Krieger gehört, das laute Donnern der Geschütze, die niemals verstummten. Aus den anfänglichen Ermutigungen wurden bald schon Schmerzensschreie, wenn ein weiterer Angriff der Belagerer von den Verteidigern des kleinen, dafür jedoch erstaunlich gut befestigten Forts zurückgeschlagen wurde. Am Ende hatten sie sich offenbar trotz allem der Übermacht ergeben müssen. Zumindest ließen die niedergebrannten Holzpalisaden am Wegesrand dies vermuten.

Der Gestank von geronnenem Blut und Schießpulver lag in der Luft. Vereinzelt flackerten rußige Feuer in den Ruinen der umliegenden Gehöfte auf, erleuchteten die Finsternis sporadisch und unzureichend. Stöhnen und Jammern der Überlebenden untermalte die düstere Szenerie von Zerstörung und Gewalt, seien es Klagerufe oder innbrünstige Hassschwüre, bestimmt für einen Gegner, dessen Verluste im Vergleich zu den eigenen stets schmaler aussahen. Gewonnen hatte am Ende dieses sinnlosen Gemetzels keiner von ihnen. Auch wenn die vermeintlichen Sieger das anders sahen.

Zu so später Stunde trieben sich kaum noch Menschen draußen im Freien herum. Ungestört passierte Makenna die behelfsmäßigen Behausungen jener, denen keine andere Wahl blieb, als ihr Lager in der Nähe des Schlachtfeldes aufzuschlagen. Wenn sie noch genügend Kraft besaßen, um ihre eigene Haut in Sicherheit zu bringen, musste sie sich nicht um die armen Gestalten sorgen, auch wenn es ihr schwerfiel, dem offensichtlichen Leid zuzusehen, ohne einzugreifen.

Meine Fähigkeiten werden andernorts benötigt, sagte

sie sich selber, um den Mut nicht zu verlieren. Gebückt huschte sie an einer Reihe kleiner Lagerfeuer vorbei, wich geschickt den wenigen Soldaten aus, die Ausschau nach den Krähen hielten, denen selbst die Totenruhe nicht heilig war. Tatsächlich entdeckte ihr geschultes Auge in der Finsternis mehrere Schatten, die sich über die Toten und ihre verbliebenen Besitztümer hermachten.

Innerlich schüttelte sie den Kopf über derartiges Verhalten. Am Ende waren es nämlich jene Räuber, die ihren Auftrag unweigerlich erschwerten. Mehr als einer von ihnen hatte bereits versucht, sie zu bestehlen oder Schlimmeres, während sie ihrer Arbeit nachging. Inmitten all dieser Zerstörung erschien es ihr jedes Mal sinnlos, ein weiteres Leben vor seiner Zeit zu beenden, auch wenn es ihr gutes Recht gewesen wäre.

Vorsichtshalber blieb sie kurz stehen und kramte ein schweres, in Gold gefasstes Amulett aus der Tasche ihres schweren, dunkelblauen Mantels hervor. Ein großer Saphir saß inmitten der reich verzierten Fassung. Sie blickte das Schmuckstück einen Augenblick lang nachdenklich an, malte dann mit ihrem Zeigefinger einige Runen auf den kalten Stein. Damals, bevor sie ihre alte Heimat verließ, um ihr Glück in der neuen Welt zu suchen, hatte ihre Großmutter ihr das Geheimnis der uralten Schriftzeichen verraten, die sie vor Unheil bewahren sollten. Wenn eine Frau alleine reiste, auch wenn sie weder jung noch hübsch war, musste sie sich schützen, so die Überzeugung der alten Frau. Und selbst nachdem sie mehr als zwei Dekaden unter der Erde lag, bewiesen sich ihre Worte immer wieder als wahr.

Makenna seufzte leise und setzte ihren Weg fort. Die Kälte der Herbstnacht drang durch die dicke Robe, verlangsamte ihre Bewegungen und nahm ihnen die übliche Eleganz und Leichtigkeit. Feuchte Luft vermischte sich mit dem Todeshauch der Leichen, die überall auf dem Schlachtfeld verteilt lagen. Noch hatte sich niemand die Mühe gemacht, Angreifer und Verteidiger voneinander zu trennen. Vermutlich würden die ersten Überlebenden am Morgen damit beginnen.

Entschlossen stieg sie über mehrere leblose Körper hinweg, ohne die Miene zu verziehen. Dies war bei Weitem nicht das erste Mal, dass sie die Grausamkeit dessen, was Menschen einander antaten, mit ansehen musste. Wenn der Anblick sie in jüngeren Jahren noch mit Entsetzen erfüllte, so verspürte sie mittlerweile nicht mehr als stumme Resignation, denn sie wusste, bald würde sie an einem anderen Ort genau dieselben Geschehnisse beobachten können. So lange es Menschen gab, würde sich dieser Kreislauf aus sinnlosem Töten, kleinen Siegen, Rachefeldzügen und heftigen Niederschlägen wiederholen.

Wann bin ich so bitter geworden?, fragte sie sich und erschauderte unwillkürlich. Derselbe Unmut war es, der ihre Mutter dahingerafft hatte. Im Angesicht der Abscheulichkeiten der Kriege, die sie erlebte, sah sie keinen Sinn mehr darin, ihre Existenz fortzuführen. Alles, was sie wusste, musste ihre Großmutter Makenna beibringen, weil ihre Erzeugerin nicht mehr dazu in der Lage war. Wie jedes enttäuschte Kind hatte sie sich damals geschworen, niemals so zu werden wie das verhasste Elternteil.

Und nun?

Die besten Jahre lagen längst hinter ihr, kinderlos und ohne ein festes Zuhause bereiste sie die Welt, folgte den Spuren der Verwüstung, die sich durch die Landstriche zogen. Niemand würde sie vermissen, wenn sie eines Tages nicht mehr da wäre. Das Einzige, was ihr blieb, war ihre besondere Begabung, durch die sie denen, die schon längst jegliche Hoffnung aufgegeben hatten, wieder ins Leben zurückholen konnte.

Erst als sie sich weit genug von eventuellen neugierigen Blicken entfernte, begann sie ernsthaft Ausschau nach Überlebenden der Schlacht zu halten. Im schwachen Mondlicht sah sie lediglich die Umrisse des Grauens, watete durch abgetrennte Gliedmaßen und verlorene Besitztümer. Besser, sie dachte nicht allzu lange darüber nach, woraus der unebene Grund, über den sie sich fortbewegte, bestand.

Ein leises Wimmern erweckte Makennas Aufmerksamkeit. Es kam von einem Hügel zu ihrer Linken. Hastig schob sie mit Händen und Füßen mehrere Körper beiseite, denen selbst sie nicht mehr helfen konnte, und entdeckte schließlich, wonach sie suchte. Der Mann war viel zu jung, um an einem solchen Gemetzel teilzunehmen. Sein kantiges, hohlwangiges Gesicht war bleich, die dunklen Fussel des ersten Bartwuchses hinterließen düstere Schatten auf seinen schmerzgeplagten Zügen. Auf seinen Beinen lag ein totes Pferd, vermutlich waren sie unter dem Gewicht zerquetscht worden. Der linke Arm stand in einem unnatürlichen Winkel von seinem Körper ab, beim rechten konnte sie die weiße Farbe des Knochens unter dem rohen, aufgeplatzten Fleisch hindurchblitzen sehen. Einzig sein außerordentlich starker Wille schien ihn noch am Leben zu halten.

Neugierig kniete sie sich neben den jungen Soldaten auf den Boden. Seine Atmung war flach, und die großen, dunklen Augen, mit denen er sie anblickte, bedeckte bereits ein milchiger Film. So jung. Viel zu jung, um dem drohenden Ende entgegenzublicken. Makenna musste sich beeilen, wenn sie ihn tatsächlich retten wollte.

Eilig entfernte sie die übrigen Hindernisse, schob mit Ächzen und Stöhnen den Kadaver des Reittiers beiseite und legte die zersplitterten Beinknochen des Jünglings frei. Der Anblick ließ sie das Gesicht kurzeitig zu einer Grimasse verziehen. Sicher, dass du ihm helfen willst?, fragte eine kleine, fiese Stimme in ihrem Hinterkopf.

»Ich fürchte mich nicht vor Schmerzen«, sagte sie laut, um die elendigen Zweifel zum Schweigen zu bringen. »Sonst könnte ich das hier gar nicht tun.«

Mit diesen Worten griff sie nach der Wange des Soldaten, der einzigen Stelle, die sie finden konnte, an der er keine offensichtlichen Verletzungen trug. Die milchigen Augen öffneten sich und ein Ruck ging durch seinen geschwächten Körper. Makenna fing seinen Blick auf, zwang ihren Geist, in die dunklen Tiefen einzutauchen. In Sekundenschnelle registrierte sie jede noch so kleine Verletzung, merkte sich automatisch, was wiederhergestellt werden musste und welche Teile keiner Heilung bedurften. Abgesehen von einigen Rippenbrüchen wies sein Torso kaum Verwundungen auf. Vermutlich hatte er deswegen so lange überlebt. Viel schlimmer traf ihn der Blutverlust durch die zerquetschten Gefäße und die starken Schmerzen. Darum musste sie sich zuerst kümmern.

Sie holte tief Luft und nahm dann den Großteil der Pein, die der junge Soldat empfand, in sich auf. Ihre Nervenbahnen protestierten heftig unter dem Ansturm, doch sie biss die Zähne zusammen und konzentrierte sich auf ihre Aufgabe. Schnell streckte sie ihr rechtes Bein aus, bis es flach auf dem Boden lag, spürte dann das Gewicht des Pferdes auf dem Körperteil lasten, das ihre Knochen zermalmte.

Ein leises Zischen entkam ihren zusammengebissenen Lippen, doch sie unterbrach weder Blickkontakt noch die Berührung einen Augenblick lang. Mit rapider Geschwindigkeit nahm ihr Körper die notwendigen Reparaturen vor, um ihr zerquetschtes Bein wieder funktionstüchtig zu machen. Denselben Vorgang wiederholte sie mit dem linken Bein, dann mit beiden Armen. Schweiß trat auf ihre Stirn. An zwei Stellen während des Prozesses schwanden ihr beinahe die Sinne. Trotzdem ließen Knochen sich leichter regenerieren als innere Organe, auch wenn die Verletzungen nicht weniger wehtaten.

Erst als ihre Arbeit beinahe beendet war, klarte der Blick des jungen Mannes auf. Makenna biss die Zähne zusammen, beeilte sich, um möglichst schnell fertig zu werden. Sobald sie sicher sein konnte, dass er die Nacht überlebte, würde sie seinen Geist in einen tiefen Schlafzustand versetzen. Von den Geschehnissen während des Kampfes würde nicht mehr als eine unscharfe Erinnerung zurückbleiben, an ihr eigenes Eingreifen könnte er sich gar nicht mehr erinnern. Und sie würde sich den nächsten Gefallenen suchen, seine Verletzungen auf sich nehmen und ihm das Leben retten, bis die Erschöpfung sie einholte und sie auf dem Schlachtfeld ohnmächtig wurde.

Der Mann schluckte. Seine Augen fokussierten sich auf ihr Gesicht. Zögerlich streckte er eine seiner zitternden Hände nach ihr aus. Da sie gerade damit beschäftigt war, ihren linken Arm zu heilen und mit dem anderen den Kontakt aufrechterhalten musste, konnte sie sich nicht wehren, als er vorsichtig ihren gesunden Oberarm berührte.

»Bist du …« Seine Stimme klang brüchig. Er räusperte sich schwach, fragte dann erneut: »Bist du ein Engel?«

Trotz der Grimasse des Schmerzes, die sich auf ihr Gesicht abzeichnete, zwangen die naiven, bewundernden Worte ein schwaches Lächeln auf ihre Lippen.

»Es gibt keine Engel, Junge«, presste sie zwischen zusammengebissenen Zähnen hervor. »Göttliche Gnade hat hiermit nichts zu tun.«

Die bleiche Stirn wölbte sich. »Warum … bist du dann hier?«

Unbeantwortet stand die Frage zwischen ihnen, während Makenna mit der Heilung fortfuhr. Das ist die Frage, die du dir auch schon viel zu lange stellst, nicht wahr?, verlangte die höhnische Stimme in ihrem Kopf zu wissen. Welchen Sinn machte es, die Menschen zu heilen, nachdem sie sich gegenseitig unbedacht so zurichteten? Nichts würde den jungen Soldaten abhalten, bei der nächsten Gelegenheit wieder in die Schlacht zu ziehen und sein Leben somit vielleicht endgültig zu verwirken. Sie konnte ohnehin viel zu wenige von ihnen retten. Beim nächsten Mal würde sie nicht zur Stelle sein, um seine Pein zu lindern.

Warum also?

»Wo sollte ich denn sonst sein?«, flüsterte sie leise und

ließ den Kopf hängen. Dadurch wurde der Sichtkontakt unterbrochen, und der Mann verlor das Bewusstsein. Schwer atmend blieb sie an Ort und Stelle sitzen, erleichtert darüber, wie rasch der Schmerz verschwand. Ihre Hand verweilte einen kurzen Moment auf der weichen, warmen Haut, in die langsam aber sicher Farbe zurückkehrte. Friedlich schlummernd lag der zuvor dem Tode geweihte Soldat vor ihr. Morgen würde er sie bereits vergessen haben. Doch seine Worte würden Makenna vermutlich den Rest der Nacht begleiten.

Ich habe keine Zeit für so etwas.

Schwerfällig erhob sie sich, taumelte einige Schritte vorwärts, bevor sie ihr Gleichgewicht fand. Mit grimmiger Entschlossenheit hielt sie nach dem nächsten Gefallenen Ausschau. Nur so konnte sie der Tatsache entgehen, dass sie vermutlich niemals eine befriedigende Antwort auf diese alles entscheidende Frage finden würde.

Robert Beringar

Eine Geschichte aus der Welt der drei Kontinente – Der gute Geist des Waldes

Tief im immergrünen Wald der großen Ebene des Landes Taar stand, für die neugierigen Augen aller vorbeiziehenden Lebewesen, im Verborgenen ein uralter Turm. Dieses Bauwerk stellte den letzten Rest einer ehemals wehrhaften Burg dar. Im Laufe von kriegerischen Auseinandersetzungen, die sich über Dekaden zogen, trug die Anlage derart viele Schäden davon, dass man sie aufgab und verließ. Übrig blieb der Turm, von Zauberkräften geschützt, welcher mit der Natur verwuchs.

Viele Jahrhunderte später beherbergte er weiterhin einen mächtigen Vertreter der zaubernden Kunst. Heraldin, ein Schüler des Zaubermeisters, der einst den Turm rettete, erwartete heute selbst einen gelehrigen jungen Mann. Vor ein paar Wochen fand ein fliegender Bote den gut versteckten Fenstereingang zum oberen Teil der Behausung. Sofort erblickte Heraldin das Siegel seines Freundes Lobor. Man kannte sich seit über siebenhundert Jahren und konnte dabei stets auf die Hilfe des anderen zählen. Und der Brief enthielt eine Bitte. Lobor diente als Berater am Hofe des Königs Naagal von Gaal. Das kleine Königreich im Norden befand sich derzeit in einer nachbarschaftlichen Auseinandersetzung. Wie oft in solchen Fällen ging es um Gebietsansprüche, die unredlich erworben werden sollten. Das östliche Reich sicherte sich dafür gar die Dienste eines dunklen Meisters. Fürwahr standen die Zeichen der Zukunft auf Sturm. Aus diesem Grund musste Lobor seinen Lehrling für eine gewisse Zeit aus der Hand geben. Bei dem Zauberer im Wald wusste er ihn nicht alleine sicher, sondern bei einem herausragenden Lehrer untergebracht. Hier konnte der aufstrebende Junge weitere Kniffe lernen. Alles in allem wurde damit jedem geholfen. Der Nachwuchszauberer bereicherte sein Wissen, Lobors Konzentration galt voll und ganz dem Königreich, und der alte Heraldin bekam Gesellschaft. Gespannt darauf, wer ihm da ins Haus flattern würde, überbrühte der Herr des Turmes einen aromatischen Kräutertee in dem Moment, in der er die Ankunft seines Gastes erwartete.

Draußen auf der Lichtung stand ein sichtlich verwirrter Maaran. In violetter und dunkelblauer Kleidung gehüllt wirkte er wie ein Fremdkörper in der geballten Naturatmosphäre. Die Anstrengung der weiten Anreise aus Gaal ließ ihn an seiner Fähigkeit der Orientierung zweifeln. Laut der grob umrissenen Karte, die er in der alten Bibliothek des Palastes fand, sollte hier ein Turm als Überbleibsel einer alten Festung stehen. Rings herum gab es nichts als Bäume. Ein Hörnchen rannte munter vorüber, hielt kurz an, buddelte eifrig ein Nüsschen aus und verschwand ebenso schnell zwischen den dichten Zweigen. Sofort verpetzte ein überwitziger Häher die Anwesenheit des Fremden.

Durch dieses Krakeelen aufmerksam geworden, sah der graubärtige Heraldin neugierig aus der Nische, welche zwischen dichtem Blattwerk praktisch unsichtbar viele Meter über dem Boden lag.

»Junger Freund, Ihr müsst gewiss Maaran sein, der mir von einem alten Freund angekündigt wurde.«

Der Angesprochene wirbelte überrascht herum, konnte aber beim besten Willen nicht ausmachen, von woher die Stimme kam. »Das stimmt. Meister Lobor entsandte mich in dieses Land mit den besten Wünschen. Und jetzt suche ich nach Heraldin, dem guten Geist des Waldes.«

Der alte Mann lächelte verschmitzt. Die sich bildenden Fältchen verschwanden vollständig unter dem behaarten Gesicht. »Dann sage ich Euch, Ihr habt ihn gefunden. Seht nach oben. Zwischen den Efeuranken solltet Ihr mich entdecken.«

In der Tat gelang es Maaran, den Bewohner des Turms zu erkennen. Das gutmütige Antlitz schien direkt mit dem Grün der Pflanzen verwachsen zu sein. Von diesem Punkt ausgehend suchte sich der junge Mann einen Weg in das Innere. Zwischen Ästen lag eine Eingangstür, eben so von Ranken vereinnahmt. Sie ließ sich leicht öffnen. Dahinter wartete eine Treppe die kreisförmig nach oben führte. Weitere Pflanzen fanden hier ihre Wuchsmöglichkeit. Dieser Ort faszinierte Maaran umgehend. Zeitweise konnte er nicht sagen, ob der Turm in einen Baum hineingebaut wurde oder der Baum in dem Gemäuer wurzelte.

Nach einer Unzahl von Stufen erreichte der Nachwuchszauberer eine weitere Tür. Sie wirkte stabil und war aus bestem Eichenholz gefertigt. Bevor Maaran anklopfen konnte, schwang sie auf. Aus dem dahinter liegenden Raum stiegen dem Besucher bekannte und neue Gerüche entgegen. Als er eintrat, erfassten seine Augen eine Vielzahl von Eindrücken. Tiegel mit Salben, getrocknete Kräuter, Gesteinsproben unterschiedlichster Art, Keimlinge und zur Hälfte ausgewachsene Gemüsepflanzen, konservierte Tiere, Wurzelstränge und Holzstäbe aus diversen Baumsorten. Der hier lebende Zauberer besaß eine beachtliche Menge an Wissen, welches er direkt aus der Natur schöpfte. Dies spiegelte sich in allen Elementen der Einrichtung wider. Das vorherrschende Chaos erschien lediglich auf den ersten Blick ungeordnet. Mit der Zeit konnte man sich hier aber durchaus zurechtfinden.

»Kommt ruhig näher und setzt Euch dort drüben hin! Ich habe uns frischen Tee zubereitet.« Die Stimme Heraldins drang aus einer dampfenden Wolke heißen Wassers hervor.

Maaran schritt zu der kleinen Sitzgruppe vor und nahm Platz.

»Passt gefälligst auf, wo Ihr Euch niederlasst! Dieser Sessel ist bereits besetzt.«

Sofort schreckte der junge Zauberer hoch. Als er sich umdrehte, erkannte er undeutlich die Umrisse eines kleinen Wesens, das sich in den Polstern regte. Wie man jemanden, der solch auffällig bunte Gewänder trug, übersehen konnte, blieb ein Rätsel.

»Verzeiht, ich habe Euch nicht gesehen.«

»Euch sei verziehen.« Großmütig klang die Stimme des kleinen Mannes.

Lachend trat der graubärtige Turmbesitzer mit einem Tablett hinzu. »Wie ich sehe, habt Ihr Herrn Jagolf Tinkel bereits kennengelernt. Er gehört zu den Wurzlern, einem kleinen Volk, das weiter südlich ansässig ist. Vor kurzer Zeit konnte ich ihm bei einem Problem helfen. Und jetzt hat er sich mir zum Dank für drei Monate zur Dienstbarkeit verpflichtet.«

Unter vorgehaltener Hand, sodass der Wurzler es nicht mitbekam, fügte Heraldin eine andere Vermutung hinzu. »Meiner Meinung nach hat er vor seinem kürzlich angetrauten Eheweib die Flucht ergriffen. Ihr müsst wissen, dass Herr Tinkel eine ihm eigensinnige Ruhe schätzt.«

»Ich bin nicht eigensinnig.« Mit verschränkten Armen murmelte Jagolf unbeachtet vor sich hin.

»Kann er zaubern? Ich meine, er ist praktisch unsichtbar.« Weiterhin gelang es Maaran schwer, den kleinen Mann genau zu erfassen.

»Nein, das ist eine angeborene Fähigkeit. Für ihn Fluch und Segen zu gleichen Teilen. Eben wie bei unseren Zauberkräften.« Der alte Mann seufzte leicht.

Wie die letzte Bemerkung gemeint war, konnte Maaran sich nicht erklären. Durch die anschließende Plauderei über die Unruhen im Norden und Anekdoten aus den gemeinsamen Erlebnissen mit Lobor gerieten die zu Anfang vernommenen Worte in Vergessenheit. Ohne Zweifel fand Maaran einen Ort, an dem man sich wohlfühlen konnte. Der hagere Turmherr, welcher eine Vorliebe für graugrüne Filzbekleidung besaß, war in jeder Hinsicht ein kurzweiliger Gesellschafter.

In der Folgezeit lernte der junge Zauberer viele Dinge über den Einklang der Natur mit dem eigenen Können. Langeweile kam dabei nie auf. Eine besondere Attraktion bot Jagolf Tinkel, der oft mit frischen Kräutern, Pilzen und Beeren zurückkehrte und seine Art des Unsichtbarseins beeindruckend anwendete. Als eines Tages die Frau des Wurzlers, eine gewisse Radena, auftauchte, um ihren Gatten an seine häuslichen Pflichten zu erinnern, ging dies mit großem Tamtam vonstatten. Widerwillig räumte Jagolf das Feld und ging mit seinem Weib zurück.

Im weiteren Verlauf des Frühjahres erfuhr Maaran viel geschichtliches Wissen und vom dunkelsten Kapitel der Gilde, dem großen Krieg des vierundsechzigsten Zeitalters. Zu jener Zeit verfielen nicht wenige einer Art von Größenwahn. Viele Bewohner der drei Kontinente litten unter seinesgleichen. Im Gegenzug gab es aber ebenso viele helfende Hände. Eine Gemeinschaft, die Lichtsucher genannt, stellte sich einst selbstlos in den Dienst der unterdrückten Bevölkerung und war entscheidend am bis heute andauernden Frieden beteiligt.

Nach einem Monat fühlte sich der junge Zauberer wie in einem neuen Zuhause. Die Gesellschaft Heraldins wirkte positiv auf sein Gemüt ein, sodass er den Gedanken an die ferne Heimat leichter ertrug. Trotz aller guten Eindrücke umgab den ergrauten Turmbewohner aber ein Geheimnis. Am Fuße des Gemäuers lag eine Bodenluke. Man konnte diese weder mit einem Griff noch Hebel öffnen. Maaran vermutete, dass ein besonderer Spruch in Kombination mit den Kräften Heraldins dazu nötig wäre. In jedem Fall sah sich der Gast dazu berufen, einen Blick unter diese Luke zu werfen. Ein Plan musste her!

Die folgenden Tage brachte der neugierige Jungzauberer damit zu herauszufinden, ob und wann sein Lehrmeister dort hinabstieg. Nach seinen ersten Ermittlungen geschah dies einmal in der Woche. Heraldin verlor darüber kein Wort, sorgte aber dafür, dass sein Lehrling dann stets beschäftigt war. Eines Tages gelang es Maaran, den

Meister zu belauschen. Wie erwartet, gab es eine spezielle Beschwörungsformel, gepaart mit den Zauberkräften. Die Worte im Gedächtnis zu behalten, stellte keine Herausforderung dar. Wie man jedoch den Zauber anwendete, führte den Jüngeren an seine Grenzen. Sobald der Turmherr sich später allein in den Wald begab, versuchte Maaran sein Glück. Und jeden Tag scheiterte er aufs Neue. Dabei wendete er den Öffnungszauber für Schlösser und Kisten an, versuchte sich am Weg-Frei-Zauber und probierte den komplizierten Vorgang der Transformation. Keine Wirkung.

Innerhalb von drei Wochen kam er keinen Schritt voran und gab auf. Just an diesem Tag ereignete sich eine Änderung im Ablauf. Eine Nachricht aus einem der kleinen Walddörfer westlich von hier beunruhigte Heraldin derart tief, dass er den halben Morgen konfus wirkte.

»Ich muss etwas unternehmen«, murmelte er, zigfach wiederholend, vor sich her. Schließlich verließ er mit wehendem Gewand das Turmzimmer. Für den alten Zauberer stand das Wohl aller Bewohner des Waldes an erster Stelle. Sobald ihn die Nachricht erreichte, wuchs die Sorge, und es galt, den Grund aufzuspüren. In diesem Fall wirkte die Aufregung auf sein Gemüt derart stark ein, dass wichtige, selbst auferlegte Regeln vergessen wurden. Die Zeit war zu knapp, um für seinen Gast eine auswärtige Aufgabe zu finden. Daher musste Heraldin riskieren, dass Maaran von den *besonderen Umständen* erfuhr, die das Leben im Turm mit sich brachten. Im Regelfall sollte der Lehrling irgendwann in die Obhut seines Meisters nach Gaal zurückkehren. Somit schied er als potentieller Nachfolger an dieser Stätte aus. Der Graubärtige würde sich seinen eigenen Schüler suchen, um mit ihm die speziellen Belange des Waldes zu teilen.

Vollkommen in Gedanken versunken ließ er über der Bodenluke seine Kräfte wirken.

Die Klappe öffnete sich geräuschlos und gab einen dunklen Zugang frei. Heraldin erschuf eine Lichtkugel, die ihm schwebend folgte, und tauchte in die Unterwelt des Turms hinab.

Derweil brütete Maaran über einem uralten Buch, welches ihm den Umgang mit magischen Orten näher brachte. Als er des Lesens überdrüssig seinen Kopf aus dem Schmöker nahm, wurde ihm bewusst, dass sein Lehrer bislang nicht zurückkam. Neugierig verließ er das Turmzimmer und nahm die Treppe schnellen Schrittes abwärts. Zu seiner Überraschung stand die Luke seitlich des Treppenansatzes weit geöffnet. Sein Herz schlug aufgeregter. Diese Chance durfte er sich nicht entgehen lassen. Mit größter Vorsicht lauschte er in die Dunkelheit hinein. Aus weiter Ferne drang ein Geräusch an sein Ohr, welches er keiner Sache oder einem Vorgang zuordnen konnte. Mutig trat er voran. Die Lichtverhältnisse machten es unumgänglich, eine Lichtquelle zu erschaffen. Den einfachen Zauber anwendend, wagte Maaran den steilen Abstieg. Die steinernen Stufen mussten einst direkt aus den Felsen geschlagen worden sein. Nach zehn Metern endete das Vergnügen in einem schmalen Gang. Ab hier fiel der Neigungswinkel kaum merklich ab. Das Geräusch erklang jetzt deutlicher. Die Intensität variierte und stellte den ungebetenen Besucher vor neue Fragen. Die schmucklose Umgebung gab keinerlei Hinweise für den Anflug einer Theorie. Eine vage Vermutung bildete sich, die vorsah, dass eine bestimmte Aktion mit dem kurzzeitigen Verändern des vibrierenden Brummens in Verbindung stand. Ab einem gewissen Abschnitt wurde der Helligkeitszauber überflüssig, da von weiter vorne ausreichend Licht in den Gang strömte. Die Neugierde trieb Maaran schneller vorwärts. Zum Ende hin öffnete sich der Weg in eine breite Höhle. In der Mitte fand sich der Grund für alle Gegebenheiten. Eine riesige hellblau leuchtende Masse, vergleichbar mit dem pulsierenden Herzen eines Lebewesens, sorgte für das jetzt monotone Summen. Eine Vielzahl von Wurzeln stand, Adern gleich, in direktem Kontakt zu dieser Quelle der Reinheit. Das

Glühen der Stränge verriet, dass die Macht dieses Ortes hinaustransportiert wurde. Ein Gefühl von Leben und Sicherheit ergriff den Eindringling. Die Vielzahl von Eindrücken wirkte beinah niederschlagend. Hoffnung, Geborgenheit und Frieden wurden durch das Pulsieren im Übermaß verstärkt. Eine Bewegung seitlich dieser Masse zog Maaran aus diesem hypnotisierenden Vorgang heraus.

»Ich werde alt und nachlässig.« Aus einer dunklen Nische trat Heraldin hervor. Er wirkte leicht kraftlos und weniger optimistisch, als der Mann, den Maaran zu Anfang kennenlernte.

»Verzeiht mein Eindringen. Ich sollte nicht an diesem Ort sein, aber mein Wissensdurst trieb mich unaufhaltsam voran.«

Der alte Mann lächelte wissend. Die Umschreibung Maarans klang höflich formuliert. Seine Sorge blieb unbegründet. Ihn erwarteten weder Zorn noch Vorwürfe.

»Zu guter Letzt erfahrt Ihr von der wahren Macht dieses Ortes. Vor Euch liegt eine magische Quelle. Durch ihr Wirken erlebt Ihr den Wald, wie man ihn oben vorfindet, gesund, ertragreich und ein Hort des Wohlfühlens. Sie beschützt die Bäume und damit alle anderen Bewohner. Von Zeit zu Zeit ist es unumgänglich, dass man ihr Energie zuführt. Dies liegt in der Verantwortung des Herrn des Turms. Mein Meister fand diese Anomalie und *fütterte* sie fortan regelmäßig. Über tausend Jahre lang hütete er das Geheimnis, bis er einen seiner Schüler, mich, auswählte, um ihn nach seinem Tod zu ersetzen. Und jetzt begleite ich dieses *Amt* bereits ein halbes Jahrtausend. Bald werde ich mir Schüler nehmen müssen, um unter ihnen meinen Nachfolger zu finden. Ihr versteht, wer auch immer dies wird, ist an den Ort gebunden.«

Maaran nickte. Die schwierige Aufgabe erwartete einen Mann, der keinerlei Drang verspürte, etwas von der Welt sehen zu wollen. »Was würde geschehen, wenn die Quelle keine Kraft mehr aus Euch schöpfen könnte?«

»Das wäre fatal! Viele Bäume sind weit aus älter, als sie es unter normalen Bedingungen sein könnten. Ihr Absterben wäre dann besiegelt.« Das Gesicht Heraldins wirkte durch die bloße Vorstellung stark betrübt.

»Aber Ihr seid aus diesem Grund an diesen Turm gefesselt.«

Der Alte blickte Maaran direkt an. »Mehr oder weniger, das stimmt. Glaubt mir, ich sah genug von den Kontinenten, als ich ein junger Bursche war. Da draußen gibt es nichts, das ich vermisse.«

Der junge Zauberer verstand. In dieser Aufgabe musste man seine Bestimmung finden. Andernfalls konnte es nicht funktionieren. Im Verlauf des Gesprächs gewann Heraldin an Kraft zurück. Das Speisen der Quelle forderte Tribut, und Ruhe war anschließend für den Spender von höchster Wichtigkeit. Bei dieser Gelegenheit fand der Turmherr Muße, genauer auf die Nachricht aus dem Dorf einzugehen.

»Etwas Böses geht vor sich. Seht Ihr die Wurzel oben in der Ecke?«

Dem Finger folgend erkannte Maaran einen Strang, der abgestorben wirkte. An dieser Stelle bestand kein Energiefluss mehr.

»Aus einem nicht zu erkennenden Grund verloren die Bäume in dieser Gegend ihre Bindung zur Quelle. Von hier aus ist es mir nicht gelungen, dies zu korrigieren. Ich werde persönlich vor Ort nach der Ursache suchen müssen.«

Ohne Zögern bot Maaran seine Hilfe an, die dankbar angenommen wurde.

Eine Stunde später brachen die Zauberer gen Westen auf. In all den Wochen erlebte Maaran den Wald als einen faszinierenden Hort der Inspiration. Heute spürte er eine unterschwellige Unruhe, die zu einer Störung der Harmonie führte. Der beunruhigte Blick Heraldins unterstrich dieses Gefühl. Innerhalb kürzester Zeit änderten sich die Gegebenheiten. Klänge, Gerüche und selbst die Farben erfuhren neue Komponenten, welche eine Andeutung von Chaos lieferten. Die geübten Sinne eines Bewohners, der diesen Wald besser kannte als seinen Körper, erfassten im Verhalten der Tiere und dem Raunen der Bäume die besorgniserregenden Zeichen. Und mit jedem Schritt verstärkte sich die Gewissheit, dass eine dunkle Präsenz die ausgeglichenen Schwingungen empfindlich traf.

Die Ursache vernahmen beide Männer bereits aus beträchtlicher Entfernung. Heraldin gab ein Signal, das zur Ruhe mahnte. Mit größter Sorgfalt näherten sie sich einer Stelle, von der Rauch aufstieg. Lärmfetzen drangen durch die Baumreihen und brachten den Beweis für die Anwesenheit einer unerwünschten Gruppierung. Langsam tastete sich die Abordnung aus dem Turm heran und bekam ein Bild geliefert, welches im Besonderen Heraldin den Atem stocken ließ.

Um die gefällten Überreste eines der uralten Baumriesen versammelt, versuchte eine Gruppe von fünf, in schwarze Roben gehüllte, Gestalten das Holz in Brand zu setzen. Abwechselnd hoben sie ihre Arme an und es fielen beschwörende Worte. Hohn erntete derjenige, dessen Versuch kläglich fehlschlug. Von Neid durchzogene Anerkennung erhielt eine erfolgreiche Anwendung der Zauberei. Hinter dieser Szenerie erkannte man im Unterholz eine Schar von Reitpferden. Maaran zuckte zusammen. Dort unten standen Schüler der Zaubererzunft, wie er einer war. Ein bemerkenswerter Unterschied bestand darin, dass sie ihre Kräfte für zerstörerische Zwecke einsetzten, die alleine ihrem Vergnügen dienten. Heraldin hatte genug gesehen. Er deutete an, dass sie sich eben so leise wie bei der Ankunft zurückziehen sollten. Außer Hörweite der Eindringlinge platzten die Fragen aus Maaran heraus. In erster Linie drehten sich diese um die Herkunft und den Grund der Anwesenheit dieser unverfrorenen Bande.

Der ergraute Zauberer runzelte die Stirn. »Wie Ihr an ihren Roben sehen konntet, stehen sie auf Seiten derer, welche die dunklen Künste unserer Zunft bevorzugen. Das sind ohne Zweifel die Schüler eines schwarzen Meisters.«

Die Stimme verriet, dass dieser Umstand eine besondere Besorgnis hervorrief. Dementsprechend reagierte Maaran.

»Und das bedeutet Ärger. Was ist, wenn der Lehrer in der Nähe ist?« Aus den Historientexten kannte er das negative Wirken dieser dunklen Meister. Lange erachtete man sie als vernichtet. Die jüngere Geschichte lehrte hingegen neue Erkenntnisse. Eine ganze Brut dieser verachtenswürdigen Vertreter der Zauberkünste stellte die nächsthöhere Stufe dar.

»Das hätte ich gespürt. Zusätzlich sagt mir das Verhalten dieser Schüler, dass sie alleine auf der Reise sind. Selbst ein schwarzer Zauberer erwartet Disziplin.«

Diese weltpolitisch wichtigen Fragen beiseitelegend, ging man im nächsten Schritt das Problem an, wie der Wald zu schützen sei. Obwohl unerfahren, konnte eine geballte Einheit solcher Halbstarken durchaus immensen Schaden anrichten. Zudem wollte Heraldin nicht riskieren, entdeckt zu werden und damit das Geheimnis der Quelle preisgeben.

Eine List musste her, und schnell zeigte sich, dass der junge Maaran hierbei einen wertvollen Beitrag liefern konnte. Neben seinen, von der Natur vorbestimmten Talenten erhielt er sich ausreichend spitzbübische Energie aus seinem alten Leben als Schafhirte der heimischen Herde. Seit dem offensichtlichen Ausbruch seiner Kräfte waren viele Monate vergangen, und doch bediente er sich gerne alter Gewohnheiten.

»Könnt Ihr die Pferde mit einem Zauber belegen, der sie im Galopp an einen entfernten Ort rennen lässt, sobald der Reiter im Sattel sitzt und ohne dass die Tiere vorher zu stoppen sind?«

Die Stirn Heraldins zeigte erneut tiefe Furchen. »Hm, das ließe sich vermutlich einrichten.«

»Dann lasst den Rest meine Sorge sein.« Ein breites Grinsen verriet, dass Maaran über einen entsprechenden Plan verfügte. Er schloss die Augen und murmelte unverständliche Worte. Sekunden später wurde sein Körper in weite, schwarze Gewänder gehüllt. Rein äußerlich passte er sich der Gruppe von dunklen Schülern damit an.

»Ah, ich verstehe. Ihr wollt Euch als Freund ausgeben.« Zufrieden schenkte Heraldin dem jungen Mann ein anerkennendes Nicken. Das Wissen des Schülers besaß bereits einen guten Umfang.

»Meister Lobor sagte mir, wenn ein Gegner in der Überzahl ist, muss man sich mit ihm verbünden, bis die Chancen besser stehen.«

»Eine interessante taktische Denkweise. In unserem alten Lobor steckte seit jeher mehr von einem Krieger als in mir.« Die verschmitzten Lippen traten deutlich zwischen den grauen Barthaaren hervor. »Dann lasst es uns angehen!«

Heraldin beschritt einen halbmondförmigen Weg und erreichte die Pferdeschar von der rückwärtigen Front her. Ihr nervöses Aufbahren beruhigte er mit den entsprechenden Mitteln. Zur selben Zeit ließ Maaran sich auf einer Lichtung hinter dem gefällten Baum blicken. Jetzt erkannte er, dass zwei der fünf Schüler junge Frauen waren. Sie beteiligten sich mit derselben bösartigen Freude an dem verachtungswürdigen Treiben. Das Innere des gefallenen Baumriesen brannte mittlerweile mit einer dunklen Flamme. Maaran sah in Gesichter, die ihm eine unterschwellige Angst einjagten. Schließlich wurde er entdeckt. Die Improvisation begann.

»Bravo, wie ich sehe, steht hier die künftige Elite vor mir, der es ohne Zweifel gelingen mag, gegen starre, wehrlose Opfer zu triumphieren.«

Eitel und hochgestochen wollte Maaran klingen, und es gelang in Perfektion. Alle Unsicherheit war sofort überspielt. Unter der Gruppe startete leises Gewisper, bis man einen als Sprecher ausdeutete.

»Wer seid Ihr und was ist Euer Begehr?«

»Sie können sprechen. Den Göttern sei Dank! Somit kommen wir einen Schritt weiter. Man nennt mich Kaargen. Mein Meister stammt aus Ak'ahal, und ich bin hier, um zu sehen, inwieweit die Schüler dieses Landes ihrem Ruf gerecht werden. Wenn ich das hier sehe, hätte ich noch ein paar Jahre warten sollen.«

Der hinter den Pferden mit seinem Zauber wirkende Heraldin vernahm einen unerhörten Klang von Arroganz in Maarans Stimme, welcher jeden an die Grenze der Selbstbeherrschung bringen würde. Führwahr besaß dieser junge Zauberer besondere Talente, die ihm in Zeiten des Taktierens von größtem Nutzen sein sollten. Innerhalb weniger Momente standen die Pferde unter dem besonderen Einfluss des alten Mannes. Mit der zusätzlichen Energie ausgestattet, endete ihr Galopp weit im Osten hinter den Feuerbergen. In einem äußerst amüsanten Nebeneffekt durften sich die dunklen Nachwuchszauberer auf spezielle Schmerzen einstellen, welche ein solch langer Ritt ohne Pause mit sich brachte. Diese Gedanken sandte er Maaran als Zeichen, dass alle Vorbereitungen abgeschlossen seien.

Als der junge Mann die Vorstellung empfing, wankte er kurz in seiner strengen Autorität. Schnell sprach er eine Herausforderung aus. »Messen wir unsere Kräfte in einem Wettstreit. Ich bin mir sicher, nicht einer von Euch ist in der Lage, mich zu Pferde einzuholen, während ich mich zu Fuß fortbewege. Ziel soll der östliche Rand dieses Waldes sein.«

Verwirrt sahen die Schüler einander an. Wie konnte ein Rennen zeigen, wessen magische Fähigkeiten höher angesiedelt waren? Einer entsprechenden Frage vorweg greifend, nahm Maaran den Faden auf.

»Dabei kommt es nicht auf die Kraft der Muskeln an. Zauberei jeder Art ist erlaubt, um den Gegner vom Ziel abzubringen. Ihr gewinnt, wenn es dreien gelingt, vor mir am Rand zu stehen.«

Nach kurzer Bedenkzeit willigte man ein. Diese unverschämte Herausforderung klang nach besserer Zerstreuung als das blinde Wüten im Gehölz. Von Ehrgeiz getrieben liefen zwei Burschen hinüber, um alle Pferde herbeizuholen.

»Brav.« Maaran blieb hochnäsig. »Wenn ich *Jagd los! rufe*, dürft Ihr Euch in den Sattel hieven, und unser Spiel beginnt. Wir nehmen die östliche Begrenzung. Diese ist uns am nächsten.«

Gespannt warteten alle auf die angekündigten Worte. Mit geschlossenen Augen wirkte Maaran hochkonzentriert. Dass man ihm derart leicht auf den Leim ging, konnte er kaum glauben. Möglicherweise sahen die jungen Schüler den Vorgang als Test ihres Meisters an.

In einem Augenblick vollkommenen Schweigens fiel das Signal, und der Gast des Turmherrn sprintete los.

Die aufgeregten Baumschänder schwangen behände in ihre Sattel, und Sekunden später gingen die Pferde durch. Unaufhaltsam bahnten sie ihren Weg in die vorgegebene Richtung.

Die mit unglaublicher Akrobatik vorweg laufende Gestalt Kaargens konnten sie dabei nicht aufholen. Zu diesem Zeitpunkt ahnte keiner von möglichen Unannehmlichkeiten.

Als der Klang der jagenden Gruppe verebbte, trat Heraldin an den toten Baum heran und löschte das Feuer. Traurig stand er über dem einstigen Naturdenkmal. Ein paar Minuten später spürte er die Anwesenheit vieler Augenpaare.

»Kommt heraus! Die Gefahr ist von Euch genommen.«

Aus den Gebüschen schlüpften einfache Menschen auf die Lichtung. Ihr kleines Dorf lag in unmittelbarer Nähe. Von dort erhielt der graubärtige Waldbewahrer die Nachricht.

»Diese abscheuliche Bande kehrt nicht mehr zurück.

Ihr Weg wird erst nach vielen Tagesritten enden.«

Vorsichtig kamen zwei Vertreter des Dorfes näher. »Heraldin, Hüter des Waldes. Wir danken Euch für die Rettung.«

Im selben Moment, als man sich die Hände reichte, schrie eine jüngere Frau laut auf. Oben auf dem Stamm des gestürzten Baumriesen stand eine hochgewachsene Gestalt mit wehendem schwarzem Umhang.

»Sorgt Euch nicht! Dies ist Maaran, mein derzeitiger Gast und Schüler. Er stammt aus Gaal und will Euch nichts Böses. Sein Trugbild lockte unsere Feinde von hier fort.«

Sofort wandte der junge Mann seine Kräfte an und tauschte auf diese Weise die kennzeichnende Kleidung der dunklen Schüler gegen seine Gewänder. Das Misstrauen fiel langsam, und erst im Dorf bei einer kleinen Feier zu Ehren der Retter wandelte sich die Einstellung der Bewohner. In diesem Augenblick kamen Maaran die Worte Heraldins in den Sinn. Die Zauberkräfte konnten Segen und Fluch zu gleichen Teilen sein. Insbesondere dann, wenn man damit anderen, die solchen Mächten wehrlos gegenüberstanden, schadete. Er selbst konnte seinen Beitrag leisten, damit die Zunft der Zauberer ein positives Bild hinterließ. In letzter Konsequenz trafen diese Umstände auf alle Bereiche des Lebens, jede Kaste und jedes Volk, zu, solange dunkle Absichten das Handeln lenkten.

In den folgenden Tagen und Wochen verstrickten sich die Turmbewohner in allerlei Gespräche, welche Theorien in alle Richtungen spannen. Ein befriedigendes Ergebnis erreichten sie dabei eben so wenig wie eine gegenseitige Beruhigung über bevorstehende einschneidende Ereignisse. Die Zukunft sei stets beeinflussbar und das kommende Schicksal auf die eine oder andere Weise zu formen. Eines stand fest: Maaran würde an seinen Aufgaben wachsen.

Nach einem guten halben Jahr kam eine Mitteilung aus

dem Königreich Gaal. Lobor ersuchte seinen Schüler um Rückkehr. Ein neues Kapitel wurde somit aufgeschlagen. Zurück blieb Heraldin, der sich um diesen jungen Zauberer keine Sorgen machte. Eines Tages sollten sich ihre Wege erneut kreuzen.

Marcel Severin

Lektion: Zeitzauber

»Aber nein! Konzentriere dich! Es heißt Zzz Zz...!«, meckerte der alte Zauberer mit kratziger Stimme. Er schüttelte seinen Kopf, und sein Rauschebart wackelte mit seinem lila Spitzhut um die Wette. Im höchsten Turm einer kleinen Ritterburg lief er im Kreis herum. Durch schmale Schießscharten fiel fahles Licht, das nicht heller schien als die flackernden Flammen der zerflossenen Kerzen des Deckenleuchters. Staub und Dunst waberten durch die stickige Luft.

»Aber Meister, es sind so viele Zetts!«, seufzte der Schüler und legte seinen Kopf erschöpft auf den groben Holztisch.

Sein Meister fuchtelte kurz mit seinem Zauberstab herum, und pfeilschnell richtete sich der schmale Körper seines Schülers auf, gerade wie ein Stock. Seine Glieder waren steif, nur seine Lippen konnte er noch bewegen. Aus kleinen Augen starrte er seinen Meister an.

»Wiederhole!«, befahl er mürrisch.

Erst nach mehreren Anläufen rezitierte sein Schüler die Formel fehlerfrei und löste damit den Lähmungszauber von seinem Körper. Als Erstes blinzelte er und rieb sich mit seinen kleinen Fäusten die Augen.

»Danke, Meister!«, sagte er und rückte seinen Schemel scharrend über den rauen Boden. Er lehnte seinen Rücken weit zurück, und seine Beine streckte er aus, sodass sie in der Luft baumelten.

Sein Lehrmeister verdrehte die Augen und seine Brauen verengten sich buschig über seiner Knollennase. »Jetzt zaubern wir endlich!«

Sein Schüler verlor das Gleichgewicht. Unter lautem Krachen des klapprigen Schemels landete er rückwärts auf dem kalten Boden. Er drehte sich zur Seite und rieb sich den Hinterkopf. Der Fuß seines Meisters wippte wütend vor seinem Gesicht auf und ab. Als er vom Boden aufsah, erblickte er die gereizt funkelnden Augen des Zauberers.

Der Junge sprang so schnell er konnte auf. Schmerzen pulsierten durch seine Muskeln, aber er riss sich zusammen.

Der alte Zauberer pikte seinen Schüler sachte mit der Spitze seines Zauberstabes in die Nase. »Hör mir jetzt gut zu! Zeitzauber sind immer Zuzweitzauber! Das heißt, dass zwei Magier den Spruch zusammen sprechen müssen, damit er funktioniert. Hast du das verstanden?«

Der Schüler nickte.

Der Meister sprach weiter. »Werden die Zauberer getrennt, zum Beispiel, weil einer von ihnen sich hat ablenken lassen«, zischte er und schenkte seinem Schüler einen warnenden Blick, »dann muss dieser einen anderen Zauberer finden, um sich zurückzuzaubern. Merk dir also den Rettungszauber, der dich zum nächsten Magier führt, genau!«, mahnte er und sprach ihm die Formel mit eindringlicher Stimme vor.

Der kleine Zauberer wiederholte sie und erntete einen Tadel, weil er darüber lachte, wie simpel sie war.

»Bist du nun bereit?«, fragte der Meister und schnipste mit seinen dürren Fingern.

Sein Schüler zitterte heftig, während er resignierend mit dem Kopf nickte. »Müssen wir wirklich, Meister?«

Der Lehrer zog die Augenbrauen hoch, und Funken zuckten aus seiner Zauberstabspitze.

»Natürlich müssen wir!«, fauchte er. »Und nun denk an das Datum und sprich die Formel!«

Er reckte seine klapprigen Arme in die Höhe, und sein Zauberstab kreiste und schoss rote Blitze umher.

Der Schüler machte zaghaft unruhige Bewegungen mit seinem Magieinstrument. Er brachte es nicht mal zum Glimmen. Ein böser Blick seines Meisters ermunterte ihn jedoch zu mehr Elan, und auch seine rosa Funken wurden zu roten Blitzen.

Gemeinsam intonierten sie die Formel. Nur noch wenige Silben waren zu sprechen.

»Meister, welches Jahr war es nochmal?«, fragte der Schüler kurz vor der Vollendung.

Es knallte, donnerte, zischte. Der Turm bebte, und aus dem Nichts heraus explodierte eine graue Wolke, aus der ein gleißender Blitz hinauf zum Dach schoss. Der Meister schrie verzweifelt und wich einem von der Decke herabschnellenden Balken aus, der berstend zu Boden krachte. Ein Gewitter aus bunten Blitzen und grellem Licht explodierte in einer der immer voluminöser werdenden Rauchwolke, die schließlich alles im Turm verschluckte.

Der Schüler kauerte in der Hocke. Von allen Seiten donnerte irrsinniger Lärm an seine Ohren. Vor seinen Augen drehte sich alles, was er sah, ihm war übel, und er konnte kaum denken. Er saß auf einer gepflasterten Insel inmitten breiter, sich kreuzender Steinwege, an deren Rändern sich Gebäude, die scheinbar nur aus Glas bestanden, so hoch wie drei Burgen übereinander in den Himmel türmten. Hoch über ihnen setzte die Dämmerung ein, doch brach keine echte Dunkelheit an. Zahlreiche seltsame Feuer spendeten Licht in allen Farben und Intensitäten.

Über die Wege rasten leuchtende Rüstungen auf Rädern, in einem Tempo, wie er noch nie ein Fuhrwerk hatte fahren sehen. Und ihnen fehlten Pferde. Es roch nach Ruß, dabei war kein offenes Feuer in der Nähe auszumachen.

Der Schüler fasste sich an die Stirn, noch immer dröhnte der Knall vom Zauber in seinem Schädel.

»Wir müssen im falschen Jahrtausend gelandet sein!«, sagte er mit dumpfer Stimme. Er bekam keine Antwort.

»Meister?«, stotterte er.

Die Blicke des Schülers sausten umher. Hitze stieg ihm in den Kopf, als er seinen Lehrer nirgends entdeckte. Er schlang sich seine dürren Arme um den Körper und rieb über seine zerschlissene Kutte. Plötzlich erschrak er. Erst jetzt spürte er, dass er seinen Zauberstab nicht mehr am Körper trug. Sein Gesicht wurde bleich wie Ziegenmilch. Mit weit aufgerissenen Augen suchte er die Umgebung ab. Er entdeckte den Stab nicht weit von ihm entfernt in einem hölzernen Trog mit Pflanzen. Schnell sprang er auf und rannte hinüber und riss ihn mit einer Hand hastig aus der feuchten Erde. Er presste das dreckige Stück magischen Holzes fest an seine Brust.

»Wenn der Meister es doch nur nicht immer so eilig hätte!«, seufzte er und rieb sich mit der freien Hand durch sein Gesicht. Er hatte rote Kreise um die jungen Augen, und aus seiner spitzen Nase tropfte Schnodder, den er mit seinem ausgefransten Ärmel abwischte. Er guckte sich noch einmal hilfesuchend um und murmelte dann zur Erinnerung die Rettungszauberformel, die sein Meister ihn für Situationen wie diese gelehrt hatte. Er atmete tief durch und schrie: »Hilfe!«

Ein roter Faden schoss aus seinem Zauberstab. Er schwebte auf Höhe seiner Knie über dem schroffen Boden. Der Anfang winkte dem Zauberer zu, dann huschte er wie ein flinker Spatz quer über einen der Wege, auf denen noch immer die Rüstungen umherbrausten. Auf magische Weise zwang der Faden sie alle an Ort und

Stelle zu halten. Auf der anderen Seite des breiten Weges stoppte der Faden und winkte dem kleinen Magier erneut zu.

Bei dem Anblick schüttelte der den Kopf und verfolgte mit skeptischem Blick den Verlauf des Fadens, tastete sich aber schließlich zögerliche daran entlang mitten über den Weg.

Die mit Rädern versehenen Rüstungen posaunten ein schiefes Konzert mit unsichtbaren Hörnern. Selbst noch, als der Zauberer sich überwand, eine von ihnen anzutippen, hielten die schrillen Laute an. Flink wie ein aus einem Feuer hüpfender Funke zog er seinen Finger zurück. Das Metall war heiß wie ein Kessel auf einer Kochstelle.

Erschrocken nahm er all seinen Mut zusammen und rannte voller verzweifeltem Vertrauen dem Faden nach. Er passierte Menschen in verwirrend bunten Kleidern aus Stoffen, die er nie zuvor gesehen hatte. Einige von ihnen überholten ihn sogar auf einer Stange mit zwei Rädern, auf der sie aufrecht saßen, während ihre Füße strampelten. Niemand schien ihn zu bemerken, und so konzentrierte er sich bloß noch auf den Faden, der vor ihm um Kurven und Ecken flitzte. Als er stoppte, war der Magier völlig außer Atem. Er stemmte seine Arme in die Hüften und holte tief Luft, dabei schnaufte er wie ein Ross nach einem Ritterturnier.

In der Luft zeichnete der Faden einen roten Pfeil, der auf ein großes Gebäude direkt vor ihm wies. Es war ein ehrfürchtiger Anblick. Filigrane Stäbe aus blankem Eisen ragten mannshoch auf und formten einen Wall. Dahinter lag ein beleuchteter Park mit geschwungen Wegen zu einem imposanten Portal eines gigantischen Schlosses aus purem weißem Stein gebaut mit viel spiegelndem Glas.

Durch eine breite Öffnung im Wall betrat der Zauberer den Park. Seine Kleidung war nass vom Schweiß, und seine Knie bebten bei jedem Schritt. Der kalte Abendwind ließ ihn erschauern, und selbst sein Schatten schien im Schein der hellen Laternen zu zittern.

Im Gebäude stand der kleine Zauberer in einem kahlen Raum mit einer himmelhohen Decke vor einem Pult aus blankem Marmor. Dahinter saß eine Frau mit bubenhaften, kurzen, roten Haaren.

»Wo bin ich hier?«, fragte der Zauberer sie stotternd.

»Im Kanzleramt!«, fauchte die Rothaarige ihn an.

»Wer ist denn da?«, hallte eine spröde klingende Frauenstimme durch eine geöffnete Tür am Ende des Flurs.

»Niemand!«, rief die Rothaarige hastig zu der Tür hinter ihr und erhob sich elegant von ihrem Platz. Ihr Körper ragte hoch vor dem Jungen auf, sie verschränkte die Arme vor der Brust, und ihre Augen verzogen sich zu kleinen Schlitzen. Ihr Mund kräuselte sich. »Kleiner, ich weiß nicht, wie du hier raufgekommen bist, aber du gehst jetzt! Und zwar schnell!«, kommandierte sie und packte ihn an den Schultern.

»Aber ich brauche doch Hilfe!«, flehte der kleine Zauberer mit zitternder Stimme, und eine Träne rollte über seine gerötete Wange. Verzweifelt stemmte er seine Füße in den weichen Boden aus Stoff.

»Was ist hier los?«, echote erneut die spröde Frauenstimme durch den Flur. Sie klang viel näher als zuvor.

Die Rothaarige und der Zauberer drehten sich überrascht um. Hinter ihnen stand eine kleine Frau mit einer grünen Jacke mit weißen Knöpfen. Jedes ihrer Beine war in einen eigenen schwarzen Rock gehüllt. Ihre mittelbraunen Haare reichten knapp bis an den Hals, um den eine dicke Bernsteinkette hing. Ihr Gesicht war blass und viele verästelte Fältchen umkreisten ihre kleinen, hellwachen Augen. Von ihrem Mund zog sich auf jeder Seite ihres Gesichtes eine Falte tief durch die Haut bis zum Kinn herab.

Bevor die Rothaarige etwas sagen konnte, hob der Zauberer seinen Zauberstab, der genau so stark zitterte wie der Rest seines Körpers. »Hilfe!«, rief er atemlos.

Erneut schoss der Faden aus der Spitze des Stabes und wob einen Pfeil, der exakt auf die Frau in der grünen Jacke zeigte. Doch noch im selben Moment ging er in Flammen auf und verpuffte in einer kleinen Rauchwolke.

Der Blick der Frau wanderte umher und analysierte die Situation. Sie schnippte mit den Fingern, und die Rothaarige, deren Lippen sich schon geformt hatten, um einen Schrei auszustoßen, schloss noch im selben Augenblick ihre Lider und segelte sanft wie eine Feder auf den Boden, wo sie leise schnarchte.

»Ihr seid meine Rettung!«, rief der junge Zauberer und wischte sich die trüben Tränen aus dem Gesicht. Er lächelte die Frau im grünen Jackett an. Sie lächelte milde zurück und legte dabei einen Finger auf ihre Lippen. Mit einem Winken forderte sie ihn auf, ihr zu folgen. Zusammen verschwanden sie in einem Raum um die Ecke.

Es knallte und zischte in seinen Ohren. Er spürte kalten Stein unter seinem Rücken. Als er seine kleinen Augen öffnete, erblickte er den blauen Himmel, in dem sich Bart und Zipfelmütze seines Meisters wie ein Kreisel drehten. Schielend erkannte er die Steinruine um sich herum und die Überreste des Zauberturmes.

Das Knallen in seinen Ohren wurde von einem rhythmischen Klopfen einer Stiefelsohle abgelöst. Die Nase des Meisters schob sich über sein Gesicht, und er konnte den Zorn im Atem hören. »Ich hoffe du bist stolz auf dich! Hast uns das Dach weggesprengt!«, meckerte er.

»Ich bin wieder da!«, schrie der junge Zauberer.

Der Meister zog die Augenbrauen hoch. »Du warst nie weg«, sagte er und schmunzelte. »Du hast geträumt!«

Der Junge wuschelte sich im Liegen durch sein Haar. »Aber ich war in diesem großen Dorf. Das Schloss, das Kanzleramt! Die Großmeisterin der Magie! Sie ist dort so etwas wie die Königin«, stammelte er.

Sein Meister schüttelte den Kopf und zupfte an seinem Hut. »Eine Frau? Die Großmeisterin? Niemals!«

Er wedelte mit seinem Zauberstab und der Körper seines Schülers schoss empor, und schon stand er aufrecht vor ihm. »Auf ein Neues!«, trällerte der Meister und begann die Zeitreiseformel zu murmeln.

Sein Schüler aber kippte sofort wieder nach hinten weg, landete mit einem dumpfen *Plonk* auf dem Boden und schlief ein.

Iris Clas

Der Rabe, der Kater und die Hexe

Es war einmal ein großer Rabe, der lebte mit seiner Frau auf einer hohen Tanne mitten im tiefsten Wald, dort wo er am dunkelsten war. Sein Gefieder war genauso glänzend-schwarz wie seine klugen, flinken Augen. Eines Tages kam wieder einmal die Hexe mit ihrem Kater des Wegs und sammelte Kräuter. Der Kater war ebenso glänzend-schwarz wie der Rabe selbst, seine Augen jedoch leuchteten grün wie junges Gras in der Frühlingssonne.

»Tuk-Tuk«, sagte die Hexe zum Raben und warf ihm einige Fleischbrocken unter die Tanne.

»Hüte dich wohl davor, das Fleisch der Hexe zu fressen!«, sagte die Frau des Raben. »Ich fühle es, sie ist gar keine richtige Hexe, sondern nur eine Halbhexe. Zur anderen Hälfte ist sie ein Mensch und das sind die Allergefährlichsten. Du weißt, wie die Menschen sind. Sie schießen mit ihren Flinten auf uns, wenn wir nur ein wenig Korn von ihren Äckern picken. Und sie hat auch noch die Zauberkräfte einer Hexe.«

Der Rabe gab seiner Frau im stillen recht. Die Hexe sah aus wie eine Menschenfrau, weder alt noch jung, und die Menschen, denen sie begegnete, hielten sie für ihresgleichen. Doch Raben und schwarze Katzen erkennen Hexen sofort.

Die Hexe ging weiter, nur der schwarze Kater schnappte sich noch einige der Fleischbröckchen und warf dem Rabenpaar einen giftigen Blick aus seinen tückischen, kleinen Augen zu. Dann lief er der Hexe nach, so schnell es sein runder Bauch und seine kurzen, krummen Beine erlaubten.

Die Zeit verging, die Rabenkinder schlüpften aus den Eiern, doch dieses Jahr war nicht wie alle Jahre. Das Frühjahr war zu trocken, der Sommer war zu nass und die

Nahrung war kärglich. Die Rabeneltern hatten große Mühe, ihre Brut aufzuziehen. Endlich jedoch waren die Kinder flügge, alle groß und kräftig gewachsen. Die Rabeneltern hingegen waren durch die Anstrengungen mager und erschöpft.

»Der Sommer ist vorüber«, sagte die Rabenfrau zu ihrem Mann, »und ich fühle es bis in die Flügelspitzen, dies wird ein strenger Winter. Wir werden hungers sterben. Ich weiß mir keinen Rat mehr.«

»Ich fliege zur Hexe«, antwortete ihr Mann. »Dort gibt es genug zu fressen. Sieh dir nur ihren fetten, schwarzen Kater an! Der leidet keine Not.«

Der Rabenfrau sträubte sich das Gefieder. »Sie wird dich verhexen, oder der boshafte Kater frisst dich, und dann bin ich ganz alleine«, klagte sie.

Doch Not kennt kein Gebot, und so flog der Rabe am nächsten Tag zur Hexe und bat um Nahrung. Die Hexe war sehr freundlich, gab dem Raben zu fressen, tat Fleischbröckchen in ein kleines Leinensäckchen, das er im Schnabel zu seiner Frau nach Hause tragen konnte. Der schwarze Kater war nirgendwo zu sehen, so oft sich der Rabe auch umsah, denn er fürchtete, er könnte sich nach Katzenart heimlich von hinten an ihn heranschleichen. Wie er sich so umschaute, bemerkte er eine Stoffpuppe, die auf einem Schrank saß. Ihre glänzenden Glasaugen gefielen dem Raben. Er flog auf den Schrank und wollte mit dem Schnabel nach einem Auge picken. Sofort stand die Hexe hinter ihm und packte ihn mit fester Hand.

»Du darfst die Dinge hier nicht anrühren!«, ermahnte sie ihn. »In diesem Haus ist nicht alles so, wie es scheint.«

Der Rabe machte eine Verbeugung und entschuldigte sich. Dann flog er nach Hause, um seiner Frau das Essen zu bringen.

So ging der Winter dahin. Die Hexe versorgte die beiden Raben mit Nahrung, und selbst die Rabenfrau war zufrieden.

Eines Tages jedoch, als der Rabe gerade wieder auf

seinem gewohnten Weg durch den Schornstein in das Hexenhaus geflogen war, traf es sich, dass die Hexe nicht zu Hause war. Dagegen saß der schwarze Kater auf dem Schrank und funkelte ihn böse an.

»Wage es nicht noch einmal, nach meinen Augen zu hacken!«, fauchte er, »sonst reiße ich dir alle Federn aus und zerfleische dich, du hässlicher, schwarzer Vogel!«

»Dann warst du die Puppe auf dem Schrank«, wunderte sich der Rabe.

»Was denn sonst, du Spatzenhirn«, raunzte der Kater. »Immer wenn sie Ruhe zum Hexen haben will, verwandelt sie mich in diese Puppe. Diesen Trick beherrscht sie, leider, sonst kann sie es aber nicht so besonders gut. Sie ist nämlich gar keine richtige Hexe«, fuhr er fort und senkte die Stimme. »Bis zu ihrem fünfzigsten Geburtstag war sie ein Mensch. Aber an dem Tag ist sie morgens aufgewacht und konnte plötzlich zaubern, oder das, was man so Zaubern nennt. Was ich seitdem mitgemacht habe«, seufzte er. »Und es wird und wird nicht besser. Erst beim letzten Mal, als sie mich in eine Katze zurückverwandeln wollte, hat sie wieder etwas verwechselt, und ich hatte ein grasgrünes Fell und kohlschwarze Augen. Drei Tage hat sie gebraucht und fünf dicke Hexenbücher musste sie durchlesen, bis sie mich wieder in einen schönen, stolzen Kater zurückgezaubert hatte. Gräulich geflucht hat sie dabei, wie immer, wenn sie sich beim Hexen verhext. Währenddessen musste ich die ganze Zeit in der Stube sitzen, denn die unverschämten Meisen im Garten haben gekichert und mich einen behaarten Laubfrosch genannt. Denen werde ich es heimzahlen.«

»Auch Meisen sind nur Menschen«, antwortete der Rabe ernsthaft. Dabei lachte er sich jedoch heimlich ins Fäustchen, denn er konnte Katzen nicht leiden. »Außerdem soll man keine Vögel fressen«, ermahnte er den Kater.

»Das ist mir neu«, maunzte der Kater. »So einen Unsinn habe ich in meinem ganzen Leben noch nicht gehört.

Du musst übrigens keine Angst vor mir haben. Sie hat mir verboten, dich zu fressen. Daran werde ich mich halten, denn zurzeit ist alles noch schlimmer als früher.«

In diesem Augenblick wurde die Tür heftig aufgerissen, und die Hexe stürmte in die Stube, warf ihren Korb in die Ecke und ließ sich erschöpft in ihren großen Ohrensessel fallen, ohne die beiden zu beachten.

»Warum in drei Teufels Namen finde ich dieses verfluchte Kraut nicht«, sprach sie zu sich selbst. »Den ganzen Sommer und Herbst habe ich gesammelt, den ganzen Winter habe ich eingekocht. Schierling und Schwarzes Bilsenkraut, Eisenhut und Drachenwurz, Großes Hexenkraut und Schwarzen Nachtschatten, Wolfstrapp und Teufelskralle und was dergleichen mehr noch ist. Bald ist die Zeit gekommen. War denn alles für die Katz?«

Bei diesen Worten fuhr sie auf und rief dem Kater zu: »Ich sehe, du hast wieder gefaulenzt, während ich mich abgemüht habe. Noch nicht einmal ausgefegt hast du!«

Sie ergriff ihren Zauberstab, verwandelte den Raben in einen Besen, wobei seine Beine als Stiel dienten und sein Gefieder als Borsten, und drückte ihn dem Kater in die Pfote. Dieser begann mit der Arbeit und dachte dabei: Warum soll es dir besser gehen als mir, du alte Krähe!

Währenddessen legte die Hexe einen Stapel alter Zauberbücher vor sich auf den Tisch, nieste dreimal, denn der Staub stieg ihr in die Nase, und begann zu lesen.

»Im Namen des Satans, nun weiß ich, wo ich suchen muss!«, rief sie mit einem Mal. »Lass das Fegen nur sein, mein gutes Tier!«, wandte sie sich an den Kater.

Sie nahm ihm den Besen aus den Krallen und verwandelte ihn wieder in einen Raben. Dieser sträubte sein Gefieder und schüttelte sich, wobei eine ganze Staubwolke zum Vorschein kam. Dabei krächzte er zum Steinerweichen. Die Hexe beachtete es nicht, sondern gab ihm sein Fressen, verabschiedete ihn und wandte sich wieder ihren Büchern zu.

»Ich begleite dich ein Stück des Wegs«, sagte der Kater zum Raben. Als sie sich in sicherer Entfernung vom Haus befanden, wo die Hexe sie nicht mehr hören konnte, fuhr er fort: »Ich hoffe, du hast mir nicht übel genommen, dass ich die Stube mit dir gefegt habe. Ich konnte nicht anders, sonst wäre es mir selbst schlecht ergangen. Richtige Besen gibt es im Hexenhaus nicht mehr, seit damals, als sie fliegen lernen wollte und einen Tag und zwei Nächte nur den Kamin hinauf- und hinuntergeflogen ist. Immer auf und ab, und sie konnte nicht mehr damit aufhören, bis ihr endlich der richtige Zauberspruch eingefallen ist.« Der schwarze Kater schnurrte dreimal kurz und kräftig.

»Es ist ja weiter nichts geschehen«, krächzte der Rabe, dem noch immer der Staub in der Kehle saß.

»Nur bist du jetzt unsterblich, weil sie dich verzaubert hat«, antwortete der Kater. »Nur wenn du Glück hast und die Katze dich frisst, kannst du noch sterben.«

Da flog der Rabe traurig nach Hause, sagte seiner Frau aber nichts, denn sie sollte sich nicht wegen seines langen Daseins als Witwer grämen, das ihn erwartete.

Die Hexe hatte sich inzwischen wieder aufgemacht, um das noch fehlende Kraut zu holen. Sie fand es genau an der in ihrem Zauberbuch bezeichneten Stelle. Schnell brachte sie es nach Hause, kochte es durch, bis es brodelte, und fügte es zu ihrem Zaubertrank hinzu. Das war aber höchste Zeit, im Namen aller bösen Geister, dachte sie.

Schon dämmerte der Morgen, und heute, am Dreizehnten des Monats, heute beging sie ihren hundertsten Geburtstag, ihr fünfzigstes Halbhexenjubiläum, heute Nacht, wenn der Vollmond aufging, würde sie den Trank zu sich nehmen. Sie konnte die Zeit kaum abwarten. Seit fünfzig Jahren war sie nicht gealtert. Anfangs hatte ihr das gefallen, doch als die Jahre dahingingen, begann sie zu wünschen, sie hätte sich schon mit zwanzig in eine Halbhexe verwandelt. Endlich, eines Tages, im Mai letzten Jahres, war sie im ältesten und dicksten ihrer Zauberbücher auf einen Trank gestoßen, der die Zeichen der Zeit verwandeln konnte.

Abends, als der Mond aufging, saßen der Kater und der Rabe auf dem Dach des Hexenhauses und sahen durch den Schornstein in die Stube hinab. Mit einem Mal ertönte das schreckliche Geschrei der Hexe und ihre gräulichen Flüche fuhren den Schornstein hinauf wie aufgeschreckte Fledermäuse.

»O weh«, krächzte der Rabe und zog den Kopf aus dem Schornstein, »jetzt sieht sie wirklich und wahrhaftig wie eine hundertjährige alte Hexe aus. Glaubst du, sie kann den Zauber wieder aufheben?«

»Nicht in den nächsten fünfzig Jahren«, maunzte der Kater und schnurrte dreimal kurz und kräftig.

Und da sie nicht gestorben sind, so leben sie noch heute.

Petra Ewering

Die Wasserpfeife

Seit jenem unvergesslichen Tag, an dem ich zum ersten Mal den Diwan des Kalifen besuchen durfte, hatte sich mein Leben vollkommen verändert. Von den Erzählungen über die Weisheit des Kalifen hörte auch ich, denn der Herr musste jeden Tag unzählige Fragen beantworten, die die Menschen in diesem Reich zu stellen pflegten. Er lobte seine Besucher und zeichnete sie mit einem freundlichen und ehrerbietigen Salam aus. Mal war es ein Steuereinnehmer, mal ein Hakim (arabisch – Arzt), ein Kameltreiber oder Weihrauchhändler, der den weisen Herrscher um Rat bat.

Dann und wann kamen auch Frauen, die schüchtern und hinter einem Schleier verborgen erfahren wollten, wie sie Glück, Freude und Reichtum erlangen konnten oder allzu gerne das Geheimnis der Baraka (eine Gabe Allahs für künstlerische Fähigkeiten) kennenlernen wollten. Aber auch, wie man eine glückliche Ehefrau wird.

Der Kalif war stets bemüht, mit Aufklärung und gutem Rat zu vermitteln, und die Fragenden nicht ohne eine befriedigende Antwort zu entlassen. Er half selbstlos und uneigennützig ohne Belohnung oder Gewinn. Sein Ertrag war der Erfolg und die Liebe der Menschen.

Von der Klugheit und von der Wesensart des Kalifen war ich sehr eingenommen und hoffte, dass er mir seine Aufmerksamkeit schenken würde.

Unterdessen schaute ich mich ein wenig im Diwan des Kalifen um, und mein Augenmerk fiel auf die schön geformte Shisha, die dort mitten im Raume stand. Das blaue Glas war mit goldenem Zierrat und edlem Muster versehen. Das Mundstück schien kaum gebraucht zu sein, und der Schlauch schlängelte sich um den Bauch der Wasserpfeife, als würde er ihn umarmen. Sie war nicht gefüllt, und auch kein Tabak lag in ihrer Reichweite. Zu gerne hätte ich dieses Rauchgerät einmal ausprobiert, aber bislang konnte ich meine Neugierde unterdrücken.

Er sprach laut und deutlich, und ich erschrak, denn der Kalif war bereits an meine Seite getreten, um mich nach meinem Grund zu fragen, weshalb ich in seinen Diwan gekommen sei. Mein Blick hing an seinem Äußeren. Er war ein Mann von etwa fünfzig Jahren, mit dunkler Hautfarbe und weißem Bart. Seine großen, braunen Augen blitzten, als er meinen Blick erwiderte. Seine Kopfbedeckung bestand aus einem weißen Tuch, das mit einer geflochtenen Schnur eng um den Kopf gebunden war, und ihm eine majestätische Würde verlieh. Er wirkte wild, stolz und kühn, aber ebenso edelmütig, gastfreundlich und fantasievoll auf mich, wie alle arabischen Männer.

Mein Interesse an der Shisha erkannte er sofort und schüttelte verneinend den Kopf. »Nein«, begann er zu sprechen, »es ist ein Relikt aus alter Zeit und darf niemals mehr genutzt werden.«

Ich verstand diese Worte nicht und fragte nach dem Grund, denn es schien mir, als beherberge diese Shisha ein Geheimnis.

Der Kalif lud mich ein, an seiner Seite Platz zu nehmen, reichte mir eine Schale mit Feigen und Granatäpfel und einen Kelch mit Wasser. Dann erzählte er mir hingebungsvoll die Liebesgeschichte eines Sultans, der einen schweren Schicksalsschlag erlitten hatte.

Auf seinem schnellen Pferd durchstreifte er die heiße Wüste von morgens bis abends. Nachts aber streckte er sich gerne unter den Sternenhimmel aus und träumte von den Taten seiner Vorväter, sang Lieder und erfreute sich an den schönen Frauen des Landes. In die schönste aller Frauen verliebte er sich untröstlich.

Yasmin, die Tochter des Scheichs Al-Billah, ein Mann der Wüste, der mächtig und stark war, eroberte sein Herz, und die Liebe zu ihr forderte das Schicksal heraus.

Der Scheich war gegen diese Verbindung und erlaubte es nicht, dass Yasmin sich mit dem jungen Arif verbündete. Er versprach das schöne Mädchen einem Perser, der wie er ein Sohn der Wüste war, und Arif musste sich mit einer Niederlage abfinden. Doch zu groß war seine Liebe zu diesem Mädchen, dass er sie eines Tages überredete, mit ihm zu fliehen. Da sie eine ebenso gute Reiterin war wie die jungen Männer des Landes, stahl sie eines Nachts heimlich das schnellste Pferd ihres Vaters und galoppierte durch die Dunkelheit. Nie zuvor war sie des Nachts alleine geritten, und so verirrte sie sich in der Wüste. Viele Tage vergingen, viele Reiter spähten aus, doch jeder kehrte ohne gute Nachrichten zurück in das Lager von Scheich Al-Billah.

Der junge Sultan litt schwer unter diesem Verlust, er flehte um Vergebung und versprach dem Scheich, alles Erdenkliche zu tun, um Yasmin zu finden.

Wie er so durch die Lande strich, traf er einen alten Armenier, der genüsslich eine Shisha rauchte. Müde von den Strapazen setze er sich zu diesem Mann, der ihm freundlich seine Wasserpfeife anbot. Der süßliche Geruch des Rauchs stieg dem jungen Sultan in die Nase, und eine leichte Benommenheit machte sich bemerkbar.

»Nimm einen kräftigen Zug, inhaliere den Rauch tief, schließe die Augen, lasse ihn ein bisschen in den Lungen und atmete ihn langsam wieder aus! Wenn du willst, versetze dich zurück in die Vergangenheit, an den Ort deiner Wahl, an das Geschehen, welches du rückgängig machen oder noch einmal erleben möchtest. Und es wird dir widerfahren.«

Der junge Mann war höchst erfreut und tat wie ihm geheißen. Er wünschte sich zurück in die Wüste, dort wo er Yasmin zum ersten Mal erblickte. Als er seine Augen öffnete, lag er unter dem Sternenhimmel und lauschte den Gesängen des Windes.

In der Ferne loderte ein Feuer, und ohne zu überlegen, begab er sich auf den Weg in dieses Lager. Dort angekommen richteten sich alle Augen auf den gut gekleideten Mann.

So wie er es schon einmal erlebte. Die Zeit wurde wahrhaftig zurückgedreht.

Yasmin trat aus dem Zelt, in dem Licht des Feuers strahlte ihre Schönheit, wie die der aufgehenden Sonne, und Arif empfand ein Gefühl des Glücks und der Liebe, aber auch einen Hauch von Traurigkeit.

Er wusste, was nicht noch einmal geschehen durfte, und so richtete er das Wort an den Scheich, der ihn als Gast willkommen hieß: »Oh Bruder der Araber, ich werde deine Gastfreundschaft schweren Herzens ablehnen, da es mich weiterzieht. Mein Vater, der mächtige Herrscher eines fernen Landes, erwartet mich.« Arif verneigte sich und verließ das Lager, ohne auch nur einen Blick auf Yasmin zu werfen.

Er folgte seinen Spuren im Sand und hoffte, dass das Schicksal sich gewendet hatte. Nach vielen hundert Metern in der Dunkelheit huschten seltsame Gestalten über die Dünen, schwer bewaffnet und nicht in friedlicher Absicht kommend.

Man fand Arif am nächsten Morgen mit durchschnittener Kehle im heißen Sand der Wüste.«

Der Kalif legte seine Hand auf meine Schulter und bemerkte: »Man möge das Schicksal annehmen und das eigene auch.«

Andrea Will

Amaryllis und die Hexe

»Die Hexe musste brennen, die Kinder gehn nach Haus.
Nun ist das Märchen von Hans und Gretel aus.«
Denkste!

Was uns die grimmigen Brüder verschweigen: Das Märchen ging durchaus weiter. Beziehungsweise das, was alle Welt für ein Märchen hält, in Wirklichkeit aber fließende Übergänge zur Realität aufweist. Jakob und Wilhelm hatten insgeheim eine Abschrift hinterlassen, die jetzt an die Öffentlichkeit gelangte. Wir legen unseren Lesern hiermit die Erstveröffentlichung vor und versichern, sie ist sorgfältig recherchiert.

Nachdem sie also in Hans und Margaretes Falle gegangen und in Rauch aufgegangen war, ersuchte die Hexe zunächst um Asyl beim Gehörnten. Da sie aber verständlicherweise eine krankhafte Angst vor Öfen mitbrachte, verwandelte sie die Höllenöfen durch Hexenzauber in Sprinkleranlagen. Wo immer eine Feuerstelle aufloderte, setzte dies einen Löschwasser-Regen in Gang. Bald stand die ganze Hölle unter Wasser. Der Hinkefuß erhob protestierend seinen Dreizack, aber die Alte zauberte überall Brandschutzbestimmungen an die Höllenwände, wonach jedes Feuermachen streng verboten war. Das war zu viel, und so wurde sie ausgewiesen.

Es blieb leider nur noch der Himmelssaal. Bekanntlich ist in Kirchen und auf Himmelswolken immer Platz für Asylbewerber. Die alte Vettel bekam also eine befristete Aufenthaltserlaubnis, und ihr wurde ein Platz auf Wolke drei hoch neun zugewiesen, wo ihre Aufgabe im Harfe spielen bestand. Das aber fand sie so entwürdigend, dass sie besenringend darum bat, wieder ins Märchenland geschickt zu werden. Der Herr des Himmels willigte ein, aber mit einer kleinen Auflage.

Und so standen sie nun vor ihm, die Besenreiterin und …

… und? Und Amaryllis, eine Fee auf Rollschuhen. Das ist Tatsache! Und ebenso Fakt ist, dass sich das himmlische Oberhaupt daran in keiner Weise störte. Sein Befehl lautete: »Hör zu, Amaryllis: Es wird langsam Zeit, dass du dir deine Flügel verdienst. Oder willst du ewig auf Rollschuhen laufen?«

»Ihr sagt es, Sire! Was soll ich tun? Und wer ist diese bucklige Alte mit der Warze auf der Nase?«

»Ich muss doch sehr bitten! Ich und einen Buckel! Und die Warze ist nur …«

»Ruhe, ihr beiden! Das könnt ihr später ausdiskutieren. Du wirst die alte Dame ins M-Land begleiten und dafür sorgen, dass sie dort etwas tut, was sie noch nie tat!«

»Aber ich *habe* doch schon alles Hexenmögliche …«

»Schweig! Eine gute Tat hast du noch nie vollbracht, oder?«

»Oh … Äh … Also eigentlich … Das heißt, bei diesen beiden Gören war ich doch sehr gutmütig, müsst Ihr wissen. Haben einfach mein Häuschen angekitscht. Ich hätte sie ja sofort … Aber nein, ich wollte ihnen Zeit lassen, damit ihre armen Seelen geläutert würden, bevor …«

»Ha! Mir kommen die Tränen. Wir wissen hier doch alle, warum diese Kinder nicht auf der Stelle von dir runtergemampft wurden.«

»Dann gebt wenigstens zu, dass sie danach keinen Hunger leiden mussten. Ich hatte ja alles vorausgesehen, mich selber geopfert und ihnen Dach und Wände aus nahrhaftem Lebkuchen hinterlassen.«

»Sire, die Frau ist doch völlig durchgeknallt. Die verdreht alles. *Die* soll ich begleiten?«

»Mein letztes Wort: Ihr verschwindet ins M-Land und du sorgst für ihre gute Tat, Amaryllis. Du hast ihr dabei nach Kräften zu helfen! Und wenn ihr das schafft, ist sie frei und kann im M-Land bleiben oder wo sie will, du aber, Rollschuhfee, bist ebenfalls frei. Nämlich ein freier Engel, dem dank seiner Flügel der ganze Himmel von

Sonnenauf- bis Sonnenuntergang zur Verfügung steht.«

Es war kein Einspruch möglich, und so ritt die faltige Warzenträgerin, die kleine Fee hinter sich, auf ihrem Hexenbesen hinunter ins Märchenland. Der erste Versuch galt einer frisch vermählten Prinzessin namens Cinderella. Was die Grimms damals der Öffentlichkeit verschwiegen: Cinderellas böse Stiefmutter hatte zur Strafe am Königshof Schwerstarbeit zu verrichten. Die beiden Märchenlandbesucher nahmen nun an, man solle die Prinzessin am besten von dieser Person befreien. Denn die Stiefmutter mochte notgedrungen fleißig sein, roch aber fürchterlich aus dem Hals. Auf Vorschlag der kleinen Fee sprach die Hexe widerstrebend:

»Hex, Hex, Tintendreck
Stiefmutter, sei weg!«

Kaum war Letztere verschwunden, klagte Cinderella, dass sie jetzt Haus und Hof allein versorgen müsse, die Stiefmutter sei zwar böse, aber sie könne nicht auf deren Dienste verzichten. Das sah Amaryllis ein, und sie befahl, den Zauber rückgängig zu machen.

»Hex. Hex, Krötenbier,
Stiefmutter, sei wieder hier!«

Schon war alles wie zuvor, und Cinderella war zufrieden. Doch wenn eine misslungene gute Tat durch eine weitere gute Tat rückgängig gemacht wird, zählt Letzteres nicht, und so begab man sich erneut auf die Suche.

Es wollte aber keine richtig gute Tat gelingen, Jahr um Jahr nicht. Vielleicht fehlte es an Insiderwissen, jedenfalls schlug alles fehl. Hans im Glück durfte nach einem

»Hex, Hex, Teufelsmal;
alle sechs mit Zusatzzahl«

ein schönes Sümmchen im Lotto gewinnen, aber das Geld machte ihn nicht glücklicher, sondern unglücklich. Keine gute Tat.

Dornröschen sollte auf gemeinsame Überlegung hin noch ein wenig länger ihren Schönheitsschlaf halten dürfen. Als sie nach zweihundert Jahren erwachte und schlaftrunken die Hecke durchschritt, wurde sie von einem betrunkenen Autofahrer zu Tode gefahren. Wieder nichts.

Nach vielen weiteren erfolglosen Jahren bei Schneewittchen angekommen, versprachen sich Hexe und Fee etwas davon, dass das Mädchen den vergifteten Apfel nicht aß, um nicht in den Sarg zu müssen.

Voller Zuversicht stimmte die himmelsflüchtige Hexe an:

»Hex, Hex, Rattenpest,
nicht den roten Apfel esst!«

Schneewittchen lehnte prompt das Obst ab, aber da schlug die angebliche Krämerin sie vor Zorn tot, wirklich tot. Hatte sich was mit der guten Tat.

Die Hexe ritt suchend im Schritt über das Märchenland, Amaryllis flitzte auf ihren Rollschuhen vor und zurück, aber es bot sich nichts an. Ihrer beider Freiheit schien in weite Ferne zu rücken. So vergingen die Jahre. Endlos!

Im Schlaraffenland hatten die Menschen Zahnweh, aber ärztliche Hilfe fehlte. Die Fee wusste Rat, und so wurde Rotkäppchens Wolf die Heilkunst eines Dentisten verliehen:

»Hex, Hex, Höllenhund,
Wolf, mach Zähne schnell gesund!«

Sie hatten nämlich beide erkannt, dass der Wolf sehr in die Jahre gekommen und so zahnlos geworden war, dass er niemanden mehr fressen konnte. Doch was sie übersehen hatten: Isegrimm nannte auch noch eine Prothese sein Eigen, mit eigens geschärften Zähnen. Es kam, wie es kommen musste, und in Schlaraffenland gab es bald keine Zahnkranken mehr. Wieder keine gute Tat. Es war zum Verzweifeln, die Freiheit konnte abgeschrieben werden. Zeit war es für den Rückflug. Fast hundertsechzig Jahre lang, und keine einzige gute Tat.

Da, in höchster Not, bot sich doch noch eine Chance. Jenseits der Grenzen des Märchenlandes, im Ruhrgebiet, sah Amaryllis von Weitem, wie eine junge Frau unbedacht auf die Straße trat und einem heranrasenden Auto nicht mehr ausweichen konnte. Jene war wie zu Stein erstarrt vor Todesgewissheit, und auch den Umstehenden stand das Entsetzen ins Gesicht geschrieben. Hexe und Fee wussten seit dem Unglück mit Dornröschen, was in wenigen Sekunden geschehen würde. Es ging blitzschnell. Im Sturzflug fand die Hexe keine Zeit mehr für einen zweizeiligen Reim. Mit einem kurzen *Hex - Auto steh!* sprang sie vom Besen und warf sich zwischen die Unglückliche und das Auto. Dieses stand ohne Bremsweg auf der Stelle still, wie von Geisterhand gestoppt. Unversehrt konnte die junge Frau ihrer Wege gehen.

Geschafft, die gute Tat! Der Verzicht auf einen Reim hatte wohl sein Übriges getan. Die Retterin aber durfte sich ins goldene Buch des Rathauses eintragen, fand dort in Bochum als nun freie Hexe eine nette, kleine Wohnung und starb nach weiteren zwanzig Jahren als Greisin friedlich im Bett. Sie wird in diesen Tagen in Rom für das dokumentierte Wunder seliggesprochen. Damit sind Sie, lieber Leser, imstande, ihren Namen selber herauszufinden.

Amaryllis aber hatte sich zu jener Zeit noch etwas in der Stadt umgesehen. Und als sie dann vor dem Himmelsherrscher stand, um ihre Flügel in Empfang zu nehmen, wirkte sie unruhig.

»Nun, Amaryllis, was bedrückt dich jetzt noch?«

»Sire, die neuen Flügel sind gut und schön, aber sie sind kein Ersatz für meine Rollschuhe mit diesen wunderschönen roten Rädern.

Und irgendwann möchte nämlich auch ich nicht auf einer Eurer Wolken bei der Rentnerarbeit an der Harfe sitzen. Hättet Ihr etwas dagegen, wenn …«

Die alte Bochumer Ehrenbürgerin hat die vergilbten Dokumente vor ihrem Tod noch für uns ergänzt und uns alles zugespielt. Wir wissen jetzt, dass der Herzenswunsch der kleinen Fee in Erfüllung ging. Sie durfte wieder zurück ins Ruhrgebiet, ohne Flügel. Und jahrelang war man dort Zeuge, wie ein elfengleiches Wesen mit goldenen Haaren auf Rollschuhen seine Bahn glitt. Und wie just die schon sehr betagte Ehrenbürgerin am Rande stand und das herrliche, zarte Geschöpf pausenlos mit einem *Hex-Hex-Huiiiiii* anfeuerte. Warum Hex, wusste sich niemand zu erklären, denn diese Rollschuhläuferin sah nicht wie eine Hexe aus. Aber wir wissen jetzt, wer wirklich mit Hex gemeint war. Und wer andererseits da so viele Jahre und auch jetzt noch in einer Mischung aus Anmut und Tollkühnheit als Gast-Läuferin dahinrast auf dem Oval der Rollerbahn im Starlight-Express.

Rafael Raaber

Teuere Bezahlung

Es war nichts Außergewöhnliches für sie, in einer Hexenfamilie aufzuwachsen und das Leben einer Hexe zu führen.

Zu ihrem achtzehnten Lebensjahr bekam Ana von ihrer Mutter ein Buch geschenkt. Das war aber nicht das, was sie sich gewünscht hatte. Ein altes, nach Keller riechendes Buch zu bekommen, war für sie sehr enttäuschend.

Sie wünschte sich, sie wäre irgendwo anders auf der Welt, alles andere als dieses Kaff, das sich auch noch Stadt nannte.

Einfache Zaubertricks, wie sich einen Becher Eis zu zaubern oder anderes Essen, beherrschte sie, sonst konnte sie nichts herbeizaubern.

Fest entschlossen schmiss sie alle ihre Sachen in einen Koffer und wollte weg von Zuhause. Aber sie drehte sich noch einmal um und nahm das alte Buch einer Eingebung folgend mit.

Obwohl sie ihrer Mutter versprochen hatte, sich nicht mit magischen Gegenständen von ihrem Grundstück zu entfernen, dachte sie nicht, dass dieses Buch auch dazugehörte. In dem Moment, als sie durch die Haustür nach draußen trat, stieg ein roter Rauch aus ihrer Tasche heraus. Sie war mit den Gedanken irgendwo anders, also bemerkte sie gar nichts.

Ana war nun achtzehn Jahre alt und konnte machen, was sie wollte, dachte sie.

In der Stadtmitte nahm sie gegenüber eines Schmuckgeschäftes Platz auf einer Bank. Sie holte das Buch aus dem Koffer und blätterte es durch. Auf der ersten vergilbten Seite war ein Collier abgebildet. Ana fasste die Seite an und wünschte sich, so einen Schmuck zu besitzen. Im nächsten Augenblick hielt sie in ihrer Hand so ein

Collier. Ihre Augen glitzerten vor Glück. Die erste Seite des Buches wurde weiß, und das Bild verschwand. Ana räumte das Buch weg und konnte nicht mehr ihre Augen von dem Schmuck abwenden. Ihr fiel auch nicht auf, dass sie ein Jahr gealtert war, sie war jetzt neunzehn.

Sie fuhr mit dem Zug zu der Hauptstadt am Meer. Dort wünschte sie sich einen Wagen. Die zweite Seite des Buches wurde weiß, und das Bild des Mercedes-Benz verschwand. Ana alterte und wurde zwanzig.

Das Problem war, sie hatte keinen Führerschein, so ließ sie ihren Wagen an der Straße und suchte ein Lokal, wo sie etwas essen konnte. Sie benutzte nicht das Geld aus ihrer Spardose, sondern sie wünschte sich das teuerste Essen des Restaurants, das sie aber nur zur Hälfte aß und den Rest wegwarf. Jetzt war sie schon einundzwanzig. Das Bild mit dem gedeckten Tisch verschwand aus dem Buch, und die Seite wurde weiß. Innerhalb von drei Stunden war sie nun um drei Jahre gealtert.

Sie wünschte sich noch neue Schuhe, neue Kleider, und sie war beim Friseur. Sie verlor weitere drei Jahre.

Aber sie hörte nicht auf *einzukaufen*. Ana wünschte sich alles, was ihr gefiel. Aber wo sollte sie all die Sachen verstauen? Kurzerhand wünschte sie sich ein Haus am Meer. Alle *Einkäufe* standen noch eingepackt in dem leeren Haus herum. Was noch fehlte waren die Möbel. Das war kein Problem für sie, denn auch dazu gab es die passenden Seiten im Buch. Und so wünschte sie sich noch Möbel für das ganze Haus. Außer Puste und ohne Kraft ging sie ins Bad und wusch ihr Gesicht. Als sie sich im Spiegel ansah, schrie sie vor Schreck auf. Im Spiegel sah sie eine Frau mit langen grauen Haaren und Falten im Gesicht. An einem Tag war sie zu einer alten Frau geworden.

Angie Pfeiffer

Die Kürbiskatze

»Was für ein Stress!« Frustriert warf Anabella ihren Zauberstab in die Ecke und ließ sich auf das Küchensofa plumpsen. Ihre Mutter hatte den Haushalt immer mit einem Schwung ihres Zauberstabes und dem Murmeln einiger Zaubersprüche in Ordnung gehalten. Das war Anabella kinderleicht erschienen. Jetzt, da sie allein lebte, stellte sie fest, dass es gar nicht so einfach war. Jedenfalls schwerer, als sie es gedacht hatte. Alles dauerte unendlich lange oder misslang ihr, weil der vertrackte Zauberstab nicht das machte, was die kleine Hexe ihm befahl. Das war merkwürdig, denn als sie noch bei den Eltern wohnte, hatte er tadellos funktioniert. Doch eigentlich hatte Anabella ihn dort nur benutzt, wenn sie zu faul war aufzustehen, um sich zum Beispiel ein Glas Saft oder etwas zu knabbern zu holen. Jetzt musste sie viel kompliziertere Zauber mit dem Stab ausführen, und das erwies sich als gar nicht so einfach.

Das Desaster hatte schon mit ihrem Haus angefangen. Eine Hexe, die das Elternhaus verlässt, muss sich nämlich ein eigenes Haus bauen, und das ohne fremde Hilfe. An dieses Haus ist sie für immer gebunden, egal wie gut oder schlecht ihr der Zauber gelingt. Das ist die Prüfung dafür, ob sie in der Lage ist, allein zu leben.

Einen geeigneten Platz für ihr Haus hatte die kleine Hexe schnell gefunden. Auf einem Hügel, ganz in der Nähe der Behausung ihrer Eltern, gab es einen wunderschönen Flecken, der, umgeben von blühenden Sträuchern, einfach ideal erschien. So machte sich Anabella mit Eifer daran, sich ihr Traumhaus zu zaubern, doch irgendwie gelang der Zauberspruch nicht. Vielleicht lag das daran, dass die kleine Hexe mitten im schönsten Hauszauber Hunger bekam und an ihr Leibgericht, eine leckere Kürbissuppe, denken musste. Statt des erwarteten weißen Häuschens mit grünen Fensterläden und einer roten Tür stand plötzlich ein riesengroßer, grüner Kürbis mit einem roten Dach und weißen Flecken vor ihr. Ihr eilig herbeigerufener Vater konnte den Zauber nicht mehr rückgängig machen. Es gelang ihm jedoch, den Riesenkürbis in ein ausgehöhltes, hölzernes Gebilde zu verwandeln. Zwar sah es immer noch aus wie ein Kürbis, doch wenigstens konnte Anabella sich vernünftige Fenster und eine stabile Tür herbeizaubern. Von innen war die Behausung recht geräumig, sodass die kleine Hexe ihre Möbel richtig gut unterbringen konnte, obwohl sie es ja mit kreisrunden Wänden zu tun hatte. Sie ließ sich durch diesen ersten Misserfolg nicht entmutigen und legte einen Garten an, in dem sie Kräuter, wie sie für jede anständige Hexe wichtig sind, anpflanzte. Doch auch ganz normales Gemüse fand einen Platz im neuen Garten. Unter anderem gab es natürlich auch ein Kürbisbeet. Hier wirkte der Wachstumszauber hervorragend, und gerade ihr Lieblingsgemüse entwickelte sich nach kurzer Zeit prächtig.

Das Knurren ihres Magens weckte Anabella aus ihren Gedanken. Füttere mich, ich habe Hunger!, schien er ihr sagen zu wollen. Nun gut, dem konnte abgeholfen werden, denn inzwischen waren die Kürbisse reif. Ein besonders pralles Exemplar hatte die kleine Hexe gerade am Morgen direkt aus dem Beet in die Küche gebracht. Eine schmackhafte Kürbissuppe, wie sie die Mutter immer gemacht hatte, wäre jetzt das Richtige. Doch um die lästige Küchenarbeit auszuführen, fehlte Anabella heute die Energie, schließlich hatte sie heute schon bei dem Versuch, das Geschirr abzuwaschen, eine Menge Scherben verursacht. Jetzt auch noch kochen – nein, das überforderte sie total. Also klaubte sie den Zauberstab aus der Ecke und richtete ihn auf den Kürbis. Ihre Mutter hatte ihr einen speziellen Zauberspruch beigebracht, der nützlich für das Putzen des Gemüses war, und den murmelte die kleine Hexe jetzt. Doch mittendrin huschte ein schwarzer Schatten an ihr vorbei. Sie verhaspelte sich, versuchte, den Zauberspruch so korrekt wie möglich zu Ende zu bringen und wusste doch, dass sie irgendetwas falsch gemacht hatte.

»Oh nein, nicht schon wieder!« Vorsichtig blinzelte Anabella, öffnete die vorsichtshalber zusammengekniffenen Augen schließlich ganz und schaute sich um. Auf den ersten Blick sah alles ganz normal aus, doch was war das? Es schnurrte. Eindeutig! Zu allem Überfluss schienen die Schnurrgeräusche von dem Kürbis zu kommen, der immer noch harmlos auf dem Küchentisch lag. Jetzt bewegte sich das Gemüse, sprang behände vom Tisch und rieb sich an Anabellas Bein. Beim genaueren Hinsehen erkannte die kleine Hexe, dass der Kürbis vier schwarze Pfoten, einen Schwanz und ein Katzengesicht hatte.

»Lilly, da habe ich ja was Schönes angerichtet«, murmelte Anabella, denn sie erkannte die Katze ihrer Eltern wieder. Lilly besuchte sie von Zeit zu Zeit, schenkte ihr dann oft eine Maus, die sie gerade gefangen hatte, und holte sich ihre Streicheleinheiten ab. Heute hatte das Tier sich unbemerkt in die Küche geschlichen und war Anabella zwischen den Zauber geraten, was zur Folge hatte, dass Katze und Kürbis untrennbar miteinander verbunden waren. Ja, zu einem Wesen zusammengefügt worden waren.

Den ganzen Nachmittag und Abend verbrachte Anabella damit, ihre Zauberbücher zu studieren. Irgendwie musste es doch möglich sein, den Zauber wieder rückgängig zu machen. Doch sie fand nicht ein einziges Beispiel, geschweige denn einen geeigneten Zauberspruch. Während die Kürbiskatze sich pudelwohl zu fühlen schien und gar nicht mehr aufhörte zu schnurren, war Anabella den Tränen nahe. Wie sollte sie ihren Eltern beibringen, dass die Katze jetzt eine Mischung aus Tier und Gemüse war. Schließlich rauchte der kleinen Hexe der Kopf vom Lesen in ihren Zauberbüchern, und sie beschloss, es für heute gut sein zu lassen. Im Übrigen hatte sie aus lauter Schreck vergessen, etwas zu essen. So bereitete sie sich einen kleinen Nachtimbiss, den sie sich mit der neuen Hausgenossin teilte. Ihre Zauberkräfte setzte sie hierbei vorsichtshalber nicht ein. Anschließend legte sie sich ins Bett und war bald eingeschlafen.

Am nächsten Morgen wachte Anabella davon auf, dass jemand an ihre Haustür klopfte. Verschlafen rieb sie sich die Augen und hoffte insgeheim, dass sie nur geträumt hätte. Doch sie kam schnell auf den Boden der Tatsachen zurück, denn die Kürbiskatze hatte sich neben ihr zusammengerollt, soweit das bei ihrer neuen Körperform möglich war. Jetzt hob sie ebenso verschlafen den Kopf und schien Anabella anzugrinsen. Wieder klopfte es, dieses Mal heftiger.

»Du bleibst hier liegen und rührst dich nicht!«, wisperte die kleine Hexe Lilly zu, während sie zur Tür eilte.

»Guten Morgen. Ich wollte mal bei dir nach dem Rechten schauen und hätte nicht gedacht, dass du noch schläfst«, begrüßte Anabellas Mutter sie und betrat das Haus. »Sag mal, ich vermisse die Katze. Hat sie sich bei dir blicken lassen?«

Betreten schaute Anabella zum Bett, wo sich nichts rührte.

Ihre Mutter folgte ihrem Blick. »Was macht der Kürbis auf dem Bett?", fragte sie.

»Ähm, ja, ich wollte ihn gerade in die Küche bringen«, stotterte die kleine Hexe.

Ihre Mutter schüttelte den Kopf. »Du bist heute wohl ein bisschen daneben, was? Weißt du was, ich koche uns ein schönes Kürbissüppchen, das magst du doch so gern. Ich transportiere den Kürbis jetzt in die Küche, und dabei zeige ich dir noch einmal den Gemüseputzzauber.«

Die Mutter hob ihren Zauberstab, aber Anabella fiel ihr in den Arm. »Ich habe wirklich keinen Hunger, Mama und überhaupt ... Ich hasse Kürbissuppe! Ja, genau. Und ich werde alle Kürbisse aus meinem Garten verbannen. Das Haus ist mir schon kürbissig genug.«

Wieder schüttelte die Mutter den Kopf. »Kind, was ist denn …?« Weiter kam sie nicht, denn Lilly regte sich. Sie sprang mit einem Ploppgeräusch vom Bett und strich Anabellas Mutter um die Beine, die dies mit offenem Mund geschehen ließ. Schließlich räusperte sie sich. »Was hast du jetzt schon wieder angestellt, du kleine Tölpelhexe?«, fuhr sie ihre Tochter an.

»Ja also, eigentlich wollte ich mir eine Suppe kochen. Die Katze hat mich abgelenkt, gerade als ich den Zauber zum Gemüseputzen machte.« Anabella zuckte hilflos die Schultern. »Du siehst, was dabei herausgekommen ist.«

»Ja, das sehe ich. Dann will ich mal versuchen, den Schaden zu beheben.« Gekonnt wirbelte die Mutter mit dem Zauberstab, was zur Folge hatte, dass die Kürbiskatze von Boden abhob, sich ein paar Mal überschlug und wieder im Bett landete. Allerdings hatte sich an ihrem Äußeren nichts verändert. Noch einmal versuchte Anabellas Mutter ihr Glück. Dieses Mal hob Lilly ab, drehte sich wie ein Kreisel und landete auf dem Tisch, wo sie versuchte, auf die Beine zu kommen. Doch schien ihr ganz furchtbar schwindelig zu sein, denn sie torkelte und wäre um ein Haar vom Tisch gefallen. »Ich fürchte, ich kann nichts machen«, erklärte die Mutter genervt. »Du hast einen Zauber verwandt, den ich nicht auflösen kann. Falls es überhaupt möglich ist, den Zauber aufzuheben, so kannst du es nur allein. Allerdings bezweifle ich stark, dass es dir gelingen wird, ohne dass Lilly noch größeren Schaden nehmen wird.« Anabellas Mutter seufzte tief. »Ach du kleine Tölpelhexe! Ich glaube, ich sollte jetzt lieber gehen.«

Na toll, dachte Anabella, während sie die Tür hinter ihrer Mutter schloss. Ich scheine ein Problem mit Kürbissen zu haben. Sie wandte sich Lilly zu, die sich von den Zauberaktionen der Mutter erholt zu haben schien. »Was meinst du?« Dieses Mal grinste die Katze tatsächlich. Was soll‘s, schien sie sagen zu wollen. Ich fühle mich ausgesprochen wohl, so wie ich bin.

Die kleine Hexe ging in die Hocke und strich Lilly über die Nase. »Na dann. Irgendwie sind wir beide einmalig, was? Und jetzt mache ich uns ein ordentliches Frühstück. Aber ohne den Zauberstab – vorsichtshalber.«

Klaudia Gräfin von Rank

Prinzessin Marie

Prinzessin Marie ging es richtig gut. Sie war sich sicher: Heute war sie der glücklichste Mensch auf der Welt, denn heute wollte Prinz Heinrich bei ihrem Vater um ihre Hand anhalten.

Schwungvoll sprang sie aus dem Bett und eilte auf den Gang. Dort rief sie lauthals nach ihrer Zofe, doch das dumme Gör hörte sie mal wieder nicht. Adeline wird wieder in der Küche mit dem Koch turteln, dachte sie, und trotz ihrer guten Laune wurde sie wütend darüber. »Adeline, eins, zwei, drei, komm herbei!«, zischte sie ärgerlich. Kaum war das letzte Wort gesprochen, stand ihre Zofe neben ihr.

Völlig verdutzt fragte sie: »Ja, Herrin, Sie haben gerufen?«

»Pappperlapp! Ich habe dich gerufen, aber du hast mich mal wieder nicht gehört. Da musste ich dich wohl oder übel wieder einmal herzaubern. Husch, husch, beweg deine trägen Beine! Ich muss angekleidet und gerichtet werden. Du weißt doch, was heute für ein Tag ist!«

Eilig huschte die Zofe ins Schlafgemach ihrer Herrin. Woher soll ich auch wissen, wann die gnädige Madam gedenkt aufzustehen?, dachte sie ärgerlich.

Prinzessin Marie hatte schon vor ihrem Spiegel Platz genommen und strich sich verträumt über ihr blondes, langes Haar. Es glänzte und glitzerte wie reines Gold. Doch dann trat Adeline hinter sie, und während sie ihre Zofe beobachtete, wie sie ihr ihre langen Haare bürstete, verglich sie sich mit ihr. Gegen Adelines Gesichtszüge, die weich und zart wirkten, nahmen sich Maries doch eher kantig und grob aus. Unter einer kleinen Nase lockten sinnliche Lippen. Dagegen wirkte Maries Nase viel zu lang und krumm, und ihre Lippen waren fahl und dünn.

Ach was, warum verschwende ich Gedanken an meine

Zofe?, schalt sie sich. Viel wichtiger war doch, dass sie sich nun besonders hübsch machte, denn sie wollte ihrem neuen Gemahl gefallen.

Während Adeline noch die silbernen Schuhe ihrer Herrin suchte, sah Marie aus dem Fenster. Die Sonne stand schon hoch am Himmel wie eine goldene Münze, die jemand dort verloren hatte. Im Park blühten die Rosenbüsche, und der Gärtner kümmerte sich gerade um die Blumenbeete. Marie seufzte tief. Ja, das war genau der richtige Tag für einen Heiratsantrag. Sie sah sich schon, Hand in Hand mit Prinz Heinrich durch den Rosengarten spazieren. Sie konnte es kaum noch erwarten.

»Adeline, wo sind denn nun meine Schuhe?«, rief sie ungeduldig.

Kleinlaut zuckte die Zofe mit den Schultern. »Es tut mir leid, ich kann sie nicht finden«, antwortete sie zerknirscht.

»Alles muss man selber machen!«, schimpfte Marie. »Eins, zwei, drei, Schuhe kommt herbei!«

Trip, trap wackelten ein linker und ein rechter Schuh unter dem großen Himmelbett hervor. Wie praktisch, dass sie das Zaubern von ihrem Kindermädchen gelernt hatte. Selena war eine Hexe gewesen. Sie hatte sich sehr gefreut, dass die kleine Prinzessin so wissbegierig alle Zaubersprüche gelernt hatte. Nach kurzer Zeit konnte Marie genauso gut zaubern wie ihr Kindermädchen. Doch vor einigen Jahren war Selena in ihr Hexendorf zurückgekehrt. Ihre Dienste wurden im Schloss nicht mehr benötigt.

Marie schlüpfte schnell in ihre Schuhe und eilte in den Speisesaal. Dort nahm sie alleine ihr Frühstück ein. Ihr Vater war schon lange in seinem Arbeitszimmer und regelte die königlichen Geschäfte.

Die Zeit bis zur Ankunft ihres zukünftigen Gemahls vertrieb sich die Prinzessin mit Stickarbeiten.

Das Hufgetrappel einer Pferdekutsche riss sie aus ihren Gedanken. Sie eilte zum Fenster. Endlich! Prinz Heinrich verließ die Kutsche, wie immer gefolgt von seinem Berater Otto von Hohenstein. Er ist wie sein zweiter Schatten, er weicht nie von seiner Seite, dachte Marie. Prinz Heinrich war schon einige Male im Schloss gewesen, und jedes Mal war Otto von Hohenstein dabei. Jetzt musste sie nur noch abwarten, bis Heinrich mit ihrem Vater gesprochen hatte, dann konnte sie einen vergnügten Nachmittag mit ihrem Prinzen verbringen.

Es kam, wie sie es sich erhofft hatte. Ihr Vater hatte den Antrag des Prinzen angenommen. Leider kam der Prinz aus armen Verhältnissen, doch der König war froh, endlich einen Gemahl für seine, wie er zugeben musste, hässliche Tochter gefunden zu haben.

Marie hing verliebt an Heinrichs Lippen, während sie durch den Garten wandelten und der Prinz ihr Geschichten über seine Ritter erzählte. Doch sie war etwas enttäuscht, denn jeder näheren Berührung, die sie provozierte, wich Heinrich aus.

Schließlich verabschiedete er sich mit dem Versprechen, bald wiederzukommen. Während sich die Kutsche in Bewegung setzte, betrat sie das Schloss. Sie sah nicht, wie Adeline heimlich durch die Küchentür in den Garten schlüpfte.

Die Hochzeit sollte in einem halben Jahr stattfinden. Bis dahin kam Heinrich regelmäßig ins Schloss, doch die Besuche fielen immer kürzer aus.

»Warum musst du schon wieder gehen?«, fragte Marie, als er wieder eine Einladung zum Essen ausschlug.

»Ich muss noch so viel erledigen«, wich er aus und schwang sich in seine Kutsche.

Marie war misstrauisch geworden. Das kann doch nicht sein, dachte sie ärgerlich und beschloss nachzusehen, was ihr geliebter Prinz denn so Wichtiges erledigen musste.

»Mit einem Satz werde ich ein Spatz«, zauberte sie und flog sofort los, als die Verwandlung abgeschlossen war.

Aufgeregt flatterte sie über die Baumwipfel des Parks

und folgte dem holprigen Weg, der an einem Weizenfeld entlangführte. Oh, da ist ja schon die Kutsche, dachte sie überrascht, als sie sie nach kurzer Zeit am Wegesrand stehen sah.

Langsam umkreiste sie das Gefährt. Der Kutscher lag im Kornfeld und kaute auf einem Weizenhalm. Otto von Hohenstein lehnte am Kutschbock und sah gelangweilt in der Gegend herum. Doch wo war Prinz Heinrich? Langsam flog sie näher an die Kutsche heran und versuchte, einen Blick durch das Fenster zu erhaschen. Die Gardinen waren zugezogen, doch an einer Ecke entdeckte sie einen Spalt, und was sie dort sah, ließ ihr das Blut in den Adern gefrieren: In der Kutsche saß ihr zukünftiger Gemahl mit ihrer Zofe Adeline. Ihre Lippen waren miteinander verschmolzen. Das kann nicht sein! Das darf nicht sein!, dachte Marie entsetzt. Ihr Prinz mit ihrer Zofe! Eine dicke Träne tropfte von ihrem Spatzenschnabel auf den staubigen Boden. Schwerfällig flog sie wieder zurück zum Schloss.

»In einem Stück verwandele ich mich zurück!«, schluchzte sie. So sehr, wie sie sich früher über ihre Zauberkräfte gefreut hatte, so sehr wünschte sie nun, sie hätte nie das Zaubern gelernt.

Lorenz-Peter Andresen, *1963, lebt in Wanderup, über siebzig Veröffentlichungen von Prosa- und Lyriktexten in mehr als fünfzig Anthologien.

Lily Beier, *1989, wohnt momentan in Gevelsberg u. arbeitet als Krankenschwester im Nachtdienst. Sie schreibt, so eine zuverlässige Quelle, seit über 19 J. Geschichten.

Robert Beringar, *1972, schreibt zur Thematik Grenzwissenschaften u. Fantasy, diverse VÖ von Kurzgeschichten u.a. im net-Verlag. Derzeit entstehen zwei Romane.

Henning Brunke, * 1950; Goslar – Buchhändler, Theologiestudium, Dipl.-Bibl., Texter – hat bislang weit über 1000 poetische Beiträge auf e-stories.de veröffentlicht.

Diana Busch, *1979, wohnhaft in Bitz, Doktorandin der Biologie, diverse Veröffentlichungen von Kurzgeschichten und Buchbesprechungen.

Iris Clas, *1953 in einem Dorf in der Nähe von Stuttgart, lebt in Esslingen und arbeitet als kaufmännische Angestellte in einem Dienstleistungsunternehmen.

Petra Ewering, *1962, lebt in einer kleinen Gemeinde im Münsterland. Aus ihrer Schreiblust wurde Schriftstellerei. Zahlreiche Werke finden sich in Anthologien wieder.

Juliana Fabula, *1991, sie hat bereits in mehreren Anthologien veröffentlicht, sowie eine Fantasynovelle: Scáth Solas. Weiteres auf: julianafabula-autorin.blogspot.de

Klaudia Gräfin von Rank, *1967, wohnt im Frankenland, führt ein Familienunternehmen, Informationen auf ihrer Seite www.Klaudia-Graefin-von-Rank.de

Roswitha Gruler, *1966, wohnhaft in Klettgau. Neben ihrem Beruf als Innendienstleiterin schreibt sie zum Ausgleich Romane, Gedichte und Kurzgeschichten.

Gitte Hedderich,*1952 in Essen-Werden. Verheiratet und Hausfrau. Seit einigen Jahren schreibt sie Kurzgeschichten und Gedichte.

Beate Hill, *1965 in Mannheim. Sie arbeitet als Übersetzerin/Technische Redakteurin. Weitere Kurzgeschichten wurden in Anthologien des net-Verlags veröffentlicht.

Indihex/Schröder E. Jutta, *1959, Landshut, Hauswirdschaft/Klinikum Landshut, 1. Geschichte *Licht u. Schatten* bei net-Verlag *Magische Weltentore* veröffentlicht.

KateJadzia, *1965 aus Dresden ist Bauingenieur. Sie hat in mehreren Anthologien veröffentlicht, z.B. *Death Valley* in *Der Sattelbote*, Exlibris Verlag.

Cosima Konrad, *1976. Seit 2008 wurden diverse Gedichte/Kurzromane von ihr in Anthologien veröffentlicht. https://www.facebook.com/meine.buecherwelt

Volker Liebelt, *1966, Öhringen, Bankkaufmann, hat bereits mehrere Geschichten in Anthologien vom net-Verlag, Papierfresserchen- u. Piepmatz-Verlag veröffentl.

Jasmin Loose, *1992 in Achim bei Bremen; studiert zurzeit BWL in Ingolstadt. Sie kann bereits einige Veröffentlichungen in Anthologien aufweisen.

Andrea Lutz, geboren in Wiesbaden, Veröffentlichungen von Prosa und Lyrik in Anthologien, Zeitschriften und im Internet. WEB: www.andrea-lutz.de

Dörte Müller, *1967, hat bereits in mehreren Anthologien veröffentlicht. www.romansuche.de / Jugendbuch bei Golub Books.

Sophie Müller, *1994, Prieros, *Zauberdiamanten*, Morgana- Edition; *Der Geliebte der Königin*, net- Verlag. Sie verbringt zurzeit ein Auslandsjahr in Neuseeland.

Stephan Obermayr, *1979 in Schärding geboren, von Beruf Software-Entwickler, bisherige Veröffentlichungen: Kurztext in *Exzesse* (Lerato-Verlag).

Nadine Peneder, *1992, studiert Materialwissenschaft an der ETH Zürich. Seit sie das Schreiben für sich entdeckt hat, lässt die Fantasy sie nicht mehr los.

Angie Pfeiffer, *1955, Veröffentlichungen: 4 Romane, 14 eBooks, zahlreiche Kurzgeschichten. Home: angie-pfeiffer.com

Stephanie Piehlmeier, *08.06.1997. Das Schreiben ist ein großes Hobby der Gymnasiastin aus München, nun wird eine ihrer Geschichten erstmals veröffentlicht.

Alisha Pilenko, *1983, lebt und arbeitet als Psychotherapeutin in Bochum und hat ihre Geschichten bereits in verschiedenen Anthologien veröffentlicht.

Rafael Raaber, *1975, wohnt in Bayern, von Beruf Lehrer, hat an verschiedenen Literaturwettbewerben teilgenommen.

Nina Romantini, *1991, studiert Pharmazie an der ETH Zürich. Sie liebt das Schreiben, weil sie durch die Buchstaben ihre Fantasie wahr werden lassen kann.

Sonja Schlegl, *1995, wohnt in Sulzbach-Rosenberg und hat gerade eben ihr Abitur bestanden. Dies ist ihre siebte Veröffentlichung.

Boris Schneider, *1971, Buchloe, Referent, über 40 Geschichten div. Genres in zahlreichen Anthologien, 2 eigene Bücher. Sein Tierroman *Mauszeiten* erscheint 2013.

Marcel Severin, *1987, lebt seit 2011 in Westerland auf Sylt, schreibt seit 2 Jahren, erste Veröffentlichung in der Anthologie Zauberkräfte – Segen oder Fluch

Antje Steffen, *1969, Tangstedt, hat bereits in über 50 Anthologien veröffentlicht, darunter viele beim net-Verlag in unterschiedlichen Genres.

Kathleen Strobach, *1984, Reinbek, Kauffrau für Bürokommunikation, hat bereits in Anthologien veröffentlicht, k.strobach@freenet.de

Susan Szabo, *1949, ist Psychologin und freie Schriftstellerin. Sie lebt in Frankfurt am Main. Ihr Roman *Amor zählt bis drei* erschien 1994/1997.

Andreas L. Thiel, *1967, ist verheiratet, hat eine Tochter und wohnt in Trebur (Hessen). Seine Kurzgeschichten wurden bereits in mehreren Anthologien veröffentlicht.

Norbert J. Wiegelmann, *1956, Arnsberg, Jurist. Literarische Veröffentlichungen in über fünfzig Anthologien. Daneben Fotoveröffentlichungen, Reiseberichte, Glossen.

Andrea Will, *1970 in Kassel, Pflegedienstleitung in einem ambulanten Pflegedienst, lese selber gerne Kasseler Krimis und liebe Geschichte, 3 Veröffentlichungen.

Illustratorenbiografien

Franziska Andresen /JoanaFlies, *1989, Elmshorn, Auszubildende zur Krankenschwester, www.fascebook.com/JoanaFlies

Niclas Grieser, *1997, wohnt in Fröndenberg und möchte nach dem Abitur Kunst studieren. Traumberuf: Illustrator (Illustration zu Zeitzauber, net-Verlag)

Lenka Hutchings, *1980 in Bratislava, Grafik-Designerin in Hamburg.

Indihex, siehe Autorenbiografie

Dörte Müller, siehe Autorenbiografie

Susan Szabo, siehe Autorenbiografie

Norbert J. Wiegelmann, siehe Autorenbiografie

Buchempfehlungen:

Eine Münze hat zwei Seiten
Anthologie
ISBN 978-3-944284-06-4
13,95€

Blutkrone
Historischer Krimi von
Simone Wertenbroch
ISBN 978-944284-07-1
11,95€

Tarnkappen-Geschichten
Anthologie
ISBN 978-3-944284-02-6
13,95€